本著作由

新乡医学院教育部高等学校科学研究优秀成果奖（人文社会科学）培育专项

河南省高校思政课名师工作室（新乡医学院）

新乡医学院生命伦理与科技治理重点实验室

资　　助

近代中国女性期刊中科学家形象研究
（1898—1949）

张会丽　杨海伟　著

中国社会科学出版社

图书在版编目(CIP)数据

近代中国女性期刊中科学家形象研究：1898—1949 / 张会丽，杨海伟著. -- 北京：中国社会科学出版社，2024.11. -- ISBN 978-7-5227-4401-8

Ⅰ.K826.1

中国国家版本馆 CIP 数据核字第 20248R96Q9 号

出 版 人	赵剑英
责任编辑	郭 鹏
责任校对	刘 俊
责任印制	李寡寡

出 版	中国社会科学出版社
社 址	北京鼓楼西大街甲 158 号
邮 编	100720
网 址	http://www.csspw.cn
发行部	010-84083685
门市部	010-84029450
经 销	新华书店及其他书店
印 刷	北京明恒达印务有限公司
装 订	廊坊市广阳区广增装订厂
版 次	2024 年 11 月第 1 版
印 次	2024 年 11 月第 1 次印刷
开 本	710×1000 1/16
印 张	16.25
字 数	258 千字
定 价	89.00 元

凡购买中国社会科学出版社图书，如有质量问题请与本社营销中心联系调换
电话：010-84083683
版权所有　侵权必究

自 序

我与"科学家形象"研究的二三事

"科学家形象"研究是科学技术史研究中的重要组成部分,笔者自2014年9月入中国科学院攻读硕士学位以来,就将科学技术史作为我的专业,也有幸接触到"老科学家学术成长资料采集工程"。现在仍旧记得,研一时一大早乘坐从怀柔到中关村的班车,来到位于魏公村的采集工程项目办公室,整理老科学家们捐赠的学术成长资料。这是笔者第一次接触到这些德高望重的科学界"明星",也对他们的人生历程与家国命运的相互纠缠有了感性的认识。自此,科学家形象研究走进了我的视野,而我目前一直在这一领域探索。

这本著作重点在于通过近代中国女性期刊这一媒介来了解科学家形象是如何在1898—1949年变迁的。之所以进行这样一个选题,一是与笔者硕士期间的研究兴趣相关,硕士学位论文是关于女性科学家个体形象的分析,本书便希望能够从群体形象来进行深入的研究;二是近代中国女性期刊这一媒介能够更好地传达出自女性期刊在近代中国创刊以及现代科学扎根中国始,女性、科学技术知识、科学家、科学家形象等要素之间就已然产生的必不可少的联系是什么,并且呈现出区别于欧美西方国家的独特性在哪里等问题。

具体来讲,在近代中国,现代意义上期刊的主要特点是连续出版、按期发行,这类刊物首先以西人主办的报纸为主要形式,随后才兴起了国人自办的高潮。随着科学技术在改变近代中国国家落后局面中的作用日益凸显，期刊中介绍科技和科学家方面的内容日益增多，女性期刊也不例外。女性期刊作为期刊的一个种类，它的特殊之处在于它面对的是女性读者，在介绍相关内容时更贴近女性群体。由于近代中国女子教育刚刚兴起，广大女性尚不足以借助文字了解世界，这就导致19世纪末的女性期刊在传播知识时，更加注重通俗易懂、图文结合、贴合她们的生产生活，这一媒介中的科学家形象既有这一职业所要求的共性特征，又兼具性别差异。

而20世纪上半叶是中国现代科学技术事业开始起步的时代，也是中国科学家开始登上历史舞台的时代。科学家的形象自出现在近代中国女性期刊上始，便由于社会的动荡、女性解放的思潮、科学技术的发展等诸多因素而展现出自己的特点。本选题属于科学社会史与传播学、社会心理学、性别研究等多学科领域交叉的研究，对于深入理解中国现代科学与科学家职业的社会认知与评价、女性的社会角色及作用变迁乃至科学与社会的关系等问题有着重要的价值。

于今日，再回想起撰写这本著作的岁月，是笔者人生历程中一段十分重要更难以忘怀的时光。曾记得，在无锡，艰难地找到了《女学报》；在国家图书馆，借阅、复印、翻刻近代中国女性期刊；在台湾"中央研究院"近代史研究所，查阅《妇女杂志（上海）》相关资料，与各位师友畅谈性别问题……。如今，希望这些泛黄的、反映着一代人认识科学家、描述科学家形象的女性期刊能够跨越时空，再次与读者见面。

本书第一至四章、第六章、结语、参考文献、附录1—3由第一作者张会丽撰写，共计15万余字，第五章由第二作者杨海伟撰写，共计27000余字。本选题涉及的女性期刊数量庞杂，其中关于科学家的论述更是众多而广泛，很多原始的史料并未完全掌握，加之笔者能力所限，书中难免有纰漏，敬请各位读者批评指正！

张会丽

2023年12月

目 录

第一章 近代中国女性期刊中科学家形象问题的提出 ………………（1）
 第一节 近代中国女性期刊中科学家形象研究的
    背景及意义 ……………………………………………（1）
 第二节 女性期刊中科学家形象研究的发展现状与
    趋势 ……………………………………………………（7）
 第三节 研究问题与主要内容 ………………………………（20）

第二章 近代中国女性期刊中科学家报道概述 ……………………（34）
 第一节 1898—1949年女性期刊的总体数量 ……………（35）
 第二节 近代中国女性期刊中科学家报道统计 ……………（49）
 第三节 女学、科技知识与女性期刊中的
    科学家报道 ……………………………………………（93）

第三章 科学家群体形象案例研究：以典型女性期刊
   为例 ……………………………………………………（96）
 第一节 《女子世界（上海1904）》中的科学家形象
    分析 ……………………………………………………（97）
 第二节 《妇女杂志（上海）》中的科学家形象
    分析 ……………………………………………………（102）

第三节　《女铎》中的科学家形象分析……………………（120）
　　第四节　近代中国女性期刊由介绍科技知识到呈现
　　　　　　科学家群体形象………………………………（133）

第四章　科学家个体形象演变分析：以典型科学家为例……（135）
　　第一节　居里夫人在近代中国女性期刊中的形象………（136）
　　第二节　南丁格尔在近代中国女性期刊中的形象………（143）
　　第三节　马可尼在近代中国女性期刊中的形象…………（146）
　　第四节　近代中国社会变迁与典型科学家个体
　　　　　　形象的演变……………………………………（151）

第五章　科学家形象的宣传：以中国共产党创办的女性
　　　　　期刊为例……………………………………………（153）
　　第一节　科学的先进的理论指导…………………………（153）
　　第二节　有一批强有力的实践力量………………………（162）
　　第三节　中国共产党创办的女性期刊中的科学家
　　　　　　形象………………………………………………（166）
　　第四节　倡导科学大众化和科学家要有社会
　　　　　　责任的理念………………………………………（187）

第六章　科学家形象塑造的成因分析………………………（189）
　　第一节　社会环境对女性期刊中科学家形象塑造的
　　　　　　影响………………………………………………（189）
　　第二节　女性期刊在近代中国的发展变化………………（200）
　　第三节　女性期刊编著者的科学素养及对科学家形象的
　　　　　　认知………………………………………………（209）
　　第四节　内外因交织影响下被塑造的科学家
　　　　　　形象………………………………………………（216）

结　语 ……………………………………………………（218）

参考文献 …………………………………………………（228）

附录1　近代中国英文报刊中有关科学家报道概况
　　　　（1868—1953）……………………………………（238）

附录2　1898—1949年居里夫人在近代中国期刊中的
　　　　形象图鉴（部分）……………………………………（241）

附录3　女性期刊文献检索渠道信息汇总 ………………（248）

后　记 ……………………………………………………（249）

第一章

近代中国女性期刊中科学家形象问题的提出

第一节 近代中国女性期刊中科学家形象研究的背景及意义

一 西方科学技术知识的传入与女性期刊中的科学家形象

1840年后，中国门户洞开，西方女性主义理论、男女平等思想、科学技术与科学家等内容随着西人在华创办刊物的发行逐渐传入中国，随后国人自办的刊物也逐渐流行起来，这些刊物最终启发知识分子重新考虑女性、国家、民族与科学技术之间的关系问题。西人创办刊物与女塾以宣传其思想的形式对维新派探索新的救国道路产生了重要影响，他们在思想与实践层面如出一辙，如维新派也提出了女子应同男子平等享有受教育权[1]的口号，他们还创办了近代中国第一所女学堂——中国女学堂[2]。1898年7月24日，近代中国第一份女子报刊《女学报》作为中国

---

[1] 此处的女子教育应为新式的女学堂形式，学习的科目不仅有词句语法，还包括物理、化学、数学等基本的理科知识。

[2] 1898年创办的中国女学堂是国人创办的近代第一所普通女学校，初名为"桂墅里女学会书塾"，在向清政府申请刻制学堂公章时正式定名为"中国女学堂"，通常称"经正女学"或"经正女塾"，以《女学报》为中文校刊，另又创办英文校刊 *The Chinese Girls Progress*（《中国女孩的进步》）。女学堂总校于1899年8月25日宣布停办，分校至1900年也遭关闭。

女学堂的中文校刊创刊，该刊物因为戊戌政变的发生于是年10月29日停刊，前后共出版12期①。《女学报》除了宣传男女平权之外，还介绍地理、算学、格致等西文知识②，并积极提倡科学、反对愚昧与迷信③。近代中国女性期刊④自创立之初就特别重视引导女性接触西方科学技术知识⑤。

科学家是科技知识的掌握者，对于近代普通中国女性而言，只有通过接受教育成为知识分子才能借助女性期刊来获取这些科技知识，然后才会去思考这些知识由谁发现或创造。近代中国的女性期刊在创刊之初就与女子教育（部分内容为理科教育）有着一种相辅相成的关系，即女子教育或女学的发展为女性期刊提供潜在的女性知识分子读者，女性期刊为女子教育宣传兴女学、用科学、懂科学的理念。女性期刊发展方面，《女学报》虽昙花一现，但其开启了近代中国女性期刊发展的滥觞，在后续创办的女性期刊中也有一些科技知识的介绍，无论在内容上还是方式上，都与主流科技期刊有所不同，并体现出自己的特点来。随着科技知识在女性期刊中的传播，作为从事科学技术研究与发明的科学家们也被陆续介绍给读者。

本选题以我国近代第一份女子报刊《女学报》的创刊时间1898年为起点，以《妇婴卫生》停刊时间1949年12月为节点，探讨女性期刊中

---

① 方汉奇：《报史与报人》，新华出版社1991年版，第296页。
② 方汉奇、李矗：《中国新闻学之最》，新华出版社2005年版，第69页。
③ 康同薇：《女学利弊说》，《知新报》1898年第52期。
④ 女性期刊，即刊物本身的定位是以女性为主要读者群体、刊出的内容是有关女性自身的一类刊物。
⑤ "科技知识"在这里需要明确界定，康有为在《日本书目志》中首次用"科学"一词以取代"格致"，具体指生理、理学、地理、政治（其中的家政学、料理法、裁缝术）、农业、工业、美术等类目；1904年，清政府颁布《奏定学堂章程》，"理科"一词作为一个界定一门学科的词汇最早出现，主要指一般的物理、化学知识；1916年《高等小学校令施行细则》中"理科"已经包含了动物、植物、自然现象及人体生理卫生等方面的知识；1932年《小学课程标准总纲》中将社会、自然、卫生三科在初级小学中合并为"常识"一科，"常识"才作为课程名称在小学课程设置中正式出现（引自金忠明等著《中国近代科学教育思想研究》，科学普及出版社2007年版，第15页）。女性期刊中科技知识的介绍与女子教育的发展具有一致性，因此本书所指的"科技知识"既有科学的内容，也有技术（"常识"）的内容，属于随着时人对科技知识认知的变化而变化的广义的科技知识，"科学家"也是指这种广义的科技知识的掌握者和创造者们。

第一章 近代中国女性期刊中科学家形象问题的提出

的科学家形象问题。在这半个世纪以来，我国先后共发行 600 种以上妇女期刊①，这些女性期刊中包含了基础科学研究者、医护人员、发明家等广义的科学家的个人传记、简介、图片等内容。从国别上来看，这些科学家涵盖了古今中外著名的科技人物。从专业上来看，他（她）们所从事学科领域既有医学（包括产科、儿科、外科等）、护理（有家庭看护、战时医疗救助等形式）等与社会发展需要密切相关的实用性技术，也有物理、化学、生物等基础性的科学研究。从性别角度来看，这些科学家以女性居多，男性人数则相对较少。纵观这半个世纪，科学家作为女性期刊编作者们所宣传的一种女子职业，它在不同时期、不同地点所传达给读者的是不一样的形象，期刊中科学家形象的研究属于科技人物研究的范畴，它在一定程度上既补充了女性期刊研究的不足，也找到了科技人物研究的一个新的切入点。

  本书着重分析 1898—1949 年女性期刊中科学家形象问题，通过在辛亥革命、新文化运动、抗日战争、解放战争以及妇女解放、妇女运动②的过程中女性期刊建构的科学家形象，探讨不同时代背景下编著者们是如何向女性介绍这一职业群体的问题，同时借助文字、图片来概括他（她）们呈现给读者的形象，并分析这些形象形成的原因。另外，期刊作为本书研究主题的媒介，它也随着时代的发展发生着变化，尤其在 1938 年以后，期刊作为文化宣传的工具，它的发展受到了政府的管控，作为文化喉舌成为政府等机关单位传达国家意志的一部分。由此，通过女性期刊中科学家形象及其所掌握的科学技术知识的研究也可以从一个侧面窥探出国家宣传这一职业形象的意图、女性知识群体的科学技术知识接受程度和她们如何看待科学技术和科学家等内容。

---

  ① 陈姃湲：《〈妇女杂志〉（1915—1931）十七年简史——〈妇女杂志〉何以名为妇女》，《近代中国妇女史研究》2004 年第 12 期。
  ② 妇女运动是指在一定社会条件下，为争取妇女在政治、经济、文化教育以及社会和家庭中享有与男性平等权利，为推动女性自身解放与发展而进行的有组织、有领导、有纲领、有规模、以女性为主体的社会运动。（该定义取自顾秀莲：《20 世纪中国妇女运动史　上卷》，中国妇女出版社 2008 年版）

研究近代中国女性期刊中科学家形象问题可以理解在现代科学技术引进中国之初，科学家角色随着科学技术的中国化为何在不同的时代出现不同的宣传侧重，也可以理解女性知识分子如何随着女性解放运动、新文化运动、抗日战争等时代的发展逐步了解科学技术和科学家的进程问题。科学家作为一个职业群体，女性的加入一方面体现了男女平等思想在科技领域的实现，另一方面也表现了女性智力不输男性的事实。近代中国女性期刊中科学家职业的宣传和引导为早期女性从事科学技术与医学的研究事业提供了了解和认知科学的渠道，科学家传记尤其是女性科学家传记所塑造的科学家形象为女性树立了榜样，指引着她们走进科学并从事科学研究。虽然从事科学职业的女性一直以来都在人数上居于劣势，但终究仍旧有不少女性走进了科学研究领域，而女性期刊中的科学家形象在这个过程中起到了宣传女性从事科学家、发明家、医生、护士、工程师等职业的作用，这方面的研究可以弥补科学家形象在近现代科学技术史研究领域中的不足。

二　近代中国女性期刊中科学家形象研究的历史价值和现实意义

对近代中国女性期刊中科学家形象的分析，有助于了解女性期刊中科学家及其所从事的科学研究，把握这一职业与其他女性职业之间的互动关系。对于走出家庭的职业女性来说，女性期刊对她们适合从事的职业进行了介绍。看护妇、保育师、女医生、助产士、女飞行家、女天文学家等职业类型也已出现，这些职业的出现可以指导她们就业。更甚者，有期刊对女性与生物学的关系[①]、女子职业的训练和女性适合就业的领域[②]进行了总结分析。同一科学家在不同时期会表现出不同的形象，这可以分析出编作者对这一群体的认识深浅。在女性就业之后，男女同工同酬的问题逐渐成为讨论的焦点，这表明科学家已经与其他职业一样被大众视为女性可以从事的职业。另外，女性期刊中有大量的中国看护妇

---

① 赵云芳：《女子与生物学》，《妇女杂志（上海）》1930年第16卷第2期。
② 刑知寒：《女性的职业》，《妇女杂志（上海）》1930年第16卷第2期。

或护士、医生出现，而其他科学领域的人数极少，而社会实际的发展与女性期刊中科学家所倡导的人数多寡一致，这在一定程度上可以检验女性期刊对女性可以从事科学研究的宣传效果，也可以对某种职业所暗含的性别问题进行解答。

通过对不同时段女性期刊内容的分析和解读，有助于了解当时普通女性对科学家及其所从事的科学研究的认知程度，通过科学家形象在不同时代的描述窥探现代科学技术在女性期刊中的历史演变情况。对于女性读者对科学技术的接受能力而言，科学家个人传记、简介、图片等的介绍可以成为她们认识基础科学家、医生、护士、发明家等职业的来源，而这些介绍的简易程度可以折射出某一时期读者对科学家及这一职业所包含的科技知识的理解程度问题。由于女性期刊能够反映当时的最新动态，为了迎合不同时代的女性读者，它们表现的内容也会随着女性读者知识储备的日益完善而有所改变，这一点可以居里夫人事迹在不同时代的书写侧重点来考察，即由起初重点介绍她的女性和母亲的身份[1]转而渐渐介绍有关镭的发现和放射性物质及其实用性（治癌）[2]等方面，这可以从侧面了解期刊发行地区女性读者的科技认知水平，而随着介绍侧重点的日益学术化，现代科学技术在女性期刊中也呈现了由简单介绍到重点分析的过程。

在1898—1949年的时间段内，世界经历了两次大战，中国两次都是参战国，对1914—1918年和1931—1945年内女性期刊介绍战时科学和科学家内容的分析，可以以此为切入点分析战争、女性、科学技术与科学家之间的相互关系。早在1904—1905年的日俄战争时期，由于这次战争是在中国东北的土地上进行的一场战争，随即刚刚创刊的《女子世界（上海1904）》[3]便刊出建立赤十字社的文章，规定"平时养成医员及看

---

[1] 许婵：《贤妻居里夫人》，《妇女时报》1914年第13期。
[2] 闻砥：《时事史中的女人物——镭锭发明者居利夫人》，《妇女杂志（上海）》1930年第16卷第1期；程小青：《科学界的伟人居里夫人》，《妇女杂志（上海）》1921年第7卷第9期。
[3] 《女子世界（上海1904）》创刊于1904年1月17日（日俄战争开始于1904年2月8日），停刊于1907年，是清末发行时间最长的女性期刊。

护员以救疗战时之伤夷，及医治天灾之感染；战争之时以本院为陆军之预备医院；平时当体皇室仁慈之旨，以治疗一般病者"①，并刊登南丁格尔的传记以倡导女子以看护妇的身份参加战时医疗救助②。由于中国在第一次世界大战接近尾声时才参战，1916—1917年女性期刊对女飞行家张侠魂、女航空家以及电报等③与战争相关的内容进行了介绍。本选题将重点介绍在二战期间，女性群体是如何利用科技和科学家身份参与战争的，对于家庭妇女而言，《妇女共鸣》曾在1931年10月1日出版的第56—57期合刊中刊出"反日专号"，介绍救亡图存中妇女的天职与救国消息；由新生活运动所倡导的节约救国、节省消费、提倡国货等观念④是这些女性期刊所应倡导的，制煮食物、制备军衣⑤、儿童教养等也是家庭妇女的责任；对于职业妇女而言，在1937年7月7日之前，"学习战时应有的常识、准备担任战时的工作"等⑥内容已然为全面抗战做了准备。战时医疗救护是女性最普遍的参战方式，教育部更明文规定凡高中以上学校的女生"应以看护一项，列入为必修科"⑦，以培养女学生参加抗战的工作能力，陆军女医师、女飞行家、女情报人员⑧等职业女性也是战时被积极倡导和宣扬的热门职业。

  对这一时期女性期刊的考察也有助于了解20世纪上半叶出生的女性科学家群体在早期接受了怎样的科学文化熏陶以及她们由此而形成了怎样的知识结构，这也是研究该选题的现实意义。《妇女杂志（上海）》在科技知

---

① 慕卢：《赤十字社之看护妇》，《女子世界（上海1904）》1904年第2期。
② 觚庵：《军阵看护妇南的辫尔传》，《女子世界（上海1904）》1904年第2期。
③ 佚名：《清芬集·诗：丁巳春江湾观史天孙女士航空（附照片）》，《妇女时报》1917年第21期；佚名：《图片——中国之女飞行家张侠魂女士》，《妇女时报》1916年第20期；义水：《电报发明弹词》，《妇女时报》1916年第19期。
④ 峙山：《妇女国货年与农工商惨况》，《妇女共鸣》1934年第3卷第4期；社英：《妇女尤应努力节约救国》，《妇女共鸣》1933年第2卷第3期；社英：《救国先救东北》，《妇女共鸣》1933年第2卷第3期；社英：《新生活运动与节约救国观》，《妇女共鸣》1934年第3卷第4期。
⑤ 佚名：《慰劳专刊——图片——妇女们赶制军衣》，《妇女共鸣》1938年第9—10期。
⑥ 若芙：《国难时期内妇女应有的觉悟与准备》，《妇女共鸣》1935年第4卷第7期。
⑦ 佚名：《一月间的妇女——女生必修看护科》，《妇女共鸣》1935年第4卷第5期。
⑧ 王平陵：《战时妇女的特殊任务》，《妇女共鸣》1938年第7卷第4期。

识及科学家传记的介绍方面起到了一个很好的典范作用，它不仅刊发在校学生对学习问题的见解，也为青少年学生开辟了课堂学习之外的新天地[①]。这些丰富的课外知识与当时女子学校的"理科"或"自然"的学习相一致，使得学生在枯燥的学习之余可以了解更多的科普知识。另外，《妇女杂志（上海）》也有大量的科学家出现，该刊物中科学家的数量比1898—1914年发行的女性期刊中科学家的总数还要多，女子学校校刊也有科学家的介绍，加之《妇女杂志（上海）》等女性期刊有很大部分的读者是女学生，因此，对女性期刊中科学家形象的分析也有助于了解20世纪上半叶出生的科学家们在青少年时期所处的文化环境如何的问题。

第二节 女性期刊中科学家形象研究的发展现状与趋势

由于本书主要借助近代中国女性期刊这一媒介，重点研究其中的科学家形象问题，因此该选题主要涉及的相关领域有：科学家形象研究、女性期刊研究两个方面，以下小节将分别对这两个领域的国内外研究现状与发展趋势进行综述。

一 科学家群体与个体形象分析

科学家群体形象分析

国外最早关于科学家形象的研究为美国女学者玛格丽特·米德

[①] 其中，数学方面的介绍就有几何画法和不定方程式（参见上海开明女子职业学校预科生吴峥嵘、张亚昭：《学艺——几何画法》，《妇女杂志（上海）》1915年第1卷第1期；上海启明女学学生顾滢：《学艺——不定方程式》，《妇女杂志（上海）》1915年第1卷第1期）等由学生投稿而刊发的内容；理科新游戏（梅梦撰写）从第1卷第3期至第12期连续出现在《妇女杂志（上海）》上，对于所选择的游戏不仅有"解说"还有"学理"的介绍；趣味实验（参见怀芸《简易幻术》，《妇女杂志（上海）》1916年第2卷第9期）等内容也是刊出的重点。此外，还有对学校手工科新教材、家庭实用品（玩具——风球）制作法的介绍（参见陆衣言《学校手工科新教材、家庭实用品制作法之一斑》，《妇女杂志（上海）》1917年第3卷第8—10期）。

(Margaret Mead)等①在 Science 上发表的《高中学生心中的科学家形象》一文,该文指出对于美国高校中的学生而言,当他们的未来职业规划不是做科学家时,他们对科学家的形象是积极正面的,反之则是消极负面的。随后,国外在不同群体、不同媒介、不同视角(如性别视角,即女性群体眼中的科学家形象和媒体呈现出的女科学家形象)等方面对科学家形象进行全面的研究②。国内最早的文献为1978年罗慧生翻译苏联学者鲍·鲁宁③的文章,该文讨论了苏联影视作品中所应表现的科学家形象问题,并指出这一时期应当在影片中颂扬科学家对修正主义路线的"忠诚"形象,不需要介绍他们的科学研究过程和科学争论,这一论断反映了鲜明的时代特色。之后,国内有关科学家形象的研究沿着国外的路径不断发展,在研究论文方面有以下几个角度的分析。

第一,科学教育领域对科学家形象的研究是该主题的主要类型,这里包括大中小学生在理科教育中对科学家的认识问题。其一,理科教科书中的科学家形象是近年来讨论比较多的问题,作者主要为师范类大学硕士阶段的研究者。郭桂周、周云等④对有关物理教科书中的科学家形象进行了探讨,分析了人教版2012年出版的初中物理教科书中的科学家群体,指出教科书中的科学家形象与中小学生眼中的科学家形象基本一致,它们将科学家神圣化,并且缺少对科学家背景特征和女性物理学家的关注,作者们进而对改进初中物理教科书的书写提出了若干建议;任

---

① Margaret Mead, Rhoda Metraux, "Image of the Scientist among High-School Students: A Pilot Study", *Science*, Vol. 126, No. 3270, 1957, pp. 384–390.
② 郝君婷、詹琰:《国内外科学家形象研究的计量与比较》,《科普研究》2016年第1期;詹琰、胡宇齐、郝君婷:《科学家形象的指标权重分析》,《科技管理研究》2015年第18期;詹琰、胡宇齐、郝君婷:《科学家形象研究现状及发展动态分析》,《自然辩证法通讯》2014年第5期。
③ [苏联]鲍·鲁宁:《科学——银幕——人——科学家形象与电影剧作》,罗生慧译,《世界电影》1978年第0期。
④ 郭桂周、易娜伊、周云:《我国中学物理教科书中科学家形象建构的实证研究——以人教版初中物理教科书为例》,《教育导刊》2018年第19期;周云:《人教版初中物理教科书中科学史的文本分析——兼论物理教科书中科学家形象的建构》,硕士学位论文,湖南师范大学,2018年。

悦等①主要以初中物理、化学、生物中的科学家形象为主，指出近年来的人教版教科书中的科学家素材数量众多、种类丰富，所描述的形象也体现了科学家的真实形象，但还应该考虑到科学家的国别、所处时代、性别等因素，尤其是在性别问题上，文章指出教科书中仅有一位女科学家张丽珠的叙述，建议适当加入女科学家群体；其他研究者②也有将重点放在理科教科书中的科学家形象上的。其二，大中小学生眼中的科学家形象。彭铣洪③对中学生进行了问卷调查，从科学家与社会互动的角度，指出中学生对科学家形象的认知是多层面的，他们不仅从外在形象和人格特质等所谓的刻板印象上去认识科学家，更重要的是在科学实践层面全面地去看待科学家群体，这是笔者所阅读到的为数不多的有关学生群体眼中科学家非刻板印象的文献，从中也可以看出科学家全面形象普及在近年来所做出的成绩；张楠等④认为中学生对科学家形象的认知多停留在"戴着眼镜的男性在实验室里忙碌"；黄芳等⑤得出大学生较中小学生对科学家的认识更加丰富和真实，但容易将科学家的工作和生活等同的结论，他们对科学协同研究缺乏认识，女大学生在科学事业中常处于边缘地位。这些研究从教育的角度对科学家的形象进行分析，指出了在教育领域内我国理科教科书编者、学生对科学家形象的普遍认知的情况，作者们旨在解决人们对当代科学家形象认识的问题。

---

① 任悦、潘婉茹：《初中科学教材中科学家信息的呈现与科学家形象分析——以人民教育出版社初中生物、物理、化学教材为例》，《科普研究》2016年第5期。
② 赵思莹：《基于HPS教育理念的高中物理教材研究》，硕士学位论文，山东师范大学，2018年；张蓉芝：《刍议高中物理"阅读材料"在实际教学中的作用》，《中国校外教育》2017年第35期；何桂明、黄明超：《爱因斯坦与引力波发现的科学逸闻三则》，《中学物理（高中版）》2017年第7期；胡扬洋：《中学物理教科书中的科学家形象描绘：现实与超越》，《课程教学研究》2016年第12期；麻桉瑜：《浙科版和人教版高中生物教科书比较研究：以科学家形象为例》，硕士学位论文，杭州师范大学，2014年。
③ 彭铣洪：《高中生对科学家的形象认识研究——基于社会关系对科学实践影响的角度》，硕士学位论文，华中师范大学，2018年。
④ 张楠、詹琰：《北京地区中小学生心目中的科学家形象比较研究》，《科普研究》2014年第6期。
⑤ 黄芳、黄雁翔等：《我国大学生对科学家的刻板印象研究》，《科学教育与博物馆》2016年第1期。

第二，《申报》《人民日报》《科学》等报纸杂志①中的科学家形象也是近年来研究的热点。张芳喜等②对《申报》《人民日报》中的科学家形象进行了分析，其中《申报》（1872—1949）所展现出的是天资聪颖、勤奋刻苦、热爱科学事业，并献身科学的形象，作者利用定量与定性相结合的方法，探讨了该报刊中科学家的人格特征、外在特征、职业特征和家庭环境，简要地指出了《申报》塑造这样的科学家形象的原因；她对《人民日报》（1946—2014）也从人格特征等四个方面进行论述，得出该报刊中科学家的形象为坚韧努力、爱国、有血有肉以及不同阶段的多面性，呼吁应当构建全面、客观、鲜活的科学家形象。李雪峰等③也对《人民日报》自1949年1月1日至2014年12月31日共66年的有关科学家的报道进行了内容分析和统计量化，作者分7个阶段对这一时期的科学家形象特征进行解读，即1949—1957年的学习苏联、团结奋进的形象；1958—1964年的以农业科技工作者形象分析为主的特征；1965—1978年的"科学政治化"的时代及科学家在这个时期的坚守；1979—1984年的具有家国情怀的科技工作者奋勇争先的特征；1985—1995年的团结协作、走向世界的追求；1996—2000年对科学精神的不懈追求；2001—2014年的科学家与社会紧密结合的特点。陶贤都等④则对《科学》对近代科学家形象的建构问题进行了探讨，该文以《科学》中科学家传记类、逸闻轶事类、评论类的文章为分析文本，指出科学家具备天

---

① 现代意义上的报纸或期刊作为近代中国新兴出现的事物，成为知识分子获取信息的主要渠道，对这些纸质载体中科学家及其所树立形象的研究，主要有以下几类：1. 西人创办的综合类及专门类（传播教义、校刊等）期刊中的科学家形象研究；2. 国人自办的综合类与专门类（此处主要讨论非科学类期刊）期刊中有关科学家形象的研究，重点为面向大众发行的刊物；3. 在主流的科学期刊中，包括专业性科学刊物及面向大众的科学普及类刊物，由于这类性质的纸媒所报道的关于科学与科学家的内容相对集中和多样，因此也作为研究者们研究科学与科学家形象的主要媒介。

② 张芳喜、张增一：《〈申报〉中的科学家形象研究》，《自然辩证法通讯》2017年第4期；张芳喜：《〈人民日报〉中的科学家形象研究》，《自然辩证法研究》2016年第11期。

③ 李雪峰、郭乐蓉：《当代中国关于"科学家形象"报道的话语流变：基于〈人民日报〉66年"科学家长篇报道"的词频统计》，《科学技术哲学研究》2015年第3期。

④ 陶贤都、郭媛、王子立：《〈科学〉与近代科学家形象的构建》，《自然辩证法研究》2014年第10期。

资聪颖、勤奋刻苦、热爱科学等形象,进一步得出了以下两个结论:其一,《科学》在传播科学家形象的同时注重介绍他们的科研工作和科学成果;其二,该刊物中涉及的科学家学科领域众多及中国科学家介绍逐渐增多的趋势。这些对期刊、报纸类媒介的分析,逐渐由非科学类刊物向科学刊物发展,这有助于笔者思考不同类别刊物中科学家形象的特征问题,并对比女性期刊中科学家形象与其他类刊物中所描述形象的不同,从而更好地把握研究主题。

第三,影视作品中科学家形象。如前文所述,国内最早关于科学家形象的研究为鲍·鲁宁的文献,它便是对影视作品中所呈现的科学家形象进行的分析。陈彤旭①则将重点放在美国电视中的女科学家形象上,指出20世纪末美国在电视中已经应用性别模式理论改变科学领域中的性别刻板成见。近年来,影视作品中科学家形象的分析,最显著的是对《生活大爆炸》的解读,思羽、玛格丽特·魏特坎普②认为该剧中的科学家形象既有传统的模式化特征,也有对科学家角色的深情描绘,讲述了多种学科中的科学家们,也指出了女科学家们处于配角地位的事实;王坎、詹琰③更是对电视商业广告中的科学家形象与科学传播进行了分析,将电视广告中有科学家本人代言和具备科学家形象的演员代言的广告做了对比分析,得出了电视广告中"演员式"的科学家形象,即大众心目中对科学家"刻板印象"的集中体现的结论,进而分析了电视商业广告中科学家形象的"民科气质"及其形成原因与影响。

第四,小说、著作等文本中的科学家形象。王丽④对作家张扬的作

---

① 陈彤旭:《改变性别刻板成见——美国电视中的女科学家形象对女孩的影响》,《国际新闻界》1998年第C1期。
② 思羽、玛格丽特·魏特坎普:《美剧〈生活大爆炸〉中的科学家形象》,2017年http://www.worldscience.cn/qk/2017/3y/sp/584575.shtml。
③ 王坎、詹琰:《电视商业广告中的科学家形象与科学传播》,《科普研究》2013年第6期;王坎:《电视商业广告中科学家形象研究:以中央电视台黄金时段电视广告为例》,硕士学位论文,中国科学院大学,2014年。
④ 王丽:《浅析张扬的写作内容特点——以〈第二次握手〉为例》,《唐山文学》2017年第9期。

品《第二次握手》中所塑造的神化的科学家形象进行了分析；李珂[①]、张晓[②]则关注于科幻作品中所涉及的动物实验与人类伦理，通过文学批评的方式，反思了人类理性与主体性以及动物伦理与人类伦理的悖论，展现了科幻作品中"疯狂科学家"的形象。著作方面，较早涉及科学家形象的研究性著作有吴国盛的《科学的历程》，吴书中"人性的科学家形象与科学形象"[③]一节有具体分析，该章节指出公众应当将科学家在生活和社会活动中人性的一面放大，科学家所传递出的应当是一种对自然世界的理性思考、思想上的独立思考、有条理的怀疑的科学精神，他们不仅应在本职的科学研究领域内造诣颇深，更应在关心社会、关心他们、有同情心等方面与常人无异。此外，近年来，有关科学家形象的研究著作还主要有中国科协科技工作者状况调查组所编的《科技工作者社会公众形象调查报告》[④]、詹正茂主编[⑤]的《科学传播蓝皮书》等，这些调查报告分析了 2009 年至 2016 年的有关科学家的公众形象、公众对科学家的认知、青少年心目中的科学家形象等内容。这些立足于当下的调查文献有助于笔者理解目前国内公众对科学家的认知情况。

  当然，也有学者撰文指出现今科学家形象研究的现状和影响因素等综合性的文章。张芳喜、张增一[⑥]对科学家形象的现状进行了概括性总结，指出现今研究科学家形象多从特定人群、艺术作品、媒体等角度切入，分析了国内外有关科学家形象研究的方法（科学家形象测验、文本

---

  ① 李珂:《〈鲸歌〉与〈莫罗博士的岛〉中伦理道德符号对比研究》,《广播电视大学学报（哲学社会科学版）》2018 年第 4 期。

  ② 张晓:《〈弗兰肯斯坦〉和〈摩罗博士的岛〉中的疯狂科学家》,硕士学位论文,上海外国语大学,2012 年。

  ③ 吴国盛:《人性的科学家形象与科学形象》,《书摘》1996 年第 7 期；吴国盛:《科学的历程》（上）,湖南科学技术出版社 1997 年版。

  ④ 科技工作者社会公众形象调查课题组:《科技工作者社会公众形象调查报告》,中国科学技术出版社 2009 年版。

  ⑤ 詹正茂:《中国科学传播报告 2012》,社会科学文献出版社 2012 年版；詹正茂、靳一、陈晓清:《中国科学传播报告 2010—2011》,社会科学文献出版社 2011 年版；詹正茂、靳一:《科学传播蓝皮书 中国科学传播报告 2009》,社会科学文献出版社 2009 年版。

  ⑥ 张芳喜、张增一:《科学家形象研究：现状与问题》,《自然辩证法研究》2014 年第 10 期。

分析与内容分析、社会性别分析），最后强调了对女科学家形象研究的重要性问题。

科学家个体形象分析

研究者们从多个视角对科学家个体形象进行研究，主要有以下角度：科技史、历史学、传播学、肖像学等，通常所涉及的科学家则集中于在科学研究中作出突出贡献的科学家，如牛顿、居里夫人等，个体形象的研究是群体形象研究的有效补充，它也可以作为典型案例来丰富群体研究。本小节将重点介绍这些领域内的科学家形象研究现状。

对于科学家形象的研究来说，它通常要借助一定的媒介或者某个群体的视角等方式来表现，而科技史视角与科技传播视角往往会呈现一种相互交织的情况，因此二者可放在一起进行介绍。该领域中有居里夫人形象的研究，即聂馥玲[1]、刘兵[2]以电影《居里夫人》为例讨论了媒介、性别、女科学家之间的关系问题，作者通过论述居里夫人及《居里夫人》电影编剧的变迁、内容的性别分析，以及国外对女性科学家题材电影的研究，指出媒介（影视等）对公众科学家形象的宣传具有非常重要的作用，但在科学传播过程中缺乏性别视角会影响到公众对女科学家形象的认知，也影响到媒介对于现代职业女性形象的重塑；李娜[3]的硕士学位论文以北京大学等京区6所图书馆馆藏的136种居里夫人传记著作为研究对象，运用传播学的视角，从社会性别、女性与科学的角度切入，对有关居里夫人早期传记、中文传记、代表性版本进行了版本学分析，结合传记的历史分期和形象变迁、不同版本对镭的发现意义和绯闻事件的主题，得出居里夫人在外在形象、行为方式、家务问题、与科学共同体的关系、绯闻事件、与皮埃尔的关系等方面所具备的社会性别视角的结论。这篇学位论文侧重于传播学的全面考察和细致描述，所涉及的研

---

[1] 聂馥玲、刘兵：《第十一届中国科学技术史国际学术研讨会论文集：关于科学文化传播中居里夫人的形象》，广西民族大学出版社2007年版。

[2] 刘兵：《公众中女性科学家形象的建构——以电影〈居里夫人〉为例》，《多视角下的科学传播研究》，金城出版社2015年版，第196—208页。

[3] 李娜：《居里夫人传记在中国的传播及性别研究》，硕士学位论文，河北大学，2008年。

究点很多，可作为女性科学家公众形象研究的文献资料，但对某些主题和问题的解读缺乏历史的深度分析，比如居里夫人外在形象的变迁一节，作者指出了其外在形象在1900—1939年是萌芽时期、1939—1990年为建构和定型时期、1990年以后为反思和批判阶段，但对每个阶段缺乏细致的描述，且每个阶段还有待更详细的历史考察；再者，对居里夫人外在形象、行为方式、家务问题等主题的分析上，作者仅以《居里夫人传》等传统传记和《居里夫人：寂寞而骄傲的一生》中这几个方面的叙述作对比分析没有考虑这两部传记所产生的不同时代背景。有关袁隆平媒体形象的研究，王春晓[1]则以《人民日报》1976—2016年对袁隆平的报道为分析样本，讨论了计划导向、经济驱动、创新引领的不同时代背景下对袁隆平科学家形象建构产生的影响，经历了由集体话语（模糊了科学家的贡献和个人形象）、技术话语（科技体制改革时期的"农业技术专家"形象逐步建构）到自主创新话语（"人民科学家"形象），反映了40年来国家对科学和科学家态度的变化。这些对传统纸媒上的科学家形象研究关注的焦点多为该职业群体形象的塑造问题，目前尚未发现有研究者借助女性期刊来研究科学家形象，这也为笔者留下了研究的空间。

在肖像学研究领域，主要有对牛顿、玛丽·居里等人形象的分析。Fara[2]从符号学、图像学、社会建构论与传播学的视角对牛顿形象的分析进行了解读，作者指出牛顿的形象是画作者根据社会整体对科学家的认知所建构出来的，而创作出的这些牛顿肖像又通过画家、牛顿自己、社会风气以及时代背景之间的不断协调，达成共识，成为后世广为流传的牛顿形象，从而使得真实的牛顿形象无法再现。Roger、Gould[3]从女性主义理论、社会建构论等等的视角对玛丽·居里、赫歇尔与萨默维尔形象的分析，指出以上三位女科学家在公众中所表现出来的肖像画形象，

---

[1] 王春晓：《话语视域下的袁隆平媒介形象研究》，《湖南科技大学学报（社会科学版）》2018年第1期；王春晓：《"人民科学家"的诞生——袁隆平媒介形象建构过程及特征分析》，《科技传播》2016年第22期。

[2] 刘兵：《多视角下的科学传播研究》，金城出版社2015年版，第81—84页。

[3] 刘兵：《多视角下的科学传播研究》，金城出版社2015年版，第84—87页。

是由画家刻意地塑造、科学史家有指向性地描写、传播者有选择地宣传、相关机构有意识地推动而形成的。考虑到她们所处的时代，她们在处理好家事之后，恰巧在物理学、天文学、数学等领域做出了贡献，科学贡献被认为是女性本分之外的工作，而她们外在的形象已偏离了其真实的形象。这对笔者思考并揭示近代中国女性期刊中的科学家形象塑造过程有一定的启发意义。

二 女性期刊相关研究综述

女性期刊作为期刊的一种，其中的科技内容既是本书研究的重要载体，又是分析女性与科学关系的媒介。本小节将重点介绍女性期刊中科技内容及其他视角的研究情况。

女性期刊中科技内容研究

本部分以女性期刊中的科技内容研究为分析对象，从科技史、传播学、历史学角度进行有关内容的梳理。

第一，在科技史领域，研究者目前集中于对女性期刊中科学技术知识的分析。比如，北京科技大学的章梅芳等[1]通过对《妇女杂志（上海）》中的家政科学常识、科学思想与精神、家庭科学常识的普及等的分析，指出《妇女杂志（上海）》的科学启蒙及其变化一方面反映了民国时期科学主义思潮扩展到女性家庭和生活领域，另一方面也表明社会性别观念的变革和妇女运动的发展在某种程度上也利用了科学话语的力量的结论；她的硕士生李倩[2]对《妇女杂志（上海）》中所反映出的科技知识的特点进行了概括与总结性的分析，指出其在传播科学技术和医学知识文化方面的影响，并对医学类文章进行了专题分析，揭示出该刊物在传播西医知识及其文化方面的立场、方式和影响；章的另一位学生姚瑶[3]则从技术史、

---

[1] 章梅芳、李倩：《〈妇女杂志〉与民国女性的科学启蒙》，《妇女研究论丛》2016年第5期。
[2] 李倩：《〈妇女杂志〉在近代科技传播中的特点研究》，硕士学位论文，北京科技大学，2013年。
[3] 姚瑶：《民国时期家政教育中的烹饪技术与社会性别研究》，硕士学位论文，北京科技大学，2016年。

科技传播、技术与社会互动的角度，对民国时期家政教育中的烹饪技术进行了分析，她首先回顾了中国传统家事教育及其视野下的烹饪技术，其次对在晚清民国时期国外两大家政教育传统对中国传统家事教育的冲击与改造，再次通过师生作品和校刊分析了社会各界对家政教育及其培育下的烹饪技术的态度和看法，最后讨论了家政教育在民国长盛不衰的原因、烹饪技术变革对女性的影响和家政教育的发展前景等议题，作者在分析"大众传媒与家政教育中的烹饪技术之互动"章节中利用《华南女子文理学院校刊》等刊物进行了解读，该论文得出家政教育的培育实现了烹饪技术的科学化变革的结论；姚瑶、章梅芳、刘兵[1]也探讨了民国时期高校女子家政教育对烹饪技术的科学化改造的问题，并对《华南学校校刊》中华南女子文理学院家政社活动进行了分析，探讨了其对民国知识女性的影响及该校刊与妇女解放的关系。因烹饪技术是女性期刊中介绍比较多的内容，所以对其在技术史和科技知识角度的分析也对本选题有借鉴意义，但这些研究成果仅从科学技术知识的角度进行了分析，没有涉及掌握这些知识的研究者的讨论，这为笔者提供了可研究的空间。

第二，由于女性期刊具有传播思想、技能等方面的功能，新闻学和历史学领域的研究者们也会对这类刊物有所重视。比如，湖南大学新闻传播与影视艺术学院的陶贤都等[2]从科技新闻与传播的角度对《妇女杂志（上海）》中女性生理卫生知识、医疗、保健、护理知识、家庭实用技术、基本科学原理、科技新闻和对先进科技产品介绍的内容进行了分析，作者总结出《妇女杂志（上海）》中科技传播特点为注重服务性、通俗性和趣味性，编排方式多样，题材不断拓展，指出《妇女杂志（上海）》在中国近代妇女科学启蒙和妇女解放运动中发挥了重要作用，它所具备的科技选题特点和传播方式对当前女性期刊进行科技知识的传播仍旧具有一定的借鉴意义。该文为笔者提供了对《妇女杂志（上海）》

---

[1] 姚瑶、章梅芳、刘兵：《民国时期高校女子家政教育与烹饪技术的科学化改造》，《科学教育与博物馆》2016年第2卷第3期。

[2] 陶贤都、艾炎龙：《〈妇女杂志〉与中国近代的科技传播》，《中国科技期刊研究》2013年第24卷第6期。

中科技传播内容研究的另一种视角，但由于专业限制，作者仅就期刊中的科技内容进行了文本解读和史料分析，并没有探讨其背后的发展原因、其与社会、教育、科学的发展关系等问题。南开大学历史学院的黄相辅[①]则通过考察1915—1919年的《妇女杂志（上海）》中有关医药卫生、理化、生物、教育学等科学知识的量化分析，并对这一时期该杂志的主编王蕴章和胡彬夏的编辑策略进行了解剖，指出《妇女杂志（上海）》所策划的改良家庭、日常生活与通俗教育的蓝图，既反映了这一时期知识分子对现代化生活的想象，也是有别于五四新文化模式的另一种涵盖传统的科学认知与新式的科学教育的启蒙。

综上，研究者们对女性期刊中科技传播的重要性仍旧缺乏足够重视，目前仅有章梅芳、李倩等从科技史的角度对民国时期的女性期刊进行研究，但她们关注的多为家政、医学等领域以及单刊的研究；而陶贤都则从新闻学的角度进行分析，仍旧没有对半个世纪以来近代中国女性刊物中的科技知识以科技史的视角做专题性、长时段、多刊物的考察；黄相辅则从历史学的角度，对女性期刊中的科学知识进行了文本分析。以上这些研究均未涉及近代中国女性期刊中的科学家形象问题，这为笔者留下了可供研究的空间。

女性期刊其他角度的研究现状

有关女性期刊的研究，主要有以下角度的分析：

第一，历史学角度多以女性期刊为媒介，研究历史中的某些女性问题，主要有以下内容的分析：其一，妇女解放角度的研究。如尹深[②]对《女学报》《女子世界（上海1904）》《妇女杂志（上海）》三种女性期刊进行考察，对其所表现出的妇女报刊在妇女解放思想史及妇女发展史上的历史地位和巨大意义做了具体论证；赵立军[③]对《女子世界（上海

[①] 黄相辅：《居家必备：〈妇女杂志〉在五四前的通俗科学启蒙（1915—1919）》，《中央研究院近代史研究所集刊》2018年第100期。

[②] 尹深：《中国近代妇女报刊与妇女解放思想》，硕士学位论文，内蒙古大学，2013年。

[③] 赵立军：《20世纪初女性报刊——〈女子世界〉研究》，硕士学位论文，东北师范大学，2010年。

1904)》在中国近代民族民主运动和近代女子解放运动中的作用以及女性解放历程的认识问题进行了分析；Joshua Adam Hubbard[①]则通过对《妇女杂志（上海）》的分析，指出在民国初年（1915—1918）、新文化运动（1919—1925）和国民党统治时期（1926—1931）"新女性"形象与妇女运动之间的关系，进而讨论这一时期妇女主义不同于20世纪初西方女权主义的复杂性和特殊性问题。其二，知识女性与大众传媒角度的研究。如乔素玲[②]在论述近代女子教育与知识女性崛起的观点时，讲述了女性报刊作为知识女性传播媒体的工具来塑造女性群体的内容，对1898—1921年间女性报刊进行了综合性的评述，得出了女性知识群体逐渐兴起的结论；李晓红[③]从社会文化变迁的角度，以《妇女杂志（上海）》《新女性》《北斗》《女子月刊》《妇人画报》《女声》《天地》等刊物为对象，研究清末至民国时期上海知识女性与大众传媒之间的互动关系，探索现代知识女性的成长过程；吴敏娟[④]对清末民初女性期刊的演化与传播问题进行了论述，包括中外女性期刊、清末民初女性期刊、民国时期女性期刊等内容，涉及的女性期刊有《女学报》《中国女报》《女子世界（上海1904）》《女子月刊》《中国妇女》等。其三，女子救国思想的研究。如隋明照[⑤]对《女子月刊》这份没有党派、商业、宗教背景的女性期刊的女性爱国救国行动的动员进行了解读，指出该刊物在增强女性公民意识、参与救国运动等方面的积极作用；王双双[⑥]也对《女子月刊》中的救国思想进行了研究，通过分析该刊物中大量的女性

---

① Joshua Adam Hubbard, "Troubling the 'New Woman': Femininity and Feminism in The Ladies' Journal (Funü zazhi) 《妇女杂志》, 1915—1931", The Ohio State University, Master of Arts, 2012.

② 乔素玲:《教育与女性——近代中国女子教育与知识女性觉醒（1840—1921）》，天津古籍出版社2005年版，第206—217页。

③ 李晓红:《民国时期上海的知识女性与大众传媒——以女性刊物为中心的研究》，博士学位论文，厦门大学，2007年。

④ 吴敏娟:《中国女性期刊史》，中国社会科学出版社2015年版。

⑤ 隋明照:《20世纪30年代〈女子月刊〉杂志对女性爱国救国行动的社会动员研究》，硕士学位论文，暨南大学，2017年。

⑥ 王双双:《〈女子月刊〉的救国思想研究》，硕士学位论文，黑龙江大学，2018年。

救国文章，指出该刊主编意在让女性认识世界、认识中国并萌生出救国思想和坚定救国的决心，最后作者指出这种救国思想的历史局限性问题。这对于笔者关于女性如何参与战争的讨论大有助益。

第二，由于女性期刊中有很多关于文学的内容，因此文学角度的分析常见于学者的笔端。如杜若松[①]从《女子世界（上海1904）》《妇女杂志（上海）》《新女性》《玲珑》出发，探讨这些女性刊物中文学写作群体、文学文本等，以解决现代文学和女性文学的发展脉络问题；刘峰[②]通过《女报》《女学报》《女子世界（上海1904）》《妇女共鸣》《中国新女界杂志》《中国女报》《妇女时报》《神州女报》《妇女杂志（上海）》等来分析现代妇女报刊在20世纪初对欧美世界的集体想象问题；夏晓虹[③]以晚清女报《女子世界（上海1904）》和《北京女报》中的传记栏为分析对象，从新教育和新典范的结盟入手，剖析在外国女杰的选择引进与中国古代妇女楷模的重现阐释中所显现的晚清女性人格建构的多元景观。

第三，女性期刊从艺术设计史角度的研究。如薛宁[④]以《良友》《玲珑》等画报为研究对象，对1927—1937年的海派女装纹样的时代特点，分析民国十年时尚女装纹样的发展嬗变问题，该文以图佐史，运用图像学的原理，对女性身体的"现代性"建构进行了分析；陈绪悦[⑤]则以20世纪30年代流行的女性图画周刊《玲珑》为研究对象，通过与《妇女杂志（上海）》《良友》的对比分析，对《玲珑》所包含的图文详细进行解读，得出了《玲珑》中有关服饰信息大、图像多、西式服饰图像远多于中式服饰等特点，进而对民国女性身体审美意识的转变进行了总结概括。

[①] 杜若松：《近现代女性期刊性别叙事研究》，博士学位论文，东北师范大学，2015年。
[②] 刘峰：《清末民初女性西游与文学》，博士学位论文，苏州大学，2012年。
[③] 夏晓虹：《晚清女性典范的多元景观——从中外女杰传到女报传记者栏》，《中国现代文学研究丛刊》2006年第3期。
[④] 薛宁：《海派女装纹样研究（1927—1937）：以〈良友〉、〈玲珑〉等画报图像为中心的考察》，硕士学位论文，南京艺术学院，2013年。
[⑤] 陈绪悦：《从〈玲珑〉杂志看民国三十年代女性的服饰审美》，硕士学位论文，西南大学，2016年。

第四，女性期刊中体育角度的研究。如周婷[①]以辛亥革命时期坚持最久的女子报刊《女子世界（上海1904）》为研究对象，通过整理分析该刊中有关女子体育的内容，分析了西方体育在中国妇女报刊中的传播途径和传播历史，对女子教育中女子运动会、该刊中的女性体育理念、"强国保种"的工具思想等方面进行了重点研究；卢珊[②]通过对《玲珑》这本图画杂志中有关女子体育新闻报道的分析，解答这些报道如何展现中国近代女子体育发展的历史过程问题，作者将《玲珑》中的女子体育新闻报道分为赛事与非赛事、国际和国内等方面，研究了该杂志中女子体育新闻的报道总量、报道体裁、报道话题、报道人物、报道项目等内容。

由于近代女性期刊多为综合各方面内容的刊物，所以对它的相关研究资料较为多元、丰富，研究者普遍是从自身的专业背景出发，或综合多刊物或对单刊的某一栏目或者某一方面做研究，研究文献多将女性期刊放在女性解放的领域和历史学与新闻的角度。这些前人的研究成果开阔了笔者的研究思路，也加深了笔者对近代中国女性期刊的认识。

第三节　研究问题与主要内容

一　研究问题与研究路径

科学家研究是科学技术史研究的重要组成部分，回顾有关科学家的研究综述，从1978年第一篇有关科学家在影视作品中形象的研究论文开始，我们似乎一直在不断地构建适合于时代要求的科学家形象，也一直在解构真实的科学家形象，留给现代人的很重要的问题就是：科技工作者是科学知识生产的主体，那么随着科技知识在中国的引入、本土化和建制化，这一专业性的职业形象是如何逐渐进入普通女性视野的？这些

---

① 周婷：《辛亥革命时期妇女报刊〈女子世界〉中女性体育研究》，硕士学位论文，上海体育学院，2009年。
② 卢珊：《〈玲珑〉杂志女子体育新闻报道研究》，硕士学位论文，上海体育学院，2016年。

形象是如何随着社会发展、科技发展而变化的？科学家形象的介绍对于女性的科学启蒙起到了怎样的作用？媒介在传播科学家形象时起到的作用如何？女性期刊编作者们又是怎样认识科学和科学家的？中国共产党创办的女性期刊是如何表达科学家形象的？与商业类的女性期刊有何不同？要解决这些问题，我们可以回到近代中国社会中，探索在中国现代科学家形成之初，大众媒体对科学家形象的塑造到底为时人建构了一种怎样的模式。19世纪末，报纸或期刊逐渐成为受众了解科学家形象的媒介，而随着女学的兴起，女性期刊也加入到宣传科学家形象的潮流之中。本书主要通过近代中国女性期刊来讨论科学家们在这类刊物中的形象如何、为什么会引起这样的形象以及由此得出的期刊编作者、读者对科技工作人员的印象与对科学技术与医学的认知等方面的启示。

研究路径方面，笔者将从相关定义的界定、刊物的选择、科学家形象文献选取的标准、研究方法等方面进行详细阐明。

相关定义的界定

1. 何为科学家？

科学家概念是在一定的历史情境下形成的，它也会随着时间和空间的变化而变化。对于"科学家"而言，主要有以下的历史发展过程：1834年，剑桥数学家和哲学家威廉·休厄尔（William Whewell, 1794—1866）就曾创造了"科学家"一词，而此时欧洲科学指的是"确立"的知识，尤其是理论知识，它包括神学。科学家（或科学的"职业化"）则"一般是指受过某种专门科学教育的人在全部规定时间里通过从事这一专门领域中的工作来维持生计，并且这项工作是由社会确立的职业"[1]。1867年，达尔文演化论问世（1859年出版《物种起源》）8年之后，"科学"特指自然哲学中排除与上帝有关的部分（即自然科学），重在研究自然界中非人类（物质）系统，科学家也随即转换为研究自然科学的学者。当现代科学传入中国之际，起初我们用"格致"代替"科

---

[1] ［日］古川安：《科学的社会史：从文艺复兴到20世纪》，杨舰、梁波译，科学出版社2011年版，第100页。

学"，日本学者西周时懋则将 science 译为"分科之学"，1874 年，日文汉字译为"科学"，康有为在《日本书目志》中编译《科学入门》和《科学原理》两书目，这样"科学"一词就引入了中文汉字词汇中①。

  1915—1923 年兴起的新文化运动将民主与科学作为运动的口号，科学更在近代中国有了快速的发展，科学家这一职业群体也逐渐进入了人们的视野，并结合近代中国救亡图存的历史背景而发生了些许改变。1919 年，刚刚获得美国哥伦比亚大学化学工程专业硕士学位的中国科学社社长任鸿隽就"何为科学家"的问题专门写文。首先，他先将科学是什么做了交代，即认为科学是学问，不是艺术（理性派：形而上的玄学，为哲学的一部分；实验派：形而下的科学）；科学的本质是事实，不是文字，因此科学家要讲究观察与实验。其次，给出了科学家的概念，即"科学家是个讲事实学问以发明未知之理为目的的人"。当然，任鸿隽②也对当时人们所大力宣传的实业与科学的关系进行了说明，他认为像电灯、电话等实业与科学虽然不是一个东西，却实在有相依的关系，实业的发展有利于科学的普及，但在本质上实业（科学不是物质主义和功利主义）是应用性的科学，如果人人都梦想着学习科学就一定以实用性为前提，这种观念也是错误的。这里，任鸿隽指出了科学家应当追求纯粹的科学知识，不应过分地以实用性为前提或为目的来研究科学，但他仍旧将法拉第、爱迪生、斯蒂芬孙等实业家视为科学家。这些在新文化运动中发挥重要作用的留美学生已经摒弃了先前传统的"分科之学"，并以适合中国实际的方式来定义科学、传播科学③。"科学家"是一个历史的概念，20 世纪 20 年代这一含义不仅仅包括从事自然科学的知识分子，还包括从事应用性科学的发明家、技术工作者以及医生群体。因此，本书所指的"科学家"是与时代相契合的、广义地包括科学研究、科学

---

  ① 樊洪业：《科学旧踪》，江西教育出版社 2000 年版。
  ② 任鸿隽：《何为科学家》，《新青年》1919 年第 6 卷第 3 期。
  ③ 他们还注重通过《科学》杂志向公众传播科学知识、科学方法、科学事业以及科学在推动社会发展中的各种功能，此时的科学是一个广义的科学概念、"整体"的科学观。（引自樊洪业：《科学旧踪》，江西教育出版社 2000 年版，第 4 页）。

教育、医疗救护等与科学技术相关的专业人员的概念。

需要说明的是，看护妇或者护士也是本书研究的科学家群体之一，在20世纪初期，人们对看护的定位为"医学中之一科目，而以为治疗者之辅佐也"①。由此，看护在当时的时代背景下被认为是医学的一个科目，同样属于本书研究的科学家中的一个类型。

2. 何为科学家形象？

"科学家形象"具体是指这一群体在外在形象（外貌、性别、工作环境）、内在人格特质（勤奋、刻苦、不屈不挠）及科学家群体在当时历史语境下与外部世界、科学技术内在发展关系等方面的表现问题。本论文所强调的不仅仅是大量出现在女性期刊中的女性科学家，也包括部分男性科学家，具体而言是主要通过时人对科学家传记的长篇描述，以及在介绍科学技术知识时提及的有关科学家、发明家、医生等群体的介绍，来分析编者与作者想要展现给读者的科学家形象到底是怎样的，然后以不同时代背景下的科学家们的传记来探究这一群体形象的建构及其与社会发展的相互影响问题。

3. 何为期刊与女性期刊？

近代中国与"期刊"相关的表述是时人对新闻纸和报纸的介绍，"新闻纸"的最早叙述为1833年12月的《东西洋考每月统记传》②中的《新闻纸略论》，这篇文章指出西方的新闻纸最早出现于300年前的意大利，中文译为"加西打"（即西文中每张新闻纸的价钱为小铜钱一文之意），此时的新闻纸最初由"官府"主办，后由私人办刊，但不准理论百官之政事，不得刊登违背法律之事；新闻纸的另一个特点就是出刊周期，这一时期有每日出一次的、二日出一次的、七日出二次的、七日或

---

① 鉴湖女侠秋瑾：《看护学教程（未完）》，《中国女报》1907年第1期。
② 该刊物1833年7月25日创刊于广州，月刊，由普鲁士人郭士力创办，后期由"在华实用知识传播会"接办。1837年9月在新加坡再次复刊，综合性刊物。主要栏目有历史、地理、天文、新闻、医学、贸易、科技、文学等。它是中国境内出版的第一份中文近代报刊，以"维护广州和澳门的外国人利益"为宗旨，在一定程度上推动了近代中西文化交流的进程，也有助于中国早日开启近代化进程。

半月或一月出一次不等的，最多的为每日出一次的，其次为每七日出一次的，而每月出一次的也有非记新闻之事而专门讨论博学的文章①。这里的"新闻纸"的含义与民国时期的报纸相似，1915年北洋政府公布的《报刊条例》将报纸定义为"用机械或印版及其他化学材料印刷之文字图画以一定名称继续发行者均为报纸，报纸分日刊、不定期刊、周刊、旬刊、月刊、年刊"②。1930年则将"期刊"明确地区分为"新闻纸"和"杂志"，此时的新闻纸被规定为"用一定名称，每日或隔六日以下之期间继续发行者而言"，而杂志则是指"用一定名称，每星期或隔三月以下之期间继续发行者而言"的出版物③，这一定义与我们现在所熟知的以"定期或不定期成册连续出版的印刷品，有固定名称，以卷、期或年、月顺序编号出版，每期版式基本相同"④的含义基本一致。可见，19世纪的中国尚未对期刊进行明确的分类，这里笔者根据上文中对新闻纸、报纸、杂志在近代中国历史中的定义，将"期刊"这一研究对象明确定义为有卷期且连续、版式相同的印刷品，同时在讨论19世纪的"期刊"时将研究范围扩大至"报纸""新闻纸"类别，而20世纪上半叶则加入对"杂志"的分析，以力图涵盖这三类女性出版物。

女性期刊主要指该刊物将读者定位为女性的有周期的连续出版物，包括女性报纸、新闻纸与杂志，这些刊物的主编与作者群体有男性也有女性，此类刊物所关注的重点问题有女子教育、妇女解放、女性政治权利、妇婴卫生等领域。20世纪末，有学者将"女性期刊"等同于"女性报刊"（报纸和期刊），并将1898年出现的女性定期出版的连续性刊物定义为"以妇女为主要读者对象的报刊"⑤，这一概念也同样适用于本书

---

① 佚名：《新闻纸略论》，《东西洋考每月统记传》1833年12月，第66下页。
② 《报纸条例》，1914年4月2日，档案编号：1001（2）-868，中国第二历史档案馆藏。
③ 《事由：出版法业经公布通饬知照（附件：出版法一份）》，1930年3月17日，档案编号：393—1205，中国第二历史档案馆藏。
④ 刘圣清：《中国新闻纪录大全》，广州出版社1999年版。
⑤ 周昭宜：《中国近代妇女报刊的兴起与意义》，《河北师范大学学报（社会科学版）》1997年第20卷第1期。

对女性期刊的界定，在这里"女性报刊"的定义暗含了"期刊等同于报纸"的思想。至 21 世纪，研究者们将女性报刊又以"女性期刊"的名称呈现在著作之中，如王长林等主编的《中国近现代女性期刊汇编》（以下简称《汇编》）就曾将其定义为"女性期刊"。虽然关于女性期刊有着不同的称呼，但对近代中国女性期刊这一研究对象来说，以上这些研究者们指的是从 1898 年维新派《女学报》创刊至 1949 年间发行的女性报刊杂志。又因中国早期的期刊是以报纸的形式发行的，所以，本书在考虑"女性期刊"的范畴时会根据时代的不同，适当将早期的报纸、新闻纸及后期的杂志的形式加入到文献考察的范围。

刊物的选择方面

虽然每个期刊每个作者都有不同的立场、不同的知识储备和对女性问题的不同见解，但对相同时代背景和主题下的人们而言，他们的意识形态却超脱不了时代的局限性，这就为笔者选择 1898—1949 年某一相同阶段下能够代表这一时期的女性期刊作为研究对象提供了可能。笔者有以下选刊参照标准：代表性（体现在所选择女性期刊的综合影响力、刊发内容的全面性方面）、历史价值较高、发行时间长、可获得相关原始报刊资料的女性期刊。

具体的选择刊物为：1898 年康同薇等主编的《女学报》是近代中国国人自办的第一份女性期刊，虽然发行时间短暂，但它标志着近代中国女性期刊的诞生，在女性期刊发展史上具有重要的历史地位和重大研究价值，1903 年陈撷芬主编的同样以《女学报》命名的女性刊物也相继产生，两份《女学报》是研究女性期刊时学者们必须分析的刊物。《女子世界（上海 1904）》（1904—1907）和《中国女报》都是由女革命家秋瑾参与主编（《女子世界（上海 1904）》最后一期由秋瑾主编）或负责主编的女性期刊，对于前者而言，有学者指出"无论是研究晚清报刊史，还是考察晚清妇女的生活与思想，它都是绕不过的文本，称之为晚清女性期刊的标本"[①]，又因为该刊物主要为男性编者而有别于前期以纯

---

① 吴敏娟：《中国女性期刊史》，中国社会科学出版社 2015 年版，第 42 页。

粹女性编者和作者群体的特点,《女子世界(上海1904)》还可以作为探讨男性编作者视角下科学家形象研究的范例;秋瑾主编的《中国女报》,借助她的女性身份和革命者身份,这份刊物重点表现女军人的英雄形象,而这一点也是考察20世纪初期女性期刊在不同性别的主编领导下所重点宣传的女性形象有何不同的重要媒介,战争和民族救亡的时代主题决定了这一时期文化意识形态领域中的宣传重点所在。曾有人说过第一次世界大战是"化学家的战争"(the chemists' war)[1],战争的影响使得科学家的社会地位在西方国家受到了重视,反观同时期的中国,由于科学在新文化运动中被大力倡导,科学家也逐渐通过女性期刊走向了女性知识分子群体,而最具有代表性的开端即为由狄葆贤[2]创办于1911年的《妇女时报》,该刊物作为首次出现"科学家"一词的女性期刊,对本书研究科学家形象提供了重要的研究媒介,这一刊物发行的时间恰为1911—1917年,涵盖了民国成立初期、第一次世界大战(1914—1918)以及1915年国内的新文化运动兴起阶段,它所反映的是在新的国际国内环境背景下女性期刊在内容和意识形态上新抉择的变化问题。《妇女杂志(上海)》(1915—1931)为近代中国发行时间最长的综合性女性期刊,它是研究女性期刊中科学家形象的重要基础史料,由于它在内容上的综合性而受到各个研究领域的研究者们的青睐,科学技术史专业领域的研究者们也有所关注,但借助这份影响面极广的女性期刊来研究科学家形象问题至今不多见。另外,《妇女杂志(上海)》与前期的女性期刊相比较出现了为数众多的科学家、发明家、医生等职业群体的传记描述,加之它的发行时间长、发行范围广的特点,使得这本杂志成为研究这一时期女性期刊中科学家形象的代表。

---

[1] [日]古川安:《科学的社会史:从文艺复兴到20世纪》,杨舰、梁波译,科学出版社2011年版,第147页。
[2] 狄葆贤(1873—1941),又名狄楚青,江苏溧阳人,是康有为的弟子,早期支持维新派,辛亥革命后与康梁分道扬镳,独自在上海经营报业。《妇女时报》是他出版《小说时报》《佛学丛报》之外的女性期刊,旨在"提倡女子学问,增进女界知识"。另外,他将著名的中国报业新闻学家、记者戈公振引进到报业之中。

而对于中国共产党创办的女性期刊，在遵循选刊参照标准的情况下，选择以下三种期刊进行研究：中国共产党创办的第一份女性刊物《妇女声》；1935年至1941年在国统区发行的《妇女生活》，该杂志以宣传中国共产党的抗日方针，号召广大妇女抗日救亡为主要内容，是抗战期间中国共产党在国统区宣传妇女抗战的主要刊物；以及1943年至1949年发行长达7年的《现代妇女》，该刊物对抗战后期及解放战争时期的妇女解放和争取妇女享有民主政治权利的斗争起到了重要的作用。

二战期间，中国成为东方主战场，作为文化宣传重镇的期刊也不得不根据时局的改变更换刊发的内容，并呈现了一种由综合性向专门性转化的趋势。女性期刊在这时也选择了不同的发展路径，有的因为战争而停刊①，有的因为战争而创刊②，还有的因战争从东部沿海迁往西南大后方③，女性期刊在战时的不同发展会直接影响科学家形象的具体描述，战争因素也会导致科学家形象在叙述时产生变化。战时女性期刊的选择需要考虑多元化的刊物主办者和刊物内容的因素，典型性的女性期刊中科学家形象也涉及与战争相关的介绍，这些都是本书研究战时科学家形象的重要考察内容。

科学家形象文献选取的标准

首先，重点关注有关科学家传记类，且多于1000字的生平描述，对于早期的女性期刊在字数上可做适当调整。其次，涵盖有关科学家、发明家、医生等相关职业人员的科研、生平及其他内容的简短性表达文字。再次，本书也将重点介绍科学知识和科学成果、次要介绍科技工作者事迹的内容纳入科学家分析范畴。最后，近代中国女性期刊还刊出众多科

---

① 如《妇婴卫生》，该刊物创刊于1941年，由妇产科医师杨元吉主编，医生和护士为其主要作者群，他们致力于向女性传播正确且权威的女性医护知识，但短暂创刊后即停刊，直至1945年才复刊。

② 如《中国妇女》，该刊物1939年创刊于北京，1941年停刊，1949年复刊，20世纪60—70年代停刊，1978年至今发行的一份女性期刊。

③ 如《妇女生活》（上海，1935—1941），该刊物由沈兹九（女，1898—1989）创刊于1935年7月的上海，抗战期间曾迁往汉口，后又迁至重庆，于1941年3月9卷6期停刊。

学家的人物图片，有的表现他（她）在实验室研究的场景，有的传达出科学家们家庭生活的和睦温馨，这些也是本书的资料来源，图片可以清晰直观地看到除文字表述之外的感性的科技工作者形象，不同时代的图像资料还可以反映出不一样的外在（穿着、发型等）与心理（神态）等内容[①]，这些材料的获取可以帮助笔者完成对这一主题的研究。总而言之，本书意在主要通过科学家们的传记兼及科学家、发明家、医生等职业群体事迹的文字或图片描述，来分析不同时代背景下女性期刊编作者群体意欲展现给读者什么样的科学家形象问题，并探究出现这样表述的原因，进而得出的一些可以反映近代中国科学技术发展方面的启发性结论。

　　研究方法

　　史料分析与解读。该方法是史学研究的基本方法，也是研究女性期刊的一个重要的分析方法。本书通过对《女学报》《女子世界（上海1904）》《中国女报》《妇女时报》《妇女杂志（上海）》《广西妇女》《女铎》《妇女生活》《现代妇女》等近代中国女性期刊进行文献资料的分析与解读，得出作为研究对象的女性期刊本身所表现出的科学家形象及这些科学家们所从事的科学技术研究等内容的变化，以及它们在不同时期的不同特点，并对其进行分析和解读，从读者和编作者两种角度考察这些知识所传达出的思想以及女性读者对这些内容的认知和他（她）们形成此看法的主要原因。

　　对比研究。比较研究方法有助于笔者在研究过程中对研究内容进行客观评价，虽然本书的研究刊物以上文中列出的为主，但在具体的写作过程中也包含有对同时代其他女性期刊和以男性读者为对象的期刊中的科学家传记的书写。具体来讲，对比研究包括横向对比和纵向对比。横向对比，即同一时段的不同女性期刊所表现的科学家形象、女性地位等的对比研究，如通过同在 20 世纪 30 年代刊发，对比由政府支持出版的《妇女共鸣》和由教授个人出资的《女子月刊》二者在传播战时科学知

[①] 图片部分会在本论文写作过程中呈现，并在附录中集中展现笔者在论文写作过程中所查阅到的科学家人物图片。

识、动员妇女参战上的异同，由此可以得出不同的女性刊物由于定位的不同而导致传播内容的不同的结论。纵向对比，如1898年至1949年间对同一刊物在长时段内随着社会、政治、教育和战争等外部环境的变化，它们对女性传播科学家形象的方式也随之发生变化，对此的纵向对比分析有利于找出有价值的研究问题。

文献计量方法。对于众多的文献史料，研究者有时会陷入繁杂的史料之中而无法找到它们之间具体的内在联系，那么文献计量方法或者可视化分析的使用会使得这些联系从量的层面上显现出来，这种方法的使用可以证实或证伪对史料文本的分析，而无论是证实还是证伪，研究者都可以将这种一致或背离作为研究点而加以分析。如对《家》刊物有关"家政""育婴""生育""生理""心理""教育""性教育""医学""常识""卫生""科学发明""健康""饮食""营养""疾病"栏目的考察，通过计量统计，得出其发刊量由多到少分别为：婴幼儿心理卫生及疾病预防、孕产妇常识和妇科疾病介绍、健康饮食与营养、家用电器与科学发明等四大类，从中分析出解放战争期间国人对妇婴卫生知识的急需，以及编者对此方面相关科学家传记内容的重点介绍的特点，进而看出女性期刊传播科技知识和选择或侧重刊登怎样的科学家的问题。

二 本书主要研究内容

笔者综合近代中国科学技术发展史、科学家群体演进历程、女性解放与妇女运动等背景，以不同的问题为标准来划分各章节内容。具体而言：

第一章为近代中国女性期刊中科学家形象问题的提出，交代了本书选题的背景、缘由及意义，综述了国内外有关科学家形象和女性期刊的研究进展，搭建了相关学术脉络，找到了与学术界同行对话的切入点，这也是写作本书主题的意义和价值所在，并对主要研究问题和解决路径给予了说明。本章是全文章节的第一部分，为接下来的写作提供了资料基础和研究目标。

第二章综述了在1898—1949年我国女性期刊发行总量问题，并指出这些具有代表性的女性期刊都报道了哪些科学家（包括哪些人及怎样来描绘这些人）。比如，在清末民初，由于近代中国女性期刊初步诞生，这一时期这类刊物无论是政党主办（维新派、革命党）还是个人商办，都以宣传兴女学（理科教育）、科学技术与实业知识为主导，科学家（这里指的是医生）只是在女性期刊中以简短且次要的形式出现（如1898年《女学报》中出现的石美玉等），这一时期刊登的中国本土科学家只是零星的、个别的且在社会上比较有名气的人物。在此阶段，由于女性期刊所强调的所有形式（包括编者、作者、期刊介绍内容等）都纯粹由女性参与，所以出现在清末民初女性期刊上的科学家性别均属于女性。在民国成立至九一八事变之前这一时间段，此时的女性期刊史以商办期刊的大发展为主要特征，科学家大量地出现在女性期刊上，而1931—1949年由于战争的影响科学家们的传记多以集体的形式出现，且数量远较以上两个时期为多，学科门类也更加扩大。

　　第三章则对若干报刊中的科学家群体形象进行分析，重点回答出现在女性期刊中的科学家们是一种什么样的形象，总结出他（她）们的共性特征和个性特征。首先，清末民初，女性期刊中刊登的科学家较少，但仍旧有一些这个时代的特色，如《女子世界（上海1904）》是清末发行时间最长、影响最广的女性期刊，它刊登了大量的科学技术知识，为读者了解这些知识的创造者提供了基础。其次，1915—1931年，由于《妇女杂志（上海）》（1915—1931）发行17年，且发行范围波及海内外，所以笔者将重点讨论该刊物中的科学家形象并兼论这一时期其他女性期刊中的科学家形象，由于不同的学科需要不同的学术气质，因此笔者还将以不同学科不同性别为区分标准，对这些科学家群体的个性特征进行总结。最后，《女铎》（1912—1949）作为教会主办的女性期刊，它对于科学家形象的表述与其他非宗教背景的女性期刊既有相同点又有不同点，又由于它的发现时间横跨两次世界大战、国内解放战争等时期，所以本节还将以刊登在《女铎》中的一位黑人化学家的传记来分析青年救国问题。

第四章主要对科学家个体形象演变进行具体分析，单个科学家个案的描述一定程度上可以反映出从事这一学科的群体形象的历史性特点。从纵向来看，居里夫人、南丁格尔是出现在1898—1914、1915—1931、1932—1949年三个时间段且次数最多的科技人物，对她们形象的案例分析可以有效地知晓不同的科学家形象具体如何。另外，无线电发明者马可尼是出现在以上三个阶段的男性科学家，他所发明的无线电技术与国家富强、民族振兴等密切相关，女性期刊在对他生平事迹的表述上也与前面两位女性科学家有所不同。因此，笔者将通过对近代中国横跨半个世纪女性期刊中的男女两性典型科学家个体形象的对比分析，探究物理学家、化学家、医护、无线电发明等职业群体的形象是怎样被塑造的，以及在不同作者不同时代所出现的形象又有什么样的特点等内容。

第五章探讨中国共产党创办的女性期刊中的科学家形象，总结这类女性期刊是如何表达科学技术、科学家以及科学家形象的。中国共产党创办女性期刊表达科学家形象有着马克思主义妇女观、科技观，以及中国共产党关于妇女运动和科技发展的科学的先进的理论指导，同时又具备一批强有力的实践力量或者说女性干部，她们广泛地参与到女性期刊文章的撰写与编辑工作，将党关于妇女运动和科技发展的观点及时地向广大女性传达。而1921年，党成立之初，便提出要将妇女运动、妇女解放作为重要的工作，而在这一过程中，发行刊物动员广大受压迫女性参与是主要的手段。《妇女声》《妇女生活》《现代妇女》便是代表性的刊物，这类刊物中所表现出的科学家形象既有与第三章、第四章中同时代科学家形象相一致的方面（比如在外貌特征方面），又有区别，中国共产党创办的女性期刊更加注重科学家勇敢、坚强、有信仰，同时追求美好的社会制度，能够肩负起科学家的社会责任，倡导科学要为人民、为大众、为和平、为民主而服务。

第六章主要回答为何会呈现出以上章节中出现的科学家形象问题，或者为什么在不同的时代会出现或建构这些不同特点、不同形象的科学家形象。笔者试图从外部原因和内部原因两方面来分节论述。首先，社会环境方面，战争与和平是20世纪上半叶的主旋律，近代中国女性期刊从诞生之初就肩负了培育国民母的社会责任，同样这一类型的刊物也与其他普通刊物一样由于战争而在内容的宣传上发生了些许变化，女性的职业也随之出现了与战争相关的职业，而这也成为女性期刊重点宣传的方面，1928—1931年中国则是处于相对平稳的历史时期，这一阶段的文化宣传可谓是"百花齐放"，各种思潮兼容并包地出现在期刊上，1931年之后的中国则深受日本的侵略，期刊宣传的重点转向抗战救国，不同的女性期刊也走向了不同的发展路径，或继续留在沦陷区发刊，或随政府内迁，或停刊，或创刊，这部分内容笔者还将以具体案例来分析产生这些科学家形象的原因。同样，在这一波澜壮阔的20世纪上半叶，女性思潮的演变和科学技术以强有力的话语权占据女性期刊的编刊之中，二者共同以外部因素的形式作用于女性期刊，加之女性期刊自身的发展规律等因素，使之以上文中所呈现的科学家形象那样出现在中国近代史中。其次，女性期刊本身的发展变化包括类型、种类、内容等方面的演变特点以及期刊创刊地等方面也影响着女性期刊对社会公众塑造怎样的科学家形象。最后，从女性期刊编作者角度，即写作这些关于科学家内容的作者们有着怎样的科学认知、他（她）们为何会写出这样的传记内容，又是受制于何种因素要这样描绘科学家形象。编者们是出于怎样的考虑将写作科学家形象的文章纳入或者编辑进自己主办的刊物之中，在不同时代编入科学家形象文章的多寡甚至是有无又与什么样的编辑策略相关，这些都是本章所讨论的问题。

最后为结语部分，笔者将总结分析近代中国女性期刊中科学家形象演变的特点、内容介绍的不同程度以及这些问题所反映出的时人的科技观的内容。一方面，从科学家群体的角度来看，在这半个世纪以来，由于不同时代历史发展背景的不同，科学家形象的介绍会有不同的侧重点，这些科技人员在国别、性别、专业、介绍深度方面也都随着时代的推进和科学技术本土化进程的加快而日益发展；另一方面，科学技术的实用性功能是近代中国科学技术史研究中的一个重要点,当科学救国、航空救国等口号成为国人救国思潮,女性期刊中也大量介绍了知识女性如何救国的内容,作为物质文化载体的女性期刊在1898—1949年宣传的科学家所从事的专业有着由实用性向基础性转变的趋势,在一定程度上也成为了文化再生产与传播的工具。

第二章

近代中国女性期刊中科学家报道概述

近代中国女性期刊在诞生之初所拟定的读者是女学生群体，且从编者、作者、读者都严格按照女性的性别身份进行规定，刊物多以"女学报"命名。1898年的《女学报》正是在维新派的组织倡导下由维新人士的女性家眷发起的，它开创了女性期刊发展的先河，意义重大；陈撷芬主编的《女报》和《女学报》是这种思想的延续，但该刊物在排版、栏目设置上已与20世纪初的女性期刊毫无二致，它可以作为女学报逐渐成熟的转折点。革命党女杰秋瑾也积极倡导和利用报刊宣传女性解放，她创办了《中国女报》，陈撷芬和秋瑾是革命派的成员，由于她们的女性身份和积极现身说法使得这一时期政党影响下的女性期刊有所发展。而到了《女子世界（上海1904）》创刊的1904年，男性主编逐渐由幕后走向前台，他们在近代中国女性期刊的发展史上的地位逐渐超过女性。

在介绍内容上，近代中国女性期刊往往会先有科技知识的介绍，再有对产生这些科技知识的人的描述，科技知识和科学家是一个有着先后顺序并紧密联系的一对概念。因此，本章主要回答以下几个问题：首先，1898—1949年在中国内地共发行多少种女性期刊，这些女性期刊有的报道科学技术知识与科学家的内容，有的则没有报道；报道科学家内容的女性期刊主要有哪些，没有报道的又为何没有报道，它们分别在女性期刊中占据多大的比重。其次，笔者还将对报道科学家的女性期刊进行分析，主要从它们报道了哪些科学家、在不同的时期有什么变化、这些科学家形象在不同时期的特点如何等方面进行解读。女性期刊中科学家的统计分析是研究该群体形象的基础，具有十分重要的价值和意义。

第一节　1898—1949 年女性期刊的总体数量

自 1840 年之后，中国逐渐沦为半殖民地半封建社会，西方国家以开设学堂、医院及创办报刊作为新的侵略手段。清末在中国人主办的《女学报》诞生之前，西人在中国广州、上海等沿海开放城市创办英文、中文报纸（详细期刊目录见附录1），他们在各自的刊物上发表与宗教相关的言论，同时，也传播一些西方国家先进的科学技术知识，科学家、医护、发明家等科技工作者群体作为科学技术知识的生产者，其传记和个人生平也随之展现在中国知识分子面前，引导和影响着中国士大夫阶层，为中国的知识分子们营造了一种以纸媒来"开眼看世界"的大环境。到了 1898 年维新派进行变法之时，康有为等受过西方影响的改革者们认为女性应当进入学堂，而女学堂、女学会与女学报更是成为维新派人物中女眷所积极倡导的"三驾马车"，女性期刊也终于应运而生。

在本选题开题之前，笔者就已经对国家图书馆、中国第一历史档案馆等馆藏机构的相关资料进行了摸底了解和查阅记录，并对王长林编写的《中国近现代女性期刊汇编》中有关这一时期 113 种女性期刊进行了梳理和掌握，对部分重点女性期刊进行了系统的阅读和整理。另外，在数据库资源方面，中国科学院自然科学史研究所有"晚清民国期刊库"①"爱如生古籍库""雕龙古籍数据库"等数据库资源,可对其他未收录于《汇编》的女性期刊进行全文检索和阅读分析。同时,其他相关汇编和研究成果也为本论文提供了基础性资料,中国人民大学方汉奇先生曾带领学生、组织研究人员对民国新闻史料和中国报刊史等方面进行资料汇编和文献研究,中国科学院自然科学史研究所图书馆和国家科学图书馆也馆藏有民国时期出版史料汇编和戊戌变法时期档案史料等研究资料,这些都帮助笔者对中国近代报刊史有一个宏观的把握。

  本节主要根据王长林等编著的《汇编》及晚清民国时期期刊全文数据库进行整理分析。因《汇编》中共有113种女性期刊,涵盖了1898—1949年现存的且能被后人阅读的具有代表性的女性期刊。而晚清民国时期期刊全文数据库中,笔者以"女""妇""妇女"为关键词进行检索,剔除《汇编》中重复出现的女性期刊。由此,制定出了近代中国主要女性期刊(现有印刷品)的情况总表②。

  在表1中,笔者在"所含主要科技知识"一栏重点梳理出了涉及科学技术知识及科学家传记等相关内容,为下文有关女性期刊中的科学家形象部分的论述奠定基础。另外,笔者还对没有涉及科技知识的女性期刊(这一类型的刊物多为刊登本校内部新闻的女校校刊③)进行简单汇总,以概览出1898—1949年中国内地出现的女性期刊数量及其中涵盖的科技知识与科学家的情况。

---

  ① 包括晚清期刊全文数据库(1833—1911)和民国时期期刊全文数据库(1911—1949),此数据库涵盖了本选题的时间段,可以较全面地反映历史事实。
  ② 本总表中的女性期刊总数113项与《汇编》中女性期刊总数113项不是一致的,总表中不包含《汇编》中57种短寿断刊,增加了晚清民国期刊全文数据库中除与《汇编》重复外的57种女性期刊。
  ③ 女校校刊在1898年初创之时与20世纪上半叶有着显著的区别,前者在编辑策略上仍旧以"综合类"的女性期刊为主,面向社会大众,且常常会涉及除女校、女学等信息之外的内容,后者往往是一所女校内部发行的刊物,主要面向女学生群体,内容则涵盖校内各种新闻事件,也刊登校内学生的文章,它逐渐成为女性期刊的一个种类。

第二章 近代中国女性期刊中科学家报道概述　37

表1　近代中国主要女性期刊简况及其中有关科技知识简表①

序号	刊名	创刊时间/地点	出版周期②	停刊时间	所含主要科技知识
1	女学报	1898.07.24 上海	月刊	1900	算术、地理、医学等
2	女学报③	1902 上海	月刊	1903.05	英国女杰涅儿柯儿
3	岭南女学新报	1903.03 广州	月刊	?	女医士施梅卿、那伊丁格尔女士传，女医士余美德讨论女子卫生之关系，西医叶芳圃《卫生浅说（论呼吸空气、论日光、论所饮之水）》，汽车发明工程师逝文孙铁事，女士陈柳眉，益智类小游戏
4	女子世界（上海1904)	1904.01.01 上海	月刊	1907	科学、卫生、实业、料理等
5	中国新女界杂志	1907.02（日）东京	月刊	1907.07.05	日用化学、公共卫生、造花术
6	惠兴女学报	1908 杭州（浙江）	月刊	1910	杭州大方伯产科女学毕业事、（杂组）介绍灵验药方、医学会出报、医学会大会等
7	女报	1909.02 上海	月刊	1910.09	卫生及疾病问答、昆虫采集（附图）、植物园构设法、看护学、矿物、解剖生理、蚕学、赤十字社性质、植物等

① 表中"停刊时间"栏目中的"?"意为停刊日期不详。另在《中国近现代女性期刊汇编》有57种短刊断刊，年代为1907—1947，主要为综合性女性期刊35种，如中国女报、女权、女子杂志、新芬、劳动与妇女、妇女之光、女青年、时代妇女、青年与妇女、妇运月刊、妇女声等；女校刊22种，如四川嘉陵女子师范学校校刊、云南省立女子师范学院图书馆月报、桂女中期刊、河南省立第二女子师范学校校刊、河北省立第一女子师范学校校刊、河南女中校刊、涪陵女中校刊、河南省立中丁王级纪念刊、四川省立成都女子师范学校四十周年纪念刊、南开女中、梅州女中、弘道女中开封女师校刊等，对于这类刊物本身未以刊物本身所标注的出版周期为标准。

② "出版周期"是指在期刊可以正常出刊的周期，一般较固定，但也有个别情况增加期数或减少期数，对于这类刊物本身未以刊物本身所标注的出版周期为标准。

③ 该刊物倡导不缠足与女子体育。

续表

序号	刊名	创刊时间/地点	出版周期	停刊时间	所含主要科技知识
8	妇女时报	1911.05 上海	月刊	1917.04	科学小品、生活知识等
9	女铎	1912.04 上海	月刊	1950.12	家庭常识、卫生知识、心算、莫尔斯发明电报机、睡眠与卫生关系、传染病防治等
10	神州女报	1913.03 上海	月刊	1913.06	婴儿之保育法、医学家劝除脂粉、夏令卫生谈、蚊之害等
11	妇女鉴	1914.10.10 成都	月刊	1914.12.10	家庭卫生、应用算术、电灯
12	香艳杂志	1914 上海	月刊	1915	卫生养生、化学美术新书、镀金术、妇女生产须知、化妆品制法（含化学方程式知识）
13	妇女杂志（上海）	1915.01.05 上海	月刊	1931.12.01	几何、卫生与食物储藏、药物学、心理学、天文学、数学、无线电、昆虫学等
14	中华妇女界	1915.05 上海	月刊	1916.06	裁缝烹饪之法、食物储藏等
15	江苏省立第二女子师范学校校友会汇刊	1915.11 苏州	半年刊	1926.05	算术（代数与几何）、上海地理、鸟卵构造、注射标本制作方法、植物采集、显微镜实验、鸭之制作、植物体内结冰、血液中糖量与外温关系、血球胞子虫与疟疾关系、蟾蜍解剖图等
16	江苏省立第一女子师范学校校友会杂志	1917 镇江	不定期	1925.07	洗涤裁缝烹饪、剥制标本方法、数学、镍的研究、人类心意之发达、显微镜之构造及其使用保存之注意、奇异之动物、水陆气与人生之关系、脂教治疗法等 别法、湖蟹实验、冻疮治疗法等
17	妇女旬刊	1917.06 杭州、上海	旬刊	1948.12	家用电器、电话的历史、生育问题、妇女医药
18	新妇女	1920.01.01 上海	半月刊	1921.05.01	家庭医学、自由车、卫生

续表

序号	刊名	创刊时间/地点	出版周期	停刊时间	所含主要科技知识
19	启明女学校校友会杂志	1920.12 上海	不定期	1927	代数、几何（附图）、科学
20	民国日报·妇女评论	1921.08.03 上海	周刊	1923.05.15	生育节制问题、遗传与妇人（附图表）
21	现代妇女	1922.09 上海	旬刊	1923.08	节制生育问题、产儿限制、节育与战争
22	女青年月刊	1922 上海	月刊	1937	家庭看护、妇科疾病、儿童健康、饮食卫生、科学与宗教、遗传学、科学家、维他命
23	女学界	1923.02.26 云南	周刊	1924	科学概论、科学杂谈
24	民国日报·妇女周报	1923.08.22 上海	周刊	?	妇女主义与生物学、动物的两性关系、月经调查报告、妇女健康与民族、节育方法问答
25	妇女周刊	1924.12.10 北京	周刊	1925.12.20	仅妇女卫生一篇
26	妇女旬刊汇编	1925.05 杭州	刊期不详	1926.09	防治雀斑与治疗神经
27	新女性	1926.01 上海	月刊	1929.12	性知识、疾病、遗传学、居里夫人、动植物性择
28	妇女（天津）	1927 天津	月刊	?	妇女白带的由来及治疗、生育节制问题等
29	革命的妇女①	1927.06 上海	周刊	1927.12	无
30	放足丛刊②	1928.08.24 开封	刊期不详	1928	无
31	当代妇女	1928.06.01 上海	月刊	1931.10	卫生摘要（种痘和其他血清预防的成功、血压、妇女教育、妇女组织的设立与发展等方面的论述。科学常识（人工做雨、脚踏旋椅、新式刷牙等）、张竹君医生

① 主要登载统计调查全国各地妇女运动历史与现状的评论、妇女教育、妇女组织的设立与发展等方面的论述。
② 地方行政刊物，刊有放足条例等文书。

续表

序号	刊名	创刊时间/地点	出版周期	停刊时间	所含主要科技知识
32	女钟	1928 安徽	不定期	1932.11	饮用水研究（安徽省立第一女子中学校主办的校刊）
33	妇女共鸣	1929.03.25 上海、南京、汉口、重庆	半月刊、月刊	1944.12	家庭常识、育婴保健等
34	苏州振华女学校刊	1929 苏州	不定期	?	学科：数理学科报告会、学校生活：生物学实习工作、科学与农业、化学和人生等
35	天津妇协旬刊①	1929.04 天津	旬刊	1929.07	无
36	女光	1930.01 上海	周刊	?	科学制造、绝妙消夏法、女性月经之卫生、束胸之毒害、脂粉香水与卫生
37	湖北妇女季刊②	1930.04 武昌	季刊	?	无
38	浙江省妇女协会工作汇刊③	1930.12 浙江	刊期不详	?	无
39	玲珑	1931.03 上海	周刊	1937	产前须知：妊娠篇、土耳其女工程师、蔬食的功用、常识：孕妇摄生方法、育儿须知、油盐酱醋、醋之妙用、夏天收音、调治神经衰弱症、救护创伤木、科学常识、婴儿长大之过程等
40	妇女生活（上海1932）	1932.06.18 上海	三日刊、周刊	1933.7.22	无线电知识、医学卫生、电影、家庭常识、妊娠常识

① 主要刊登国内外妇女消息和妇女运动近况。
② 基本上为公报、简章、规则、命令等公函。
③ 主要为公报、简章等。

第二章 近代中国女性期刊中科学家报道概述

续表

序号	刊名	创刊时间/地点	出版周期	停刊时间	所含主要科技知识
41	女声（上海 1932）①	1932.10.1 上海	半月、月刊	1948.1	英国第一个女医生、任产科向、时代里的女子：林惠贞女医生的生活、我的一得：怎样医治岑麻疹和百日咳、学校无线电
42	女师学院季刊	1932.12.25 天津	季刊	1936.04.15	水龙、显微镜下的奇观、科学与工业、烟煤干馏、有声电影、雪花膏制法、植物疾病治疗法、科学漫谈、工业金属、肺炎、豆科植物、细菌、皮肤保护、植物常识、化学同题、化学术语、寄生动物
43	女子月刊	1933.03 上海	月刊	1937.07.15	医学常识、时令疾病预防等
44	妇人画报	1933.04.15 上海	半月刊、月刊	1937.07	夏令感冒症状、淡水养鱼法、蚊子与臭虫、维他命、医药顾问等
45	公教妇女	1934.03.12 北平	季刊	1938.12.01	科学面面观、现代物理学漫谈、哲学功用
46	振华季刊	1934.03 苏州	季刊、半年刊	1937.05	科学馆、营养学、科学家、公共卫生、医学常识、食物常识、物理实习室、生物采集、镭、北美地志、兰可桢、防痨
47	晨报：妇女生活画报（画报专刊）	1934.10 上海	年刊	1934.10（仅发行一期即停刊）	妇女卫生、细菌培养工作、妇女与养蚕、医学家眼中的姐妓是花柳病的媒介、医院中女护士服务情形（附图）、卫生应从医牙开始
48	妇女月报	1935.03.01 上海	月刊	1937.07.10	妊娠期应有知识、婴儿睡眠、常识（多为该时期新闻消息）

① 该刊物主要讨论妇女与战争的关系问题。

续表

序号	刊名	创刊时间/地点	出版周期	停刊时间	所含主要科技知识
49	新女性	1935 上海	不定期	1937.03.20	方程式研究、健康生活、各国化学战争组织及训练、三角级数展出式的讨论（高数）
50	妇女生活（上海 1935）	1935.07.01 上海，重庆	月刊，半月刊，月刊	1941.03	生理卫生、肥皂功用、科技事业中的妇女、战时看护、苏联女科学家、饮食科学等
51	妇女大众①	1935.11 上海	月刊	?	无
52	云南妇女	1936.03.08 昆明	刊期不详	1936.03.08	无
53	女性特写	1936.05 上海	半月刊	1936.07.20	美国女科学家：潘宁登博士（Dr. Mary Pennington）的成功史、美容术、诺贝尔化学奖金女子（居里夫人女儿）得奖
54	妇女文化（一）	1936.08.15 南京	月刊	1939.03.01	妇孺保育、随军救护、抗战期间武汉时令病
55	妇女新生活月刊	1936.11 南京	月刊	1937.06	家庭救护常识、传染病预防、儿童卫生习惯画片、新生活与卫生、健康与游戏、卫生习惯、战时急救、毒菌战与今日的中国、食物与健康
56	女星	1937.01 上海	月刊	1941.03	家庭救护常识、个人卫生、缺乏维他命所发生的疾病和含维他命最多的食物、醋的用处等
57	江西妇女	1937.03.08 江西泰和	月刊	1943.03	生活常识、孕期卫生护理、儿童保育常识
58	妇女周报	1937.02.22 上海	周刊	1937.06	无（因国内动荡局势停刊）
59	战时妇女	1937.09.05 上海，汉口	旬刊	1938.01	妇女救亡、看护妇

① 该刊站在妇女的角度讨论女性解放问题，明确指出在第二次世界大战和民族危机中只有女性的觉悟与反抗才能得到解放。

第二章 近代中国女性期刊中科学家报道概述

续表

序号	刊名	创刊时间/地点	出版周期	停刊时间	所含主要科技知识
60	汉口市立第一女子中学季刊	1937 汉口（湖北）	季刊	?	实验室杂写、显微镜旁、上动物课、蜜蜂、在血腥的实验室里、在化学实验室里、蛙的解剖、物理实验室与课堂等
61	妇声	1938.03.08 南昌	月刊	1940.03.31	产褥热、种牛痘（妇女卫生）
62	上海妇女（上海1938）	1938.04 上海	月刊	?	医药答问、战时儿童保育问题、痧子与天花、蛾坏了的病：诊断的经验等
63	职妇①	1938 上海	刊期不详	1939.03.05	无
64	妇女与家庭（天津）	1938.11.15 上海	半月刊	?	生活智识讲话：我们的眼睛
65	妇女新运	1938.12 重庆	不定期	1948.09	儿童保育、医疗救护、战时营养、妇婴卫生、遗传常识、牙齿卫生、伤风、维生素、预防癌、鼠疫防治、原子弹、斑疹伤寒
66	战时妇女（西安）	1939.05.04 西安	月刊	1944.01.01	战争与妇女、育婴问题等
67	中国妇女	1939.06.01 延安	半月刊	1941	妇婴卫生常识
68	妇女新运通讯	1939 重庆	半月刊	1941	儿童保育、居里夫人、诺贝尔
69	新妇女	1939.06 北京	月刊	1940.04	时令家庭卫生、预防蚊虫、维生素供给与儿童发育、食物防腐、家庭小常识、妇婴卫生、食盐在医学上的应用
70	浙江妇女	1939.07.15 金华	月刊	1942.04	家庭常识、时令卫生、妊娠卫生、小知识、生产常识
71	广东妇女（曲江）	1939.08 曲江	月刊	1944	卫生常识（杯孕）、维他命、碳水化合物、孕妇的居住、妊娠中夫妇生活）、生产常识讲座（马铃薯栽培法）、实用科学讲座等

① 该刊物主要有各股工作报告、生活素描、特写等内容。

续表

序号	刊名	创刊时间/地点	出版周期	停刊时间	所含主要科技知识
72	家庭与妇女	1939.09 上海	半月	1941.10	血液疗病、食品与烹饪、家庭妇女适用：高级算术课本等
73	中国妇女	1939.12.25 上海	月刊	1945.12.25	时令儿童卫生、科学发明与家庭改造、心理卫生、婴儿营养、居礼（里）夫人、断乳
74	广西妇女	1940.02.12 桂林	月刊	1943.10.15	女子青春期卫生
75	中国女青年	1940.03 重庆	月刊	1944.01	遗传、断乳、科学化生活
76	妇女世界	1940.04.01 广州	月刊	1944.02	无（中日提携、美国求荣文章）
77	新光杂志（北京）	1940.04.10 北京	月刊、旬刊	1945	家庭手艺染色、化学、儿童心理、烹饪、神经衰弱、白喉、妇女应有的科学知识
78	新女性（上海1940）	1940 上海	半月刊	?	食物营养成分、科学方法等
79	湖南妇女	1940 长沙	月刊	1942	南丁格尔女士的故事、儿童神经质的研究、乳期营养
80	妇女界	1940.03 上海	半月刊	1941.11	怎样育儿、霍乱与痢疾、育儿卫生、记南丁格尔纪念大会、纪念南丁格尔：我们护士的三项要求、科学小品等
81	妇女教育	1940.07 安徽	半月刊	?	家庭看护
82	妇女杂志（北京）	1940.09.15 北京	月刊	1945.07	日伪治下妇女刊物（妇女卫生问题及刍议、日本蚕丝科学研究）
83	新女性半月刊	1940.10 上海	半月刊	?	烹饪、孵蛋技巧、日常饮料常识
84	新妇女月刊	1940.12 汉口	月刊	1941.07	医药问答、农村妇婴卫生问题及刍议、医药常识（妇女卫生、妊娠期应注意事项）、家庭卫生常识等
85	安徽妇女	1941.08 安徽	季刊	?	职业妇女生活集：看护生活的一页、卫生常识：关于月经的话

第二章 近代中国女性期刊中科学家报道概述

续表

序号	刊名	创刊时间/地点	出版周期	停刊时间	所含主要科技知识
86	妇女月刊	1941.09 重庆	月刊	1948.11	家庭科学、战时疾病、妇婴知识、科学家的信仰
87	妇婴卫生	1941.11.15 上海	月刊	1949.12.	妇婴卫生、健康常识等内容
88	妇工通讯①	1941.11 桂林	刊期不详	?	无
89	甘肃妇女	1942.03.15 甘肃	季刊	1948.09.01	儿童保育、心理卫生问题
90	福建妇女	1942.11.16 福建连城	月刊、双月刊	1946.06	茶（南）丁格尔、妇婴卫生、保育婴儿、孕妇营养、孕产妇卫生、无痛分娩、经期（鸡）法、急救法、夏秋卫生、经济分娩卫生的食物、痘疹、伤风、养鸽（鸡）法、种痘准备、分娩准备、储存水果、麻疹、松花蛋等食物制法、预防产源热、疥花单方、雪花膏制法、人工孵蛋、保护眼睛方法、大科学家爱因斯坦等
91	现代妇女	1943.01.01 重庆，上海	月刊	1949.03.01	儿童保育、妇婴常识、女飞行员、女看护、医药问答、家庭游戏、Rh与人的血液（9卷6）、小常识、母乳哺育、女科学家小居里（11卷6）夫人（里）节制生育
92	妇女合作运动	1943.02.05 重庆	双月刊	1944	科学管理
93	新女性	1944.10 上海	月刊	?	无
94	职业妇女	1944.11.20 南京	月刊	1946.06	民主与科学——五四的意义（侯外庐）
95	女青年（南京）	1945.01 南京	半月刊，月刊	1946.10	科学小品、家庭卫生、妇婴常识、儿童健康
96	新女性（广州）	1945.07.01 广州	月刊	1945.08.01	无（汉轩所办，号召妇女做贤妻良母）

① 该刊物刊有广西新生活运动促进会妇女工作计划、各县妇女生活素描、栏目有论著、工作计划、工作报告、生活素描、特写、文艺、杂谈、新运消息等。

续表

序号	刊名	创刊时间/地点	出版周期	停刊时间	所含主要科技知识
97	新妇女	1945.10.10 北平	月刊	1946.04.01	妇幼知识、幼儿疾病预防
98	妇女（上海1945）	1945.10.20 上海	月刊	1949.07.25	幼儿疾病、苏祖斐、居里夫人、何泽慧、食品消毒
99	女青年	194? 南昌	刊期不详	1946.08.15	科学方法
100	妇女文化（二）	1946.01 重庆	月刊	1948.04	培植除虫菊、科学与宗教的联合、未来科学世界、科学新发明
101	家	1946.01 上海	月刊	1949.06	育婴断乳、孕产妇常识、儿童疾病、性教育、急救常识、女军医、自动洗衣机、健康饮食与营养、母乳喂养、子宫癌等
102	新妇女月刊①	1946.03 西安	月刊	1946.06	无
103	新妇女月刊	1946.03.08 新加坡	月刊	1947	育儿常识、家庭常识（天花等）、苏联女科学家莉娜·斯特恩、月经与不孕、科学新发现、堕胎与避孕、妇女病
104	今日妇女	1946.04 上海	月刊	?	产褥期的摄生
105	妇女与家庭（上海）	1946.06 重庆	月刊	1947.11.25	孕妇保健、家庭医药卫生食物常识、堕胎、尾炙敷法、柑橘储藏法、婴儿疾病与预防、育婴、急性病儿肺炎、牛奶分析、蔬菜中的维他命、妊妇饮食健康
106	抗俪月刊	1946.06 上海	月刊	1948.10	急性传染病、医学问答、DDT、饮食卫生、烹饪、科学家
107	妇声半月刊	1946.10.01 北平	半月刊	1947.03	家居常识、美容健康、维他命

① 共2期，刊有时事述评、妇女问题研究、生活素描、散文、小说、诗歌等内容。

续表

序号	刊名	创刊时间/地点	出版周期	停刊时间	所含主要科技知识
108	香港女声	1946.10.08 香港	月刊	1949.03	居礼（里）夫人、南丁格尔、孕妇常识、儿童饮食与睡眠、冰浴常识、急性传染病、食物营养、香港脚
109	山东妇女（济南）	1946.11.1 济南	月刊	1947.12	家庭常识（育婴）、煤气中毒等
110	吉林妇女	1947.01.01 吉林	月刊	?	妇女与家庭常识、生育指南（婴产妇摄生等）、家庭妇（产前产后、家庭看护知识等）、如何促进国防科学等
111	新妇女	1947.03.08 南京	月刊	1948.12	无痛分娩法、法国女科学家、科学界的女性等
112	职妇选务旬刊①	1947.10.16 出版地不详	旬刊	1948	无
113	女会通讯	1947.12.20 成都	刊期不定	1949.12.25	无

① 该刊物内容有"选务指要""法规解释""法令刊载""会议辑要""选举转要""选举消息"，每期均有探讨职业妇女选举问题的文章。

实际上，经过近代中国动荡的历史而幸存下来的女性期刊仅为上表中所列出可供后人看到的刊物，而据相关文献记载，历史上存在过的女性期刊数量远远超过笔者在表中所汇总的数目，有研究者指出：在1902至1913年中国内地有各种女性报刊50余种，1912年至1949年有600余份女性期刊①。本书主要以1898年至1949年我国发行时间长且可获得的女性期刊为研究文本，探讨其中的科学家形象问题。

除了此种检索汇总模式之外，还有一类以女性为部分目标读者的刊物，其中也重点探讨了科学家的问题，此类刊物可与女性期刊的情况作对比研究。目前，据笔者所知，一份发行于1926年至1945年的有女性读者参与的、具有广泛阅读对象的期刊画报《良友》是近代中国影响力比较大的刊物，该刊物以伍联德、周瘦鹃、梁得所等为主编，20年间共发行172期，另加上2期特刊②。由于它的读者受众有各行各业、不分性别，且该刊物具有发行时间长、发行量广泛的特征，它的"女性期刊"色彩相较于表1中所统计出的刊物显得更为轻浅，但在该刊物的内容③、编者与读者层面都有女性的参与。因此，很多研究者从《良友》与女性的关系方面（多为该画报所塑造的女性形象问题）进行研究④，笔者也将其作为典型代表，具体分析这类以女性为部分读者群的刊物内容。

《良友》各卷内容中有关于科学技术内容的叙述，举例来说，在1926

---

① 简姿亚：《辛亥革命时期女性报刊的勃兴及其主要特征》，《湖南大众传媒职业技术学院学报》2011年第3期。

② 需要说明的是现如今保存下来的为169期正刊和"孙中山先生纪念特刊"和"八周年纪念刊"2期纪念刊。

③ 李作人曾在《良友》创刊时（1926年2月15日第1期）以《祝友》说道："良友印刷公司新刊良友月刊，内刊世界珍画、海内名文及种种使我们读之愉快的作品"，该刊物中的内容在一定程度上反映了当时世界上先进的事务及图画，主要包括封面、内文中相关女性人物的照片及简介、开辟"妇女之页"（《良友》1926年第10期，之后，"妇女之页"便存在于该刊物的内容之中。1927年第12期在"编辑室杂话"中指出"两页专为妇女，两页专为儿童"，在此该刊物又增加了"儿童"的内容）等。

④ 如齐秋生：《走向现代的都市女性形象——从〈良友〉画报看20世纪30年代的上海都市女性》，硕士学位论文，暨南大学，2004年；李春宇：《〈良友〉封面对女性形象的建构研究》，硕士学位论文，黑龙江大学，2010年等。

第二章　近代中国女性期刊中科学家报道概述　49

年的第1—11期中就有李星泉父子牙医广告、印刷本刊的德国印刷机和开纸刀；中国工艺大家黄履庄小史；西医著名产科女医士曹志新谈论中国之妇女、美术漆器的做法（工艺）；刻花的玻璃（小工艺）；无线电话最新式最优美的调音图；著名产科女医士黄毓华、医学博士李树芬、医学博士伍连德；1927年的第12—22期有人和医院院长张湘纹教授专门产科事；印字电报机之原理与效用；科学界：中国铁路工程之伟人詹天佑，发明家安（爱）迪生，小火车、汽车、电话的制造者；科学界：科学家研究接吻传递四万微菌、连体人、最新发明连唱二十片之留声机；世界大发明家：艾迪生、伽利略、瓦特、爱因斯坦、达尔文、马哥尼、佛剌特（法拉第）、拉普拉素、林奈、苏本逊（英人，汽车发明者）、培坚（燃料及香料发明者）、富尔敦、诺贝尔、胜家（缝纫机大王）、哈来姆特（音乐原理发明者）、华士丁胡士（空气制动机发明者）、比动（电话发明者）、福特、伦托金（X光发现者）等等。该刊物在一定程度上为女性读者打开了视野，让她们可以接触到与女性期刊在描述上截然不同的科学家形象。

第二节　近代中国女性期刊中科学家报道统计

科学家、医护人员、发明家等科技工作者作为科学技术知识的研究者、教育者和普及者，常会以个人传记的形式被介绍给读者。而近代中国女性期刊出现有关科学技术知识的同时往往会对科技工作者群体有所介绍，甚至对当时著名的国内外科学家进行传记性写作宣传，有些科学家如居里夫人的形象还持续出现在1898年至1949年，随着时代的变化，这些科学家形象往往呈现出不同的特点。本节将对出现在这一时期的主要女性期刊（包括不同时代的、不同地区的、不同种类）中重点科学家的报道进行统计分析，并指出这种形象的具体表述，对只有图片而无文字表述的科学家以图片的形式代替其具体内容。

本节将对1898—1949年女性期刊中的科学家报道进行分时段汇总，有以下三个时段：（1）1898年至1914年是女性期刊诞生及初步发展时期，它们在介绍科学家传记等相关内容时除了都经历了由文言文向白话文转变的时期外，还在内容上受相同的思潮和社会运动的影响。（2）1915年至1931年国内政局相对稳定，文化事业得到一定程度的发展，新文化运动倡导民主与科学，1915年9月陈独秀在上海创办《青年》杂志，掀起了近代中国历史上一次深刻的思想解放运动，它也可以作为近代中国女性期刊发展的一个转折点，之后的这类刊物多提倡女性参与社会生产和实现经济独立，"职业"的因素被纳入这一时期女性期刊编著者们的考虑范围。（3）1931年九一八事变爆发后，1932年淞沪会战也打响了，上海作为期刊报纸繁荣地区，很多刊物直接受到了战争的影响。在这时，期刊报纸作为文化宣传的工具重点宣传战争境况和战时信息，女性期刊则随着战争的爆发逐渐充斥着"战争""国难""战时妇女""救国""国防常识"等字眼。此时，女性期刊中还出现了对妇女刊物的总结性文章①。战争期间，虽然女性期刊中的科学家报道在一定程度上有所减少，但仍旧有少许出现，与饮食、健康相关研究的工作者们活跃在这一时期的女性期刊之上，以保证战时国民所需要的基本生活常识的需要。我们都知道，女性期刊不可能完全按照以上三个阶段明显地被分隔开，因此，笔者在统计女性期刊中的科学家报到时，对于横跨两个时段女性期刊中的科学家以该篇科学家传记的发表时间为基准。这样的分类统计分析一方面有助于对同一时段内的科学家形象有一个整体的把握，另一方面也有助于对后文每个时段内发行量广泛、受众人数多的女性期刊的分析。再者，也有助于对各个时段内都出现且次数多的科学家进行个案研究。

一 1898—1914年女性期刊中的科学家报道

《女学报》作为第一本中国女性期刊，1898年7月（戊戌六月上旬）

---

① 如介工：《内地的妇女刊物》，《上海妇女（上海1938）》1939年第4卷第1期。

第二章 近代中国女性期刊中科学家报道概述

至11月（戊戌九月十五）共发行12期，月出3期，它的编辑策略和作者群体是值得首先探讨的。无论从编者、作者、读者方面，还是期刊内容方面，均以女性作为讨论的中心点，可谓名副其实的"女性"期刊[①]，无锡人陶达三（字守恒）（图1）即后来无锡市第一中学首任校长就曾在该刊第1期首页（图2）批注"我国女报自此始"。

图1　陶达三[②]

图2　笔者在无锡市图书馆拍摄的《女学报》第1期首页

[①] 这一说法可以该刊物的主笔为例进行说明，主笔主要有以下几位：晋安薛绍徽女史、金匮裘梅侣女史、番禺潘道芳女史、明州沈和卿女史、上虞蒋畹芳女史、武进刘可青女史、诸暨丁素清女史、皖江章畹香女史、京兆龚慧苹女史、江右文静芳女史、南海康文僴女史、贵筑李端蕙（蕙仙）女史、临桂廖元华女史、邗江雎女史、梁溪沈静英女史、梁溪沈翠英女史、古吴朱莳兰女史、上海潘仰兰女史等。其中有晋安薛绍徽、金匮裘梅侣、番禺潘少兰、上虞蒋畹芳、武进刘可青、皖江章畹香、梁溪沈静英、梁溪沈翠英、上海潘仰兰等9位女性从始至终参与《女学报》的写作，本节此部分以晋薛绍徽为例看此类作者的情况。蒋畹芳为桂墅里女学堂（1898年4月12日起塾）监塾，她主张"凡女生入学者，不分贵贱，不问贫富，一律教训，中西并习，而课法宜先以经传授读，因材施教，俟其字义明晓，继以讲解，然后再课以专门之学，如医学、算学、法学、杂学等"（上虞女士蒋畹芳：《论中国创兴女学实有裨于大局》，《女学报》1898年第9期。薛绍徽为陈寿彭的妻子，而陈是清末名士陈季同的胞弟，他们均是支持维新派主张、戊戌变法的参与者；沈和卿为女学堂提调、总监院；朱莳兰为经元善（桂墅里女学堂第一任提调）的妾；龚慧苹为中学教习、吴蓬仙为华医教习；章畹香为沈敦和夫人、沈和卿内侄媳〔夏晓虹：《中国女学会考论》，《北京大学学报（哲学社会科学版）》2017年第3期〕。当然，《女学报》在编纂期间也有新的女性作者出现，可以美国林玛莱为例进行说明，因其为唯一一位外国女作者，旧有退出的以第8期退出较多的7人（即京兆龚慧苹、南海康同薇、贵筑李蕙仙、临桂廖佩琼、邗江雎念劬、诸暨丁素清、括苍周远香）为说明对象。林玛莱是美国监理会林乐知的女儿，1860年仅5个月大的她随父母来到中国，1898年10月5日桂墅里女学堂便请她作为女学堂的西学总教习，以稽查功课，由此，她也加入了《女学报》的主笔群体，成为女学会的会员。

[②] 图片选自无锡市第一中学官网 https：//yizhong.wxeic.cn/contents/114/21.html。

《女学报》内容均涉及早期女学堂、女学报、女学会的章程及设立过程等的描述，由清政府文件指出，讨论女学，主要有以下12件事，即"立女塾、设女学报、植女公会、启女观书楼、劝女工、恤孤老、奖节孝、赏才艺、设女书会、立女医院、赛美会、练女子军"①。中国人物传记的书写方面，《女学报》中仅有两篇（一为撰写一为口述），即上海朱沁芳撰《嫠妇谢王氏传》，主要以文言的形式讲述了谢王氏在其夫亡后，抚养幼子，坚持守寡，作者为其做传以宣扬其品德；福州王织英、郑蕙同述《李义妇传》，夫死不嫁的未婚女性李则的事迹，介绍其父亲和丈夫的部分居多，并非现代意义上人物传记的书写。该刊物的人物书写仍旧未超脱中国传统传记书写的道德范畴，也没有涉及到科学家形象的描述，但它开创了在女性期刊中进行人物传记描述的先河，这一传统的保持对近代中国女性期刊有关人物传记的书写具有深远的影响。有关科学家的出现，只在女学会书塾聘请西文教习江西康爱德、湖北石美玉二人（均为女医生）处提及，而唯一一篇有关科学技术领域的文章为《医学论》②，讲述中西医各自的优劣之处并呼吁二者应当相互学习的内容。此外，《女学报》便再无与科学家相关的信息出现了。1898年《女学报》虽然昙花一现，但其开创了近代中国女性期刊发展的滥觞。由此可见，近代女性期刊诞生之初，便将女医生介绍给了女性读者，虽然仅是以简短的名字出现，但仍旧具有重要的价值。本节主要介绍在1898年至1914年的女性期刊中出现的科学家们，并简要概括这些科学家、医学家、看护士、发明家等科技工作者在女性期刊中的人物介绍情况（表2）。

这一时期女性期刊中的科学家们共18位，从性别角度来看，分别有3位男性、15位女性，以女性占据绝大多数，且有些科学家不止一次地出现在女性期刊上，如南丁格尔、张竹君、居里夫人与麦里·梨痕等人；从国别来讲，中国10人、美国3人、法国2人、英国2人、意大利1

---

① 这部分内容引自《女学报》第5期，1898年8月27日。
② 瞿玉芬：《医学论》，《女学报》1898年第12期。

第二章 近代中国女性期刊中科学家报道概述

表2 1898—1914年女性期刊中的科学家报道①

序号	年代	科学家国籍与姓名	性别与学科领域	介绍该人物的主要内容	文献出处
1	1898	[中] 江西康爱德、湖北石美玉	女，医学	女学会书塾聘请二人为西文教习处提及	佚名：《女学会书塾创办章程（续第五期）》，《女学报》1898年第8期
2	1902	[英] 涅儿柯儿②	女，看护	红十字会发端人，生于意大利，后到英国，涅儿柯儿便从其父身上学习到丁博爱医术，以治愈百兽病症之心。她曾在克里米亚战争中救治伤兵，旁通之心。欧洲国家政府以端士日内瓦启用白底红十字徽章，成立红十字会以作战时救护之用	乾慧：《译件：英国女杰涅儿柯儿传》《女学报》1902年第4期
3	1903	[法] 美世儿	女，植物科学	传记浦述是一位学习动植物科学的法国女子美世儿，她性情十分慈善，因祖父曾是法国共和军麾下将领，她便从小有一腔报效国家的热血，喜欢读卢梭的书，学习动植物科学的自由，爱国题材的戏剧，女兵士的模样，唱自居时的女子形象，独特、扮装以男性标准自居时的女子形象，独特，是一位可以学习这类科学性的学问，因美世儿另类，动植物科学问也被认为是男性的学问	楚南女子（陈撷芬）：《世界十女杰演义——西方美人·美世儿》1903年第4期

① 本表中有一位科学家在多份女性期刊中出现的情况，笔者将其共列成一个序号，并同时在页下脚备注出该刊物的文献出处与介绍科学家的主要内容，以便后续分析。

② 另外还有女性期刊介绍南丁格尔的传记，如：1.录大陆报：那伊丁格尔女史传，《岭南女学新报》1903年第2期。（讲述了南丁格尔心地仁慈，自小学医，她先在英国病院研究医术，后在1844年便遍游欧洲诸病院，详细考验。克里米亚战争期间，任卫生监督之职，并率领42位妇女，共赴战场，救济众生。此后，她还指挥看护妇巡视英国病院，直至英军击退土耳其军队才回国。由于南丁格尔在战时的医护数护，欧洲决定在端士创立中立成地医院，这也成为了赤十字社的开端）。2. 佩庵：《军阵看护妇南丁格尔者挺格尔夫人传（白话体）》，《中国新女界杂志》1904年第2期（介绍南丁格尔战时看护妇，介绍了这所学校的创始人奈挺格尔，慈悲的性格致力于看护事业，向看护兵1907年第1期。（作者从奈挺格尔看护学校引入，介绍了这所学校的创始人奈挺格尔，慈悲的性格致力于看护事业，向看护兵传播健康卫生知识，并写作了几种看护学上有益的书等事迹）。

续表

序号	年代	科学家国籍与姓名	性别与学科领域	介绍该人物的主要内容	文献出处
4	1903	[中] 施梅卿	女，医学	以专业医士的身份写作《卫生通论一、二、三》，主要讨论注意卫生的重要性以及女子身为母亲应该具备的育婴常识问题	施梅卿：《卫生篇：卫生通论一、二、三》,《岭南女学新报》1903年第2期；第4期；第7期
5	1903	[中] 余美德	女，医学	写作文章讨论女子卫生与女子地位问题，作者认为女性独立首先要以"人"的姿态与男性同胞一样，女性可以通过卫生的方式对国家民族有增益功效。这既是作者作为一位女医士对女性同胞的同情，希望她们借助卫生健康知识实现女性而为人的价值	余美德：《卫生篇：论女子卫生之关系》,《岭南女学新报》第3期；第5期
6	1903	[中] 叶芳圃	女，西医	《卫生浅说》主要讨论了呼吸空气、日光、所饮之水的卫生常识问题，从另一个侧面也反映出作者本人在这三个方面的认知	叶芳圃：《卫生篇：卫生浅说》,《岭南女学报》第3期；第4期；第6期
7	1903	[英] 斯梯文孙	男，汽车发明制造业	著名大工程师汽车创造者斯梯文孙一日因天气精凉，便开窗有一鸟飞至窗外，用力搏击，想破窗而入，后因鸟儿饿死，斯梯文孙痛根无地，寻亦自死。作者借此故事表明当时已经全球鸟作的一位19世纪伟人却因为一只区区小鸟所表现出的多情一面	《杂著：斯梯文孙轶事》,《岭南女学新报》1903年第6期

第二章 近代中国女性期刊中科学家报道概述 55

续表

序号	年代	科学家国籍与姓名	性别与学科领域	介绍该人物的主要内容	文献出处
8	1904	[中]广州番禺张竹君①	女，医护	广东张竹君女士，十余龄即精通医字，兼通外国文字，素持博爱主义，以饥爱同胞为宗旨，在粤创设南福医院，女学堂等，所费不下十数万，比闻极东战争起，欲投身日本红十字会，实业学堂、随同任理看护，于十三月初旬抵上海。爱国女学校开会欢迎之，张竹君女士演说及于教育之急务，由校长致答辞，谘谘不绝，女士依然同意，之后她在上海数月，设立手工传习所的舍监，并被邀请留在上海数月，担任爱国女校讲习会之主讲员，之后她又设立手工传习所赠医，卫生讲习会，每日分上下午在讲习会之仁人，不仅是女界之仁人，更可被称为中国之伟杰②	佚名：《记事：内国：女界明星》，《女子世界（上海1904）》1904年第6期

① 另外还有女性期刊介绍张竹君的事迹，如马贵公记、公香氏朴：《张竹君事略》，《女报》1909年第1卷第3期。（介绍张竹君幼时由于患脑筋病，半身麻木，之后在博济医院治愈，因此她便觉得西医优于中医，于是便发愿在博济医院学医，13年后通晓西国内外科学问，自己筹资建设南福医院，用于救治贫劳病人，还收十多位女弟子，教授她们医学和普通格致学。张竹君不仅致力于广州地区的女子学医，还在上海建设，宣传西医)。

② "传记"或"史传"是《女子世界（上海1904）》中的一个重要栏目，它在1904—1907年有不同职业[如1904年第1期《女军人传》（介绍了沈云英个人生平及主要事迹，第2～3期《女军人传》（续）（介绍了秦良玉的个人生平及主要事迹）、第3期《中国第一女豪杰女木兰传》、第4～5期《中国女剑侠红线裴隐娘传》（结论）和《中国民族主义女军人梁红玉传》（承前）与《记俄女恰勤存传》（女军人），第11期《英国大慈善家美利加阿宾他传》，第8期《英国大慈善海丽爱赐斐曲士传》（古代爱国女英雄），第9期《女雄谈屑》，第10期《女雄谈屑》（续六期），第12期《妇人格儿双璧》（刑场之白董、黑夜之同昆）；1905年"史传"栏目：第1卷第2期《女文豪海丽爱赐斐曲士传》，第2卷第2期《女鸣客抄曾士格儿传》，第2卷第3期《革命妇人》《女烟传》和《女魂》（一名女界免生录）（讲述李素贞，李杰妹，吕女，秦小罗的事迹），第2卷第6期《女魂》（赵雪华，宋蕙湘生平事迹）；1907年：《饥饿同盟之女囚）[赵雪华]的女性出现，由于这一时代的主题均为革命，所以大多数为女性"军人"，或称为女性爱国者的传记，且均为古代中国女性群体。通过梳理和分析这个栏目的介绍情况，笔者发现虽然大量的科学技术和医学知识出现在近代中国女性期刊上，但有关生产这些知识的科学家并没有特别的介绍，这致使我们无法看到近代中国女性期刊到底呈现出怎样的科学家形象。

续表

序号	年代	科学家国籍与姓名	性别与学科领域	介绍该人物的主要内容	文献出处
9	1907	[美]麦里·梨痕（Mary Syou）[1]	女，化学教育领域	主要讲述麦里·梨痕女士自己的成长、教育经历以及作为教育家的事迹，重点突出了她善于学习科学技术知识，帮助贫困学生求学，为了女性可以接受高等教育三十三岁仍旧未婚，将其薪金捐献学校建设图书馆、天文台、理化实验室等内容	灵希：《美国大教育家梨痕女士传》，《中国新女界杂志》1907年第2期
10	1907	[意]马可尼	男，无线电	文章在讲述无线电如何应用于军事时开头涉及了它的发明者的内容，讲述了马可尼如何实验无线电性能的过程	军侠：《科学：无线电说》（上海1904）》，《女子世界》1907年第2卷第45期
11	1912	[美]福来铭夫人	女，天文学	美国著名大学天文台逝世一位女天文学家福来铭夫人，其主要事迹为改良并完备的观测天文照片法，以各星明暗方法排列星宿表。她所考察的星约有100351种，并用显微镜氮测星象，又对数千数万的星星进行拍照（用以比较各星形状的不同），最后作者抒发出女性在学习科学（格致）方面比男生更有优势	陆守真：《论美国女天文家》，《妇女时报》1912年第6期
12	1913	[中]程立卿	女，医学	程立卿（医学博士）女士正面半身照	《广东省议会女代议士医学博士程立卿女士：[照片]》，《妇女时报》1913年第9期

[1] 另外还有女性期刊介绍[美]麦里·梨痕女士，如瘦鹃：《美国女教育家丽痕女逸话》1914年第2期（讲述幼时家庭教育对丽痕女士的影响，她在上学期间精通哲学、化学、算术等科目，之后便坚守独身主义致力于女子教育事业，数十年间养成女大学生30余人，创办麦文甫略科高等学校，并担任校长，她十分注意学生养学生勤奋、刻苦的品格，1849年罹患脑血之病离世，为后世做教育之榜样）。

第二章 近代中国女性期刊中科学家报道概述

续表

序号	年代	科学家国籍与姓名	性别与学科领域	介绍该人物的主要内容	文献出处
13	1913	[中] 程奕立	女，医学生	程奕立女士正面站立全身照	《广东全省第五次大运动会最优胜女医学生：程奕立女士：[照片]》，《妇女时报》1913年第10期
14	1914	[法] 居里夫人①	女，物理、化学	介绍了居里夫人生平，讲述了其作为母亲、妻子在帮助其夫科研、照顾家庭并在本科学（物理、化学领域）上作出令世界瞩目的成绩的事迹，最后作者呼吁东方国家女性发挥自身特长，贡献于社会，在科学界占有一席之地	许蝉：《贤妻居里夫人》，《妇女时报》1914年第13期
15	1914	[中] 山青	女，医学	山青女医士半身正面照	《山青女医士：[照片]》，《香艳杂志》1914年第3期
16	1914	佚名	女，中医（铃医）	文章首先介绍了何为铃医（以走街串巷贩卖廉价草药的郎中），进而介绍了铜少女铃医，其药材多产自粤，疗效显著，慕名而来者络绎不绝的事迹	《译林·海外艳闻：女铃医》，《香艳杂志》1914年第1期
17	1914	[美] 莫尔斯	男，电报发明	莫尔斯生于1791年，他既是发光的始祖也是一位画师，利用电流可通过铜丝发电机的原理制成发电机和收电机，也对电报机最终获得世界的认可进行了说明，作者最后写道"电报到之处，人皆知莫尔斯之功，莫尔斯一世之功，顾不伟哉，虽死犹生，可谓不死矣"，表达了对莫尔斯发明电报的赞扬	志翱：《学术：莫尔斯发明电报机》，《女铎》1914年第3卷第1期

① 另外还有女性期刊介绍[法]居里夫人的事迹，如《世界最著名女科学塘利夫人：[照片]》，《妇女时报》1914年第12期（居里夫人正面半身照）。

人，且有详细传记出现的多为国外科学家，中国的科学家只是以简短的叙事或照片呈现；从专业领域来说，天文学（1位）、物理、化学（2位）、植物学（1位）均已有女性涉足，而医护领域（11位均为女性）是1898—1914年女性期刊所极力倡导的专业，汽车制造、电报发明等应用技术也出现在了女性期刊上；从时间上来看，1903年出现的科学家最多，且多为女性医护人员。

二 1915—1931年女性期刊中的科学家报道

20世纪20—30年代的女性期刊多为综合性的刊物，它们多反映时代的发展潮流，在内容方面整合了家事、医疗卫生、女性解放等多个主题，"传记"等介绍人物的栏目始终是女性期刊的重要组成部分，本节即关注这些栏目中有关科学家的叙述以分析当时的人们对其形象的认知。笔者将对《妇女杂志（上海）》等出现在1915—1931年的女性期刊中科学家报道进行整理汇总，梳理科学家、医护人员、发明家等科技工作者从事的职业群体在这一大的文化背景下的形象是什么的问题，并以表现科技工作者工作、生活等内容的图片作为辅助分析。关于这一阶段科学家情况的介绍，具体内容见表3。

1915—1931年女性期刊中的科学家较清末民初女性期刊中的科学家们有明显的不同。首先，在人数上数量众多，仅《妇女杂志（上海）》中就有35人、其他女性期刊中53人，除去重复的居里夫人、蒙得梭利、南丁格尔、密且儿、戈尔登、孟德尔等6人，这一时期共介绍科学家80人，比1898—1914年的18位要多出62人；其次，国籍上除清末民初时期的英、美、法、意之外增加了奥地利、德国等国的科学家和发明家；最后，看护妇南丁格尔看护和世界著名的物理学家与化学家居里夫人仍旧活跃在1915—1931年的女性期刊上，后文将对她们的形象进行案例研究。

之所以会形成以上的特点，主要是由于这一时期我国的政治局势稳定，科学文化发展有一个较好的社会环境，各种思潮也通过不同的渠道进入到国内，这就导致了科学家在人数和国籍上的增多。南丁格尔与

表3 1915—1931年女性期刊中的科学家报道①

序号	年代	科学家国籍与姓名	性别与学科领域		介绍该人物的主要内容	文献出处
1	1915	[中]竺祯卿	女，医学		中国自新医院产科女医师竺祯卿半身正面照	《中国自新医院产科女医士竺祯卿君：[照片]》，《香艳杂志》1915年第7期
2	1915	[中]陈旭	女，医学		上海博爱医学校女生陈旭半身正面照	《上海博爱医学校生陈旭君：[照片]》，《香艳杂志》1915年第7期
3	1915	[中]温玉振	女，医学		上海博爱医学校女生温玉振半身正面照	《上海博爱医学校生温玉振君：[照片]》，《香艳杂志》1915年第7期
4	1915	[中]茅拔、杨克臣、陈惠庵	男，医学		金陵大学医学博士茅拔、医学大家杨克臣、悼红生陈惠庵三人正面全身照	《金陵大学医学博士茅拔、医学大家杨克臣、悼红生陈惠庵：[照片]》，《香艳杂志》1915年第7期

① 本表中有一位科学家在多份女性期刊中出现的情况，笔者将其共列成一个序号，并同时在页下脚备注出该刊物的文献出处与介绍科学家的主要内容，以便后续分析。

续表

序号	年代	科学家国籍与姓名	性别与学科领域	介绍该人物的主要内容	文献出处
5	1915	[美] 盖特鲁夫人	女, 实业 (钢铁锻造)	盖特鲁夫人为美国某一铸造工厂主人, 她亲自从事冶铁铸造工作, 还善于帮助和教导工人免于铁液灼伤, 拥有"精明坚韧之心, 又能触类旁通, 不宵细小, 无所任而不利", 高度赞扬夫人为人处世的德行	青霞译:《美国女实业家盖特鲁夫人传: 附照片》,《中华妇女界》1915 年第 1 卷第 1 期
6	1915	[英] 沙利勃	女, 医学	晚近女界名人哈莱衔女医士玛丽·沙利勃女士 (Mary Scharlieb) 专门医治印度及英国女病患, 1878 年屈拉司城 (Madras, 印度名城之一) 政府特许为外科医及产科医师, 1882 年获得伦敦大学 M. B. 及 M. S. 学位, 印度又前往印度行医, 1889 年获得 M. D. 学位, 后为格来逆路王家自由医院妇科医士。她常抱有仁慈、慈爱之心, 帮助印度妇女病患	任姝筠:《英国女医士沙利勃小史》,《中华妇女界》1915 年第 1 卷第 6 期
7	1915	[意] 蒙铁梭利①、[法] 赛根	女, 化学教育、实验心理学; 男, 心理学	蒙铁梭利为意大利教育家, 生平最得意的事为儿童教育, 她在罗马大学医导要儿童教育, 尤其热衷发幼儿教育, 毕业时学医业, 她又回到罗马大学研究实验儿童心理学。她倡导漫游亚美利加 (Seguin), 他曾漫游亚美利加, 认为儿童的成长规律, 稍加教导便可成才。之后, 蒙氏非常信服法国实验儿童的训育, 她强调要用科学的方法顺应儿童健发育来进行教育。	武公:《蒙铁梭利女史之幼稚园》,《中华妇女界》1915 年第 1 卷第 7 期。

① 其他有关蒙铁梭利 (后是文章译为"蒙台梭利""蒙得梭利") 的文献有: 1. 彬夏:《社说: 蒙得梭利教育法》,《妇女杂志 (上海)》1916 年第 2 卷第 3 期;《妇女杂志 (上海)》1916 年第 2 卷第 4 期;《学艺门: 脑筋与肌肉的教育 (附图、照片)》,《妇女杂志 (上海)》1916 年第 2 卷第 11 期 (作者彬夏用文言文分三篇讲述了蒙得梭利学校的教育方法, 对蒙得梭利教师、蒙得梭利之自由说, 蒙得梭利之独立说等关于蒙得梭利教育方法及教育方法的教育内情形给了详细说明)。2. 任荣:《研究: 蒙台梭利所用体操器械之研究》,《江苏省立第一女子师范学校校友会杂志》1920 年第 3 期 (蒙氏关于儿童体操器械的发明, 倡导儿童生理和心理健康)。3. 狄霪生:《研究: 蒙台梭利所创呼吸运动之研究》,《江苏省立第一女子师范学校校友会杂志》1920 年第 3 期 (蒙氏所创呼吸运动方法的解读)。

续表

序号	年代	科学家国籍与姓名	性别与学科领域	介绍该人物的主要内容	文献出处
8	1915	[美]玛丽亚·密却尔①	女，天文学	密却尔幼时入学，喜欢改读数学，她和兄弟姐妹经常随天文学家父亲外出用望远镜观天象或代其父默识时计抄，养成了实地观察天文学性质的能力，12岁，她知道了望远镜此前所未有的用法，16岁为私立学校助教；1865年被巴撒女子大学聘为天文学教授兼航海历计算，观测星学气象。1889年蔼然长逝，享年71岁	效彭：《美国女天文家玛丽亚密却尔传：附图》，《中华妇女界》1915年第1卷第8期
9	1915	[法]克利夫人（居里夫人）②	女，物理、化学，发明家	讲述了镭的发明对医学治疗方面的重要作用，并对其发明者居里夫人及居里先生进行了介绍，居里夫人儿时随其父学物理知识，她一心以学同大学，尤其擅长物理数学，之后与居里先生一起对世界物理、化学做出了重要的贡献	效彭：《发明镭一名铀一传：附图》，《中华妇女界》1915年第1卷第11期

① 其他有关密却尔的文献有：1. Bolton, S. K.，《记述门：秦西列女传（续）》，高君珊女士译，《妇女杂志（上海）》1917年第3卷第6期（讲述了密却尔家庭环境、学习并成为天文学家的过程，与著名天文学家任等事迹，作者出密却尔不能限制人们努力追求科学、追求卓越）。

② 有关居里夫人的其他文献，主要有：1. 程小青：《科学界的伟人居里夫人（附照片）》，《著述》：《铀（一名镭）》，《妇女杂志（上海）》1921年第7卷第9期（文章会杂志》1923年第2卷第1/2期（讲述了镭的发明历史，即由德国大学物理学家贝克勒尔发现铀放射性到1898年居里夫妇发现镭）；3. 晏颁译：《镭的发明家居里夫人》，《妇女杂志》1924年第10卷第7期（该文具体表现对居里夫人感情上相恋，事业上相互辅助等事迹进行了介绍）；4. 野蕉：《见居里夫人居杂感》，《新女性》1928年第3卷第2期（作者亲自去居里夫人讲课的教室听课，以目睹这位伟大科学家的风采，文章多表现居里夫人讲课的智慧和对物理、化学知识的专业，也表现了作者对这样一位饱经磨难但卓越的女科学家的同情，赞美这位伟大的女科学家的人物：镭锭发明者克利夫人），《妇女杂志（上海）》1930年第16卷第1期（讲述了居里夫妇发现镭的过程与方法；5. 周咄：《时事史中的女人物：镭锭发明者克利夫人》，《妇女杂志（上海）》1930年第16卷第1期（讲述了他们在物质缺乏情况下刻苦钻研的精神）。

续表

序号	年代	科学家国籍与姓名	性别与学科领域	介绍该国人物的主要内容	文献出处
10	1915	[俄] 苏菲·柯瓦列夫斯卡娅（Madame Kowalevski）	女，数学	对俄国女数学家古佳鲁斯克夫人的生平进行了介绍，表明了她在数学上坚持求学的决心，文末作者还列举了四位同她一样有成就的数学家梅卮萨（亚历山大人）、谢梅茵（法国人，以数学物理见长）、埃智米福洛[瑞典]、王贞仪（中国），以此鼓励女性学习数学	张松年：《传记：女数学家古佳鲁斯克夫人传》，《妇女杂志（上海）》1915年第1卷第2期
11	1916	[英] 南丁格尔①	女，看护	文章以"纪实小说"的形式讲述南丁格尔在家庭富有背景下仍旧选择敢他人认为是侍奉病人的看护职业，并在战后积极倡导保护受伤及医院法案中对伤兵进行救护	留英看护专科李绍南：《南丁格尔 Florence Nightingale》，《中华妇女界》1916年第2卷第5期
12	1916	[美] 克拉兰巴登	女，看护	讲述了克拉兰巴登在美国战争期间参加战时救护的事迹	志刚：《美国三女杰》，《中华妇女界》1916年第2卷第6期

① 其他有关南丁格尔的文献有：1. 佚名：《传记：佛兰尔斯女士小传（浅文）》，李冠芳译，《女铎》1918年第7卷第3期（讲述了南丁格尔出生于1820年的意大利佛罗伦萨，其父以此城为其命名，她在儿时已经表现出了对动物的慈爱，对病患到的英国人民的爱戴，她还创建圣多玛医院业以照顾病患，克里米亚战争中她更是应英国政府之邀请参加战时救护的行列，以其在战时救护的表现得到了英国人民的爱戴，她还创建圣多玛医院及写看护记录，佛兰尔斯女士享年90而殁，佛兰尔斯女士比作女中之神农，神农创医药救民于疾病之中，南丁格尔以她的仁爱之心救医于疾病之中）；2. 田祚士：《国文范作：南丁格兰》，《妇女杂志（上海）》1919年第5卷第3期（作者将南丁格尔记为"南订格耳"，讲述了她生于1820年5月12日，"家颇富有，曾受高等教育，学艺精湛。因生性仁慈，自动即喜侍奉贫病之人"，在1854—1856年她还参加了战时救护工作，战后设立护士学校，受邀参加美印度等国的公共卫生及改良陆军军宜。1910年逝世，享年90岁，至今各国崇拜其为"护士界伟人，伤兵之数星"）；3.《时事：上海医界纪念南丁格士诞辰》，《女铎》1929年第18期（该文将南丁格尔记为"南丁格耳"，讲述了她1820年5月12日，"家颇富有，曾受高等教育，南丁格尔是慈爱的创始人，南丁格尔有慈爱的心怀，南丁格兰的公共卫生"），《女青年月刊》1931年第10卷第9期（介绍南丁格尔为红十字会救护队创始人，在克里米亚战争期间，拥有慈爱的精神，拥有与看护妇相关著作的女性科技工作者）；4. 李梅韵：《佛罗兰丝·南丁格尔》1916年第2卷第6期，《中华妇女界》1916年第2卷第6期
从父母那里感受到了仁慈的精神，文章描述了一位在战争中参加医疗救护，培养年轻看护妇，写作与看护妇相关著作的女性科技工作者）。

第二章 近代中国女性期刊中科学家报道概述

续表

序号	年代	科学家国籍与姓名	性别与学科领域	介绍该人物的主要内容	文献出处
13	1916	[意] 嘉利乐	男, 格物学	作者为吴江私立丽则女子中学一年级学生翻译 James Baldwin 所著的泰西三十逸事之一, 文章讲述了少年伽利略善于发现问题、发明仪器的事迹	金薇、张浣英、钱基博作, 张利乐译:《国文范作》,《妇女杂志（上海）》1916年第2卷第4期
14	1916	[中] 义㐏	女, 中医	简单介绍了汉朝女中医义㐏学医的经历	蕈衣:《杂俎》（续）,《妇女杂志（上海）》1916年第2卷第8期
15	1916	[中] 葛宜、沈绮、王贞仪	女, 算学	元和江台西楼遗稿, 对《畴人传》中三位精通数理的女性进行了介绍	蕈衣:《杂俎》（续）,《妇女杂志（上海）》1916年第2卷第10期
16	1916	[美] 麦里·梨痕（Mary Syou）	女, 化学	讲述了化学教育家麦里·梨痕艰苦的求学经历, 致力于女子教育拒决心等内容, 她创办女子学校, 还担任教育服务35年, 养成女学生3000人	淑明:《美国教育家梨痕女士传》,《妇女杂志（上海）》1916年第2卷第12期
17	1917	[英] 密斯脱·麦克斯	男, 数学	作者以小说的形式描述了一位性格异于常人的算学家形象, 该算学家擅长口算, 但由于回答不出乡民及儿童提出的问题而羞愤自杀, 留有遗嘱说要将他墓于圆锥形墓石中以纪念他曾发明过圆锥曲线原理	胡寄尘:《小说：算学家》,《妇女杂志（上海）》1916年第3卷第3期

续表

序号	年代	科学家国籍与姓名	性别与学科领域	介绍该人物的主要内容	文献出处
18	1917	[英] 齐女士①	女, 医学	博学齐女士, 英爱尔兰人, 来华已15年, 在奉天法库12年, 她创立医院, 施诊舍药, 还创设摇篮会、幼稚园, 幼童主日学会, 担任教授专职。她还在距离法库北五十里的康平县城中诊病施药, 后偶染喉症去世	《近闻: 女医逝世》, 《女铎》1917年第6卷第3期
19	1917	[英] 依利沙白	女, 医学	女医士依利沙白, 英国人, 于1906年来华, 在奉天北镇首创男女医院, 这一地区人们都受到她的庇佑, 因年老归国	仰: 《近闻: 送依利沙白女医士归国序》, 《女铎》1917年第6卷第6期
20	1917	[中] 伍连德	男, 医学	1917年1月间, 中华医学会与西医博医会同时假在广东省垣开会, 伍连德士在会场演讲鸦片危险问题, 由于很值得人们警觉, 所以特节要记录, 以供留心烟禁者参考。文章为伍连德所讲的内容进行文字整理	袁玉英采《中国女界家尚自由未能得自由天职妇多危险之警告之天眼节呜呼节危险之警告 (浅文) 》, 1917年第6卷第7期
21	1917	[瑞士] 郭来贞	女, 医学	郭来贞, 瑞士名媛, 精通医学, 不辞劳苦航海来华。她设立学团, 教导民国元年, 她还提倡红十字会, 贵州二次改革, 伤兵甚众, 她还赠以医药治伤患。日前, 北山楼屋落成, 友人赠送匾额联进行庆祝	仰: 《近闻: 教会女界新史: 北山楼屋落成志盛》, 《女铎》1917年第6卷第7期

① 另外, 关于齐女士事迹的文献还有: 《近闻: 齐女医逝世》, 《近闻: 齐女医士学习医术》1917年第6卷第4期 (齐女医士远渡重洋来华施医, 1911年因劳致疾, 回国休养后又重返中国, 到奉天法库施医, 闭眼时教导女生学习医术。1917年3月, 得红热病, 10余日后逝世, 中西男女400余人开追悼会, 缅怀此巾帼良医)。

第二章　近代中国女性期刊中科学家报道概述　　65

续表

序号	年代	科学家国籍与姓名	性别与学科领域	介绍该人物的主要内容	文献出处
22	1919	[瑞典] 爱伦于女史	女，心理学、教育学	描述了一位从小性格敏慧、勤俭好学、善于考究事物原理的生理学家及教育家，她将她的重心放在女子教育上，俭德闻名，家人对她学习科学给予支持，最终由于求学太用功而心神俱疲	袁念如：《纪述门：爱伦干女史（附照片）》《妇女杂志（上海）》1919年第5卷第2期
23	1919	[中] 李张绍南	女，看护	讲述了留英学习看护学的李张绍南与丈夫黄恭一同赴欧，学成归来，一到上海，丁清明之夜就回鄂，在上船之前仍旧逛于书店，作者借此说明她的勤奋好学精神	《杂俎：女界要闻》，《妇女界之新人物》《妇女杂志（上海）》1919年第5卷第5期
24	1920	[英] 维耶谟氏与其妹迦录林	男/女，星学	文章讲述了星学家兄妹合作研究天文学的工作案例，迦录林主要是负责整理其哥哥维耶谟王星年换算太阴年事迹，帮助维耶谟其哥哥二人共同成就他在天文学中的地位	西神（王蕴章）：《谈屑（内助）》，《妇女杂志（上海）》1920年第6卷第3期
25	1920	[美] 萨摩尔·批亚榜·朗格米（Samuel Pierpont Longley）	男，土木工程、飞行器械设计	由于此时航空二字大惹人注意，大家都知道第一个发明飞行机的人是莱、亚美利加人，是科学史中一个令人骄傲的名字，他屡次试验飞行器并最终成功战胜自然界力战胜得长格来的代表。文章还对朗格来的生平事迹介绍详尽。朗格来，却不知道第一个用机械力战胜自然的精神给以赞美	沈泽民：《第一个飞行机（附照片）》，《妇女杂志（上海）》1920年第6卷第4期
26	1920	[英] 克拉克·马克斯威，[德] 海尔志，[法] 波伦利，[意] 马可尼	男，无线电	作者表达了对发明的认识，即将梦想变为现实，发明需要多次的试验，着重讲述了马克拉克、马克斯威、海尔志、波伦利、陆基、马可尼等人的先后接力，才使得无线电最终在27岁的马可尼手中被发明出来，这些人都是值得人民铭记的	宛扬：《无线电信发明史》，《妇女杂志（上海）》1920年第6卷第11期

续表

序号	年代	科学家国籍与姓名	性别与学科领域	介绍该人物的主要内容	文献出处
27	1921	[法] 却可布·伊纳第	男，心算	1892年，巴黎出现了一位24岁的心算奇才却可布，他是一位牧羊者的儿子，没有受过教育，但心算却异样敏捷，作者通过几个实例表明了却可布有着怎样的心算能力	幼雄：《世界珍闻：心算奇才》，《妇女杂志（上海）》1921年第7卷第2期
28	1921	[亚历山大里亚] 希波西亚、[英] 曼维尔·圣玛利、[美] 米奇爱尔、[法] 居里夫人	女，数学哲学、天文学、物理、化学	作者列举了政治界的妇女，小说界的妇女，科学家界的妇女，文学界的妇女，实际社会中著名的妇女对科学与哲学两科。希波西亚对天文学也很感兴趣，曼利·圣玛维尔在少女时代便精通数学与哲学，米奇爱尔是萨波女子大学的一名教授，与居里夫人所研究，居里夫人则头脑明快且冷静，是一位优秀的天文学家，共同发现镭元素	宛扬：《天才的妇女》，《妇女杂志（上海）》1921年第7卷第7期
29	1921	[德] 恩斯登（爱因斯坦）	男，数学物理学	由于爱因斯坦在物理科学上的成就，作者介绍相对论的妇女该者介绍相对论的一些常识。即使她们缺乏数学智识的读者也能够懂相对论的大数学原理家爱因斯坦出的生平及他是如何发现相对论原理的过程介绍给读者，之后以图片和通俗的文字介绍了相对论的具体内容	幼雄：《关于相对论的常识（附照片，图）》，《妇女杂志（上海）》1921年第7卷第9期
30	1922	[中] 王晓峰	男，医学	王晓峰是普济医院的一位医生，他品性朴实，面容和蔼，文章讲述了一位忙碌的医生工作者	张函朗：《一位忙碌的医生》，《妇女旬刊》1922年第85期

第二章 近代中国女性期刊中科学家报道概述

续表

序号	年代	科学家国籍与姓名	性别与学科领域	介绍该人物的主要内容	文献出处
31	1922	[英]达尔文、[英]戈尔登(Galton)、[奥地利]泯锐尔(Mendel)①	男,遗传学	作者在评述"遗传法则之发现"时提及19世纪进化论者达尔文,祖先遗传学说的戈尔登及20世纪提出遗传法则的泯锐尔三位遗传学家,认为泯锐尔的遗传法则是最近判明的分析遗传原因的研究,后详细解释了孟德尔遗传法则与其实验等内容	望洋:《遗传与妇人(附图表)》,《民国日报·妇女评论》1922年第46期
32	1923	[英]牛顿、[英]华特(瓦特)、[英]纳白尔氏(John Napier)	男,物理学、发明家、数学	作者为高中二年级学生,以牛顿苹果落地发现万有引力,见锅盖突起创蒸汽机关重大发明凡尔苏格兰人纳白尔氏在发明对数时的情景,接着讲述了17世纪苏格兰人纳白尔氏在发明对数时的情景,他并非专攻数学习得,但由于其"观察独精,思虑特周,更不惮繁琐为之推演而扩张之"才有此发明	蒋佩玉:《学艺:发明数略史》,《江苏省立第二女子师范学校校友会汇刊》1923年第16期
33	1923	[法]法布耳(Jean Henri Fabre,1823—1914)	男,昆虫学	周作人翻译昆虫学家法布耳的自传,法布耳认为人们的一些明后天的性格爱好和知识习得(如细心观察,对动植物永久的关注,学校学习知识等)都是少年法布耳研究昆虫的关键因素	法布耳:《爱昆虫的小孩》,周作人译,《妇女杂志(上海)》1923年第9卷第9期
34	1925	[英]哈夫洛克·爱理斯(Havelock Ellis)	男,生理学	哈夫洛可·爱理斯是一位性的生理学家,英国人,他有许多著述,研究范围也不仅仅局限于他在心理学上的工作,同时也列举了他在文学批评、艺术等方面的兴趣和爱好	周建人:《哈夫洛克爱理斯(附照片)》,《妇女杂志(上海)》1925年第11卷第5期

① 有关达尔文、戈尔登、泯锐尔(又被译为"曼兑儿")的其他文献有周建人:《曼兑尔戈尔登百年纪念》,《妇女杂志(上海)》1922年第8卷第9期(作者通过对达尔文、戈尔登、曼兑尔的生平事迹及其研究遗传学、生理学的基本知识,鼓励国民掌握优生、善种的知识,为国家培养优秀国民)。

续表

序号	年代	科学家国籍与姓名	性别与学科领域	介绍该人物的主要内容	文献出处
35	1926	[英]哈斐氏（Harvey），[英]Edward Jenner，[意]莫尔哥尼Morgangni，[法]裴乃德Bernard，[法]巴斯德Pasteur，[英]李斯德氏Joseph Lister，[意]龙氏Cesare Lombroso，[法]拉氏H. Jaennee，[德]倍林氏Behring，[德]罗虚氏Loesch，[德]爱尔利希氏Ehrlien，[瑞士]哈氏Haller，[德]柯赫氏R. Koch，[德]Virchow	男，医学（15位）	文章列举了专科医生数人，即哈斐氏（Harvey）专心研究血液循环为营养一身的根源，最终发明了淋巴管、毛细管等血液循环之理；Edward Jenner在1775年研究痘症，历20年发明牛痘苗，1800年制造牛痘浆，并将牛痘发明经验编著成书，在伦敦开设牛痘局，施种牛痘，急性传染病史中大发明家莫氏Morgangni以解剖为一生职业，利用解剖尸体来找到病因，裴乃德氏Bernard以生理学为一生职业，发明消食器与胃汁之理等；巴斯德氏Pasteur以微生物学为一生职业，发现发酵及腐败原理；李斯德氏Joseph Lister以外科为一生职业，发明惠氏反应以诊创伤疗法；惠氏Widal以内科为一生职业，发明制腐的手术及断伤寒等症；龙氏Cesare Lombroso一生以精神病学为职业，创设心理学及神经病院；拉氏H. Jaennee以研究呼吸器及循环器的疾病为一生职业，发明诊断学中的器听诊法；倍林氏Behring以研究细菌学为一生职业，发明白喉血清及破伤风血清疗法；罗虚氏Loesch也以细菌学为一生职业，发明治疗阿米巴赤痢的特效药爱美丁；爱尔利希氏Ehrlien发明梅毒特效药六〇六；哈氏Haller终身研究生理学，创立实验生理学，革新了医界面目；细菌学大家柯赫氏R. Koch于1876年培养脱疽菌成，证明其为本病原菌，1882年发明结核菌等；Virchow研究病理学，发明细胞病理说，解剖法医学论文集等发行于世。一生著述有细胞病理编、解剖法医学论文集等发行于世。以上这些都是一生专精一科而未改其职业的医学界开山之大发明家们	丁惠康：《医学为一生之职业》，《妇女旬刊汇编》1926年第2期

续表

序号	年代	科学家国籍与姓名	性别与学科领域	介绍该人物的主要内容	文献出处
36	1928	[中] 袁扫梅	男, 医学	此为袁扫梅医士自述紧要启事, 他曾在民国九年发明淋浊洗疗液, 该洗疗液经内务部化验, 农商部奖并以 SMY 套字, 及用他的肖像为商标, 并经过商标局注册, 但仍旧有冒充该发明的人, 因此袁氏将"疗"字与其个人肖像特登广告以说明	《袁扫梅医士肖像: [照片]》, 《妇女(天津)》1928年第2卷第2期
37	1928	[中] 张竹君	女, 医学	张竹君, 广东番禺人, 14 岁丧母, 后因病住院, 被治愈后便立志学医救世, 她对其父说 "儿必嫁掣儿肘", 之后她待于医院六十年! 儿此时尚当做一番事业, 不以嫁掣儿肘", 之后她人博济医院求学, 留学英国, 救治广东霍乱病患, 此时她战争时伤患, 武昌起义时在上海组织赤十字会, 救伤日俄战仍乐善不倦, 生平抚育孤儿不计其数	《介绍张竹君医生(附照片)》, 《今代妇女》1928年第2期
38	1928	[中] 杨兰英	女, 医学	杨兰英(现任山西红十字会救护队医疗长)正面半身照	《杨兰英女士齐鲁医学毕业生[照片]》, 《今代妇女》1928年第5期
39	1928	[中] 黄瑞英	女, 医学	黄瑞英正面照	刘南筋著: 《女医生黄瑞英女士近影》, 《今代妇女》1928年第5期

续表

序号	年代	科学家国籍与姓名	性别与学科领域	介绍该人物的主要内容	文献出处
40	1929	[美] 山格夫人（Mrs. Margaret Sanger）①	女，看护	中华电讯社纽约通信报道，数年前曾米华宣传生育节制的山格夫人在纽约创立一生育节制医院。由于受城中罗马教徒之请，警察本周突然查抄该医院，捕去山格夫人及医生看护多人，没收生育节制器械	《时事：山格夫人在纽约被逮其所办之生育节制医院被检查抄》，《女铎》1929年第18卷第5期
41	1930	[中] 陈阮德馨	女，化学教育	阮女士，四川简阳市人，生于清光绪二十四年，自幼聪明好学，毕业于南京金陵女子大学，她继续深造获得伊利诺斯大学生物学硕士。回国后，担任上海中西女塾化学教师及其他科学教授的职务，她的丈夫则为沪江大学生物学教师，阮女士在授课、家政等方面做得都很出色，后因产后猩红热去世	李冠芳：《坤范：陈阮德馨女士之事迹》，《女铎》1930年第18卷第11期
42	1930	[中] 佚名	女，看护	刊登红十字会看护与公司女职员、女打字员、电话司机、幼稚园女教师、家庭缝纫女工等职业妇女工作照片	《妇女职业种种（附照片）》，《今代妇女》1930年第13期

① 另外，有关山格夫人的文献还有：1.《女界新闻：国内之部：节育大家山额夫人访问远东》，《女铎》1936年第24卷第11期（讲述了以下几则新闻：世界节育董事马田夫人到港，美节育大家山额夫人访问远东牧师著论攻击的事，该事件中的牧师认为节育为生活堕落之表现，港美侨大为愤慨要求其更正道歉）；2.英明：《山额夫人与节制生育》，《女铎》1937年第25卷第8期（讲述了一位妇女节育生命消磨在孩子上面的悲剧性故事，山额夫人提倡节制生育思想，倡导已婚的女性应该有需要多少孩子以及什么时候要孩子的权利，文章还解释了什么是节制生育，并介绍了山额夫人的生平）。

第二章 近代中国女性期刊中科学家报道概述

续表

序号	年代	科学家国籍与姓名	性别与学科领域	介绍该人物的主要内容	文献出处
43	1930	[中] 佚名	女, 产科	三位女产科实习生实习场景	《长沙女青年会产科生实习》照片,《女青年月刊》1930年第9卷第7期
44	1931	[中] 佚名	女, 医学	刊登丁正在验菌的医生照片(另有纺织女,司账者两种职业妇女工作照片)	荫锡开:《妇女职业写真:验菌之医生》,《今代妇女》1931年第25期
45	1931	[中] 丁燮甫、胡刚复、吴正之、戴晨	男, 物理学	中国科学社高女士纪念奖金为质奖章一枚,每年征文一次,十九年度论文范围为物理学。应征者为金陵大学、北洋大学等学生七人,由该社征文委员会丁燮甫、胡刚复、吴正之三人评阅,获选者为东吴大学学生戴晨所著的原子结构之臆测一文,该文将在科学杂志内发表	《时事: 中国科学社高女士纪念奖金获选者东吴大学生戴晨》,《女铎》1931年第19卷第10期
46	1931	[美] 潘宁登博士 (Dr. Mary Pennington)	女, 化学	介绍了一位在美国电力冷藏系统中的女性科学家潘宁登博士,从她的求学过程、办事经历及科研工作(指导并带领一批男性科研工作者)来看,她是一位不寻常的女子,作者也指出了从事科学研究的要求,只要幻想、冷静少趣,富于个人有造福人群的热心,一定能在科学研究事业中取得成就	仲华:《妇女谈薮: 女科学家潘宁登》,《妇女杂志(上海)》1931年第17卷第3期

居里夫人传记的持续存在，一方面由于看护职业在平时和战时都有其存在的价值，另一方面则是与新女性思潮有关，作者们通过对居里夫人生平事迹的再叙述，有着借世界闻名女科学家居里夫人之口倡导新女性观点的意味，这部分内容的分析在后文将重点讨论。

三　1932—1949年女性期刊中的科学家报道

1932—1949年，中国处于战争时期，期刊报纸也将宣传的重点转向与战争相关的内容。科学技术作为战争的有力"武器"，掌握这些知识的人们在这一时期被以战士的形象介绍给读者，如参加战时医疗救护的南丁格尔等看护群体。这些与战争相关职业的持续宣传对科学家群体的发展产生了一定的影响，即有更多的中国科学家群体出现，在战争期间具体都有哪些科学家可详见表4。

这一时期女性期刊中关于科学家传记等的书写情况，主要有以下几个特点：首先，1932—1949年多以外国人写作、中国人翻译的形式出现在女性期刊之上，如对南丁格尔与居里夫人传记的描述。其次，科学家群体的描述继续出现，如《西洋史上十二位女天文学家及女数学家》（1936年，12位女科学家），这与前一个阶段年的《医学为一生之职业》（1926年，15位男科学家）中的描述相比，有相似也有差别，相似之处在于二者皆有相关科学领域内科学家的集体描述，已经触及科学技术史的范畴；差别在于性别不同、研究领域有异，在专业性知识的描述上女科学家群体的描述更加通俗。最后，到了20世纪40年代，也有将科学家事迹作为讨论妇女与科学等的关系问题的相关论述，作者们以更加理性的态度从更深层次来分析女性与科学技术的问题。这些特点都表明人们对科学技术、科学家认识不断深化，对与科学相关问题的研究也逐渐透彻，加之中国本土科学家陆续留学归来，人们接触到了真实的科学家群体，女性期刊作者们对他（她）们形象的准确叙述便有了基础，编作者与读者们也不再像女性期刊诞生之初那样去认知科学技术和科学家们了。

第二章 近代中国女性期刊中科学家报道概述　　73

表4　1932—1949年女性期刊中的科学家报道①

序号	年代	科学家国籍与姓名	性别与学科领域	介绍该人物的主要内容	文献出处
1	1932	[德]爱因斯坦②	男，物理学	文章以爱因斯坦和泰戈尔在1930年8月的谈话为主要内容，分别以二者的口吻展开讲述，讲述了近代的工业发展，二人均认为应该利用物质的进步为人类造福，讨论了音乐、科学与艺术问题	王君纲：《诗人和科学家的谈话》，《女青年刊》1932年第11卷第8期
2	1932	[中]龚金凤	女，医学	女医龚金凤为旧金山华侨，她"自幼聪明英勇，好学多能"，后来继续读书并获得了优等的学位，她在旧金山悬壶立志学医，妙设诊所。龚女士生性豪爽，喜欢穿男子装束，最爱穿黑衣红领衣服，更显出她的豪爽性格	雄飞：《介绍几位海外女界人物：医博士龚金凤》，《女青年刊》1932年第11卷第10期
3	1932	[中]林惠贞	女，医学	林女士为意大利诺大学医学博士，幼年留学美国，学成后回国以悬壶为生，现在是女医中经验最丰富的儒科圣手，也是个仁慈的学者和良善的医师。她职务上很忙，实际的生活却富有艺术化，对于贫困的患者不仅有同情，由于忙于事业一直未婚	素卿：《时代里的女子：林惠贞女医生的生活》，《女声（上海1932）》1932年第1卷第5期

① 本表中有一位科学家在多份女性期刊中出现的情况，笔者将其共列成一个序号，并同时在页下角注出该刊物的文献出处与介绍该科学家的主要内容，以便后续分析。

其他有关爱因斯坦的描述有：1. 王克谦：《科学的面面观：科学的自身，科学与哲学的新界说以思想太逻辑太充满数学的界阀》，《公教妇女》1937年第4卷第4期（在"科学与哲学的界阀"中，作者认为说以思想太逻辑太充满数学的方式，科学与哲学的提携，笛卡尔的数学的方式，论及沉思集受数学的支配，爱因斯坦的相对论在数学的场合中谈哲学，得出科学与哲学是相隔的两个东西，不同相互混淆，虽然研究哲学不得不采取数学的精神，但仍旧不可大拘泥于数学的外表形式）；2. 海尔登（J. S. Haldane）：《科学与宗教》，《女青年月刊》1933年第12卷第1期（作者黎对此的认识，爱因斯坦的出路亦是宗教的出路"生理学的现象，在最后分析的结果，可以用物理学和化学的原理来解释"引出[英]赫胥黎对此的认识，爱因斯坦是作为了说明物理学的方法论成功的成功方法）；3.《爱因斯坦和爱恩斯出自己记他的工作方法》，《福建妇女》1944年第3卷第2—3期（一则简讯，指出成功的方法就是多工作、多游戏、少说话）；4.《思想的工作：大科学家爱恩斯坦自己记他的工作方法》，《福建妇女》……》，《福建妇女》1945年第6卷第3—4期（讲述了爱因斯坦的工作方法，即"接连着想着，想一月、想一年，继续地想下去，也许有九十九次想得不对，但第一百次我却对了"）。

② 第4期（在"科学与哲学的界阀"中）

续表

序号	年代	科学家国籍与姓名	性别与学科领域	介绍该人物的主要内容	文献出处
4	1933	［美］Mc. Collum Davis，［荷］Funk Eijkman，［日］Takaki	男，医学	三人为作者在讲述维生素发现的沿革时所提及	邱少陵：《维生素和健康的关系》，《女青年月刊》1933年第12卷第9期
5	1933	［法］居里夫人①	女，物理、化学	作者首先指出世界上女文学家、女艺术家、女教育家还不算凤毛麟角，而女科学家就只有居里夫人一位，之后讲述了她发明"镭"的过程及其生平，作出了在艰苦环境下仍旧可以做出巨大贡献的结论，最后表达了对居里夫人能够"打破难关，冲出雾团"的敬佩	黄月清，管维贞：《现代妇女生活：世界唯一女科学家居礼夫人》，《女子月刊》1933年第1卷第6期

① 其他有关居里夫人的介绍有：1. 邹伯咏：《书报介绍：居里夫人》，《女青年月刊》1936年第15卷第9期（指出了居里夫人是代表女性从事男性所从事职业的伟大科学家，《居里夫人》由石皮先生所著，女青年协会出版）；2. 少华：《科学泰斗居礼夫人传略》，《女铎》1936年第25卷第4期（文章根据Bernard Faffe的"The Indomitable Curie"写成，介绍了居里夫人从少年到成年的人生经历，发现镭的艰辛历程，婚后兼顾科研和家庭的伟大等内容）；3. 高岸玉：《镭（Radium）》，《振华季刊》1937年第15期（讲述了1895年伦琴发现了X射线，贝兄勒又发现了儿种荧光物质的放射性，1898年居里夫人发现了镭的生平，对放射性最强的镭等内容）；4. Green, K. R.，叶新华：《大科学家：居礼夫人传》，《女子月刊》1937年第5卷第5期（简单介绍了居里夫人的生平，作者分4期详细介绍了居里夫人事科学事业给了高度评价）；5. 显超：《居则镭锭，苦心研做科研等内容》；第27卷第11期（作者分4期详细介绍了居里夫人事业与居里的结合，发明镭锭，逝世前仍旧做科研等内容）；5. 显超：《居则镭锭，苦心研做科研等内容》，《女铎》1939年第8期，《女子月刊》1939年第27卷第9期；第27卷第10期，居里先生的去世，第27卷第11期的X光实验室，旅泊美国，发明镭的原子量，艰辛的结合，淡泊名利，女儿的出生，居里先生的去世，美总统克足接见居礼夫人并亲自赠给镭锭一万美元之镭锭；6. 《在美国妇女协会值十一万美元之镭锭；6. 《在美国妇女协会值十一万美元之镭锭》，《中国妇女》1940年第1卷第2期；《镭锭照片，居礼夫人之女伊雷娜绘一位真实的居里夫人之女之爱接任其继母承继母爱依之美国妇女运动右为爱任依习运动右为爱任依习运动右为爱任依之文夫。二幅照片，居礼夫妇之女之爱接任共继母承继母爱依之夫，组织的镭锭数护人之女公子之女夫人之公子之女夫人之爱接任共继母永绷给价值十一万美元之镭夫人》；8. 中勉：《储妮克足接见居礼夫人并亲对其贏弱的身躯不搦完成纪念价值十一万美元之镭锭夫人》，《现代女子》1940年第2卷第2期（述不文之所以可以其臝弱的身躯不搦完成纪念价值十一万美元之镭锭夫人对他科研事业上的奉献是基于自身不可动摇的爱迪生温暖和帮助；居里夫人则在患中不屈不挠的爱迪生温暖和帮助；居里夫人则在患中不屈不挠的爱迪生温暖和帮助，神圣的，正声深译，正声深译，文章休对，文章休对，正声深译，文章休对，正声深译，文章正值中国大业女子为人才具体的发明人；不屈不挠的居里夫人（附图）》，《妇女新运通讯》1940年第2卷第3期"出身艰辛"，赋予慈祥"的爱迪生伊雷萨学方式。作者记以上三人逸事女学大家母亲却子幼时爱迪生神圣事的发现发现发现抗战建国时期女性以爱迪生神圣事的发现，正声深译，1944年第3卷第5期，禄彩：《居里夫人的伟大》，《妇女月刊》1947年第6卷第3期（讲述了马丽玛丽玛丽玛丽玛丽热爱祖国，醉心科研，指出她是一位伟大的人物，是进步的人类精神的人类象征，做人，做事方面的伟大）。

第二章 近代中国女性期刊中科学家报道概述　75

续表

序号	年代	科学家国籍与姓名	性别与学科领域	介绍该人物的主要内容	文献出处
6	1933	[意] 蒙苔沙丽女士 (Dr. Maria Montossori)	女, 科学教育	蒙苔沙丽为意大利人, 既是位著名的教育家, 也是一位身体壮健、医学渊博的医学博士, 幼时便对医学感兴趣, 生于1870年, 罗马大学精神病院做临床助手, 之后获得了医学博士学位, 她先在同仁医院治习医, 随后开始关注低能儿的教育问题, 主张用科学方法教育普通和低能儿童, 尊重他们的身心发展规律	管思九:《两个名垂不朽的女教育家（附照片)》,《妇人画报》1933年第7期
7	1933	[中] 黄琼仙①	女, 医学	黄琼仙女医师为前留美学生监督黄廷佐之妹, 亦及现圣约翰大学副校长已故夫人之妹, 她年少时在圣玛利亚读书, 后入虹口同仁医院习医, 远赴加拿大学医毕业后返国, 后因医治无效去世	《时事: 名女医师黄琼仙逝世》,《女铎》1933年第22卷第1—2期
8	1933	[中] 石美玉、邝翠娥	女, 医学	邝翠娥女医士担任上年度工部局卫生委员, 本年度卫生委员会委员, 又延聘石美玉担任工部局卫生委员, 石曾毕业于美国密西根大学获得博士学位, 1896年在密西根所创办医院治病的医师	《时事: 工部局延聘石美玉博士任卫生委员》,《女铎》1933年第22卷第3—4期
9	1933	[美] 兰格力 (Langley)、莱特兄弟、[法] 布雷略特 (Bleriot)	男, 物理学、飞机发明、航空飞行	兰格力, 物理学家, 1896年用他自制的飞机在华盛顿试飞, 竟可以在空中维持一分钟以上的时间, 后来莱特兄弟也飞行成功。1909年法国飞行家布雷略特飞渡英吉利海峡, 这引起了全世界航空的注意并坚定了人类可征服空中的信心。欧战爆发, 军用航空得到了大发展, 战后, 民用航空机逐渐成为便利的交通工具。作者还介绍了航空事业对人类的影响（科学家可借助气球做考察、空军崛起、领空权)	丁令仪:《学术航空事业的发展及其影响》,《女铎》1933年第22卷第6期

① 另外, 关于黄琼仙的文献还有: 黄开平、黄宣平:《神范: 黄琼仙女医师行述》,《女铎》1933年第22卷第3—4期（文章以黄开平、黄宣平的角度讲述了黄琼仙的生平事迹, 他们为侄子与姑母的关系, 对黄琼仙奉行独身主义、她的学医经历、关注产产扩充医院等内容进行了介绍, 赞美了黄琼仙的"贞行盛德"。去世后仍将资产扩充医院

续表

序号	年代	科学家国籍与姓名	性别与学科领域	介绍该人物的主要内容	文献出处
10	1934	[英] 高尔登氏（Francis Galton）	男，优生学	高尔登氏为优生学创始人，遗传学家，首创遗传统计法，在伦敦大学创始了优生学研究所，指出提倡优生的方法是20世纪中国所必须考虑的，文章分别列举了优生和低能家族的调查，事关民族兴亡的关键，只有注意优生学的研究和实行，民族复兴才有一点前途	亦敏：《优生和人类的遗传》，《女青年月刊》1934年第13卷第9期
11	1934	[中] 詹天佑	男，铁路工程	作者开篇指出"中国人够得上叫科学家的实在是寥寥无几，而且既有这种人物，也始终不曾受国人的重视，甚至他的姓名连晓得的也不多"，之后便以引子介绍詹天佑的事迹。他是广东南海人，幼时由于聪明过人被清政府挑选为幼童赴美国10年，耶鲁大学土木工程和铁路专科毕业，回国后被派往福州船政学习驾驶，也从事过扬威兵船的修建和威海铁路的敷设等等是詹天佑值得后人追念的工作。京张铁路的修建等是詹天佑值得后人追念的事迹，作者号召青年像他一样科学	朱慧芬：《介绍一位中国的科学家》，《振华季刊》1934年第1卷第2期
12	1934	[中] 佚名	女，生物学	两位短发女性在做细菌培养工作	舜：《细菌培养工作：妇女生活画报》1934年10月

第二章　近代中国女性期刊中科学家报道概述　77

续表

序号	年代	科学家国籍与姓名	性别与学科领域	介绍该人物的主要内容	文献出处
13	1934	[中] 佚名	女，物理学	显微镜观察实验	舜:《显微镜生活:[照片]》,《晨报:妇女生活画报》1934年10月,第53页
14	1934	[意] 马可尼	男，电报发明	记述了记者同马可尼夫人的谈话,其间涉及马可尼研究无线电短波、电报、试验工作等内容	《女界新闻:纪马可尼夫人及夫谈话》,《女铎》1934年第23卷第1—2期
15	1936	[英] 罗斯（Mr. B. T. Rose）、(?) 大威逊（Dr. W. H. Davison）	男，外科医学、法医学（验尸官）	文章讲述了因用未消毒镊子拔眉毛而感染链状球菌传染病并导致静脉血栓而死的故事,罗斯建议爱好面部美容的女士不要拔眉毛,作者希望一般爱装饰的女士们一定要注意美容术里面所潜伏的危险	续绮:《拔眉毛的危险——一个著名外科医生的经验谈》,《女铎》1936年第24卷第10期
16	1936	[俄] 柏利劳夫（Pavalov）	男，生理学	柏利劳夫以"反应作用"及"抑止反应"作为研究人类为何会睡着的理论。"反应作为"分为自然反应（即条件反射）和不自然反应（例如口令代表某事件）,他认为睡眠是一种普遍化的"抑止反应",当不自然反应实施次数过多时即产生了"抑止反应",睡眠和"抑止反应"在物理上看来是没有区别的,但在生理学和心理学上,化学与自然成了两种不同的东西	IP:《我们何以会睡著?》,《女铎》1936年第24卷第11期

续表

序号	年代	科学家国籍与姓名	性别与学科领域	介绍该人物的主要内容	文献出处
17	1936	[？]斯特历夫人	女，望远镜制造	斯特历夫人用她家里的旧材料造成一架伟大的望远镜，这镜能把月光放的大小放大172倍	《斯特历夫人及其自制的望远镜[照片]》，《女铎》1936年第25卷第1期
18	1936	[中]黄琼之	女，医学	由于男检验员检验妇女夏阿四身体时产生了误会，该案律师函请上海律师公会转呈各法院，以后检验妇女应由女检验员或女医生检验等，后获得批准。上海地方法院已经过女医师之同意，由她担任将该院检验妇女的工作	《女界新闻：国内之部：法院检验妇女由女医师担任》，《女铎》1936年第25卷第3期
19	1936	[美]希尔博士（Dr. A. V. Hill）	男，生理学	在讲述妇女体育为什么不及男子时，作者举出著名英国生理学家希尔博士指出的用气力的工作怎样判断。（该文是根据1936年3月号美国科学杂志Dr. Donald A. Laird的文章"Why aren't More Women Athletes?"写成的）	剑秋：《妇女体育何以不及男子》，《女铎》1936年第25卷第5期
20	1936	[美]奥理利女士	女，美容术发明	奥理利女士由于自身脸上红斑引起的困扰而使用化学方法配制一种化妆膏，她最终取得了发明化妆膏的专利权，在纽约开了一家化妆美容医院，解除了有缺陷女性的精神痛苦	如：《美容术发明家奥理利女士》，《女铎》1936年第25卷第5期

第二章 近代中国女性期刊中科学家报道概述

续表

序号	年代	科学家国籍与姓名	性别与学科领域	介绍该人物的主要内容	文献出处
21	1936	[德] Maria Cunitz, [德] Elizabeth Koopmann, [法] Cabrielle Emile Chastelet, [意] Maria Agnesi, [德] Margarete Winckelmann, [德] Nicole-Reine Etible de la Briere, [德] Dorothea Erxleban, [法] Sophie Germain, [美] Maria Mitchlel, [英] Miss Agnes Mary Clerke, [美] Dorothea Klumpke	女, 天文学与数学	17世纪, 欧洲"三十年战争"时德国女科学家 Maria Cunitz 是全世界第一位女科学家, 研究天文学, 帮助其丈夫编纂过许多新的天文表格; 同世纪里, 天文学家 Hevelius 的妻子 Elizabeth Koopmann 是他的得力助手, 海威留斯去世后柯娅曼出版了两部著作, 对于天文学颇多贡献; 1740年, 法国女科学家 Cabrielle Emile Chastelet 著了一本书, 后又把牛顿的原理翻译成了法文; 18世纪, 意大利女算学家 Maria Agnesi 最有名, 她11岁已通八国言语, 20岁将她早先与讨论的91篇论文集出版, 1748年她出版了一本微积分学上最有价值的教科书; 甘许的夫人 Margarete Winckelmann 在柏林发现了一个彗星, 也曾对北极光有过观测, 写过木星和土星接近合的论文; Nicole-Reine Etible de la Briere 年轻时便醉心科学, 25岁和一位有名的钟表学家结婚, 成为丈夫的助手; 女科学家 Dorothea Erxleban 在1742年出版了一本关于女子对于科学研究的书; Willian Herschel 和 Caroline 为兄妹, Caroline 后来也成为一个天文学家; Sophie Germain 为法国有名的算学家, 曾与 Lagrange 和高斯 (Gauss) 诸人通信研究克拉德尼 (Chladni) 振动板上砂的运动; 19世纪, Maria Mitchlel 做了很大的天文学教授, 后人曾为她建设观象台以纪念; Miss Agnes Mary Clerke 对于天文学的严正批评和广博的探讨使她的《十九世纪天文学史》成为极有价值的参考书, 她还先后出版了《星的体系》和《天体物理学的问题》; 1893年数理学女博士 Dorothea Klumpke 做了一篇关于土星土光写的研究, 就获得了博士学位。(居里夫人已鼎鼎大名, 此文无相关赘述)	程学鹏:《西洋史上十二位女天文学家及女数学家》,《女子月刊》1936年第4卷第5期

续表

序号	年代	科学家国籍与姓名	性别与学科领域	介绍该人物的主要内容	文献出处
22	1936	[美] 潘宁登博士 (Dr. Mary Pennington)	女，化学	美国电力冷藏事业的权威者，化学家潘宁登博士，她独居于纽约万丈红尘的高楼顶层，她的事迹达成功之途的兴趣以及到达成功之途的确信	梁玺：《美国女科学家：潘宁登博士的成功史》，《女性特写》1936 年第 3 期
23	1936	[法] 小居里夫人①	女，化学	一则简讯，诺贝尔化学奖金赠与巴黎约洛瓦教授及其夫人，夫人为发明钒质（即镭）之居礼夫人之女儿	《诺贝尔化学奖金女子得奖》，《女性特写》1936 年第 1 期
24	1937	[英] 南丁格尔②	女，看护	南丁格尔生于意大利，其父认为该应像男孩一样学习地理、算等科目。英国人，她从小温柔慈爱，热爱小动物并帮助贫困的人们，十分羡慕护士职业，之后开设看护学校，带领女看护们在战争期间救治伤员，证明女性可以像男性一样勇敢、高贵	Nightingale F.，叶新华：《一位不朽的看护妇菲洛楞萨奈丁格尔》，《女子月刊》1937 年第 5 卷第 3 期

① 其他有关小居里夫人的介绍有：1.《女界新闻：国外之部：法科学界闻人将出任法新阁卫生部长》，《女铎》1936 年第 25 卷第 3 期［哈瓦斯社 5 月 26 日巴黎电。小巴黎人报载称，未来内阁总理莱翁勃伦拟向参众两院提出请科学界闻人乔烈奥夫人（即镭锭发明家居礼夫人）出任法新阁卫生部长的提议］；2. 杨廑威：《为民主与和平而斗争的女科学家小居礼夫人》，《现代妇女》1948 年第 11 卷第 6 期（作者首先讲述了居里夫人和她的小女儿的事迹，之后重点指出小居里夫人在科学研究中试验"人造放射性同位素"并由此获得诺贝尔奖，小居里夫妇的科学研究成果成为"科学史上的佳话"，政治观点等方面与其妹的不同，她在科学研究中试验民主与世界和平的运动，号召科学家一致反对利用原子能研究作杀人武器，倡导科学者只将该研究应用于和平文明事业。

② 其他有关南丁格尔的描述有：1. Green, K. R.，茂殊：《南丁格尔，"世界上第一个有训练的女看护"一个持着明灯的女人，是女性的英勇高贵的典型。在世界的大历史上，应永占着一个光来的地位"，即褒罗》，《中国妇女》1940 年第 2 卷第 6 期（介绍了南丁格尔生平，与《妇女月刊》内容大致一样）；2. 芬芬：《护士界之母：奈丁格尔女士小传》，《妇女界》1940 年第 3 期（讲述了南丁格尔从小便有悲天悯人的性格，时常照顾弱小贫病者，她不顾家人反对执意要从事护理事业，最终她走上护士界之母，是护士工作的开拓者，是科学护士工作的创造者，《许多数护士的造者许多》《妇女界》1940 年第 4 期（简单介绍了南丁格尔的情况，指出她牺牲自己帮扶贫者，开创了妇女看护事业的先河）；5. 芳菲：《记南丁格尔女士》（重点描述了南丁格尔在战地医院照顾伤病，不避艰难、不辞劳苦地服务人群，开创了妇女看护事业的先河）；5. 芳菲：《记南丁格尔纪念大会》，《妇女界》1941 年第 3 卷第 3 期（纪念南丁格尔 121 周年诞辰活动，作者指出除了形式上的纪念之外，更应该践行她的志愿）。

第二章 近代中国女性期刊中科学家报道概述

续表

序号	年代	科学家国籍与姓名	性别与学科领域	介绍该人物的主要内容	文献出处
25	1937	[中] 王护士	女，看护	教会毕业的王护士在护抗路的医院工作，伤了几百人，此时医院只有一位医生，这位医生害怕得逃走了，于是王护士就抢救起了伤员，她先将已经去世的和活着的分开，又将伤重而没有希望和有救的分开，后来她一人救活了200多人的性命	《一位勇敢的护士》，《女星》1937年第6卷第11期
26	1937	[意] 利玛窦	男，传教士，天文，物理	1601年万历年间，利玛窦与庞迪我等五人来北京，利玛窦能读古书古籍且能信笔直书，表情达意，著有《天学实意》《几何原本》，并与李之藻等士大夫交好；崇祯年间，邓玉涵、汤若望、龙华民等修订历法。文章主要介绍了在明末清初西方传教士的事迹和生地兴衰	冯奎森：《明末清初灌输西学之伟人垩地述略》，《公教妇女》1937年第4卷第3期
27	1937	[日] 直哉	男，生理学	文章刻画了一个学习了若干生理学知识便寻处女膜经历的人，他与80个新娘结了婚又离婚，用避孕药导致了其生理结构的变化，结论为今代妇女没有处女膜	鸥外・鸥江水汲（绘）：《找寻处女膜的生理学家（附图）》，《妇人画报》1937年第45期
28	1937	[中] 竺可桢	男，气象学	此文为竺可桢纪念振华女中成立30周年的演讲词，他总结了30年来政治、经济、科技、教育等的发展，在科学发明、实业交通方面尤其快速，如汽车、飞机、无线电等的发明；教育方面，女子教育尤其迅速，称贵校的创办人王季玉谢长达就是一位先知先觉者，其继任者王季玉也值得称赞；他还代表浙大欢迎振华中学毕业生报考，最后希望女中学生70年之后再来参加百年校庆	《演讲（一）：竺可桢先生演词》，《振华季刊》1937年第15期

续表

序号	年代	科学家国籍与姓名	性别与学科领域	介绍该人物的主要内容	文献出处
29	1937	[中]何香凝等	女,看护	介绍了在当前空前的民族抗战中,曾参加"一·二八"战时救护工作的何香凝成立了中国妇女慰劳分会,该分会主办数次救护训练班,受训时间为18个月,内容为救护常识,还讲述了这些毕业生们在担任助理护士时的困境,前线或军医收容所服务的情形	罗叔章:《在许多中国奈丁格尔中间》,《妇女生活(上海1935)》1937年第5卷第3期
30	1937	[中]张湘纹	女,医学	张湘纹是个"紧张爽快、严干练"、"沉默寡言"的人,她既是妇产科医师,实际地点事业的人,也是私立人和高级助产职业学校的校长,私立人和高级护士学校的校长,人和医院院长,尚贤堂妇孺医院的奖誉。她有着谦逊恳挚的神态,和蔼可亲的长者,来上海二三十年,她受姐姐张竹君(医师)的影响学医,并毕业于上海医学校	寄洪:《女医师张湘纹访同记(附照片)》,《妇女生活(上海1935)》1937年第4卷第12期
31	1937	[?]厄湼斯特、[?]大卫	男,医学	厄湼斯特医生与大卫医生是李生兄弟照片,而两人手上抱着的是他们所接生的李生子	《厄湼斯特医生与大卫医生是李生兄弟照片》,《女铎》1937年第25卷第12期
32	1938	佚名	男/女,医疗	宠光社松江通讯社发的一则消息,称10月24日日机前往松江投弹,公教医院四周雨如下,房屋也被炸毁约一小时,日机目标似为医院附近汽车站,由于医院顶绘有大红十字旗则未直接受弹,但炸弹碎片时有飞入院内,该院内当时有三位公教医师和五位修女,正在为伤兵换药治疗,不畏避难继续工作不辍,忠勇服务	《医师修女之忠勇服务》,《公教妇女》1938年第5卷第1期

第二章　近代中国女性期刊中科学家报道概述

续表

序号	年代	科学家国籍与姓名	性别与学科领域	介绍该人物的主要内容	文献出处
33	1938	[中] 曾亚甫、傅肇光、王禹叔、贾宇溜等11人	女，护理	重庆市民医院第五期毕业女护士们鉴于前方伤兵医院十分需要医药和数护人才，曾分别向院方及市政府请愿，要求去前方服务，而前方也确实需要大批医生护士去服务，而后方这些人才似乎在过剩，傅女士等此举，一方面可以表示其爱国热忱，另一方面也很好地作为同业人的一个榜样。她们斗志坚决，最终直赴前线	《前哨：祝英勇的女护士上前线》，《妇女生活（上海1935）》1938年第6卷第9期
34	1938	佚名	女，护理		全民社：《英勇的女护士：[照片]》，《妇女生活（上海1935）》1938年第6卷第9期，封1页
35	1938	[中] 蒋鉴①	女，护理	蒋鉴，前线女护士，服务于汉口的第五陆军医院，她身材矮小，有一张忠厚险，是汉口有名西医周明栋栋的夫人，在救治战后受伤的士兵方面很有经验，获得了伤兵们的赞赏	《中国的奈丁格尔蒋鉴女士》，《妇女生活（上海1935）》1938年第5卷第6期

① 其他关于蒋鉴的描述，如荟洪：《忆蒋鉴女士》，《妇女生活（上海1935）》1940年第9卷第4期（作者从报纸上获悉蒋鉴女士去世的消息，于是写文以纪念她在抗战中的贡献，认为她是"家庭妇女可敬的典范，全中国姐妹们的模范"，为抗战救护工作做出了极大的努力，为国捐躯，她备斗的精神，切实苦干的作风值得称赞）；1943年《现代妇女》第2卷第1期《她是千万人中最杰出的一个：记蒋鉴女士》等。

续表

序号	年代	科学家国籍与姓名	性别与学科领域	介绍该人物的主要内容	文献出处
36	1939	[苏联] 尼丝梅洛华	女，医学	医学博士尼丝梅洛华将一个健康的有机体（她自己）沾染一种有很多毒质的肉肠杆菌，她是第一个做这种试验的科学家，结果证明这些细菌是有致病作用的。她在苏联和国外共发表了45篇关于传染病的论文，研究伤寒病、妇女血、肺病等，还从事教学。	佳令（译）：《苏联的女科学家》，《妇女生活（上海1935）》1939年第7卷第8期
37	1939	[美] 摩尔氏（Samuel F. B. Morse），[德] 赫兹（Heinrich Hertz），[意] 马可尼（Guglielmo Marconi），[美] 福里斯特（Lee de Forest），[美] Fleming/Armstrong/Hazeltine	男，物理学家、无线电学家，无线电报发明及改良	摩尔氏发明了一种由铁线传递消息的电报，最终获得陆地各处装置电线，海中埋藏海底电线的决定。赫兹则解决了电线互相缠绕，电火会从空中跳到另一线上的问题，发现了电浪会在空中行走，这与无线电的发明有密切的关系。18岁的马可尼发明了粗制的无线电报，21岁时已经完成了无线电报研究。福里斯特研究无线电广播的方法，他还有机会建造美国海军的无线电台。欧战期间，无线电有良的工作发展迅速，这项工作由科学家 Fleming/Armstrong/Hazeltine 完成。	孤云：《无线电的制造史》，《女铎》1939年第28卷第2期
38	1941	[?] 狄克（Dr. George Dick）和他的夫人（Gladys R. Dick）	男/女，医学	狄克和他利的夫人设法将病人咽喉同的分泌物进行培养找到了猩红热的原因。文章还介绍了猩红热的传染与预防、症状与治疗等。	梅晋良：《猩红热》，《女铎》1941年第30卷第7期
39	1941	[瑞典] 诺贝尔	男，化学家	诺贝尔，1833年生于瑞典，1861年，发明炸药，参加战地救护并将其遗产利息作为奖励之用。①拿破仑三世以十万法郎天了他的炸药人。	松年：《诺贝尔奖金》，《妇女新运通讯》1941年第3卷第9—10期

① 具体未讲该文有以下内容：诺贝尔的炸药数拿破仑三世以十万法郎够得，这奠定了他财富的基础，回到瑞典继续跟随他的父亲制造炸药及研究如何使炸药安全。1876年，与苏特朝女士结婚，俄土战争时一人一同参加红十字会战地服务工作，并倡导和平运动。诺贝尔死后，指定遗产的一百九十六万一千五百九十磅作为世界学术奖励基金，以每年利息作为奖金赠给世界从事科学和文学有特殊功勋的人，以每年诺氏忌日的12月14日发表得奖者，自1901年起世界得奖的已百余人。

第二章　近代中国女性期刊中科学家报道概述　85

续表

序号	年代	科学家国籍与姓名	性别与学科领域	介绍该人物的主要内容	文献出处
40	1940	[中] 王守正	女，物理、化学	武汉女中教员王守正数年来研究科学，最近发明用土法提炼盐酸酒精，制造棉花和纱布，又制造出一种根简单的酒精灯。这些发明，成本很轻，增加建力量不小，同时证明妇女的能力并不低	《妇女动态：女科学家》，《广东妇女（曲江）》1940年第2卷第1期
41	1940	[美] 加莱汤姆斯博士、加浓博士、海美登博士、沙丹博士、沙宾博士	女，医学	加莱汤姆斯博士 (Dr. M. Carey Thomas) 是白郎摩学院的发起人，他打破了妇女科学的屏障，文章还讲述了其他女性倾向科学的例子，认为妇女科学是和其他任何女职业一样适合于女性的。女教士加浓博士 (Dr. Cannor) 研究天文物理学，海美登博士 (Dr. Hamilton) 是药物学副教授，沙丹博士 (Dr. Satton) 为小儿科医生，发明数治疾病的人工发热病、肺病 (Dr. Sabin) 研究血液疾病、肺病	《美国的女科学家》，《家庭与妇女》1940年第3卷第4期
42	1946	[中] 杨树勋	男，化学	在介绍杨氏化学治疗研究所的"创立沿革"时对杨树勋的生平进行了描述，他早年负发美国，1931年毕业于芝加哥大学，获得化学博士学位，在美期间以苦工获得资金读书，毕业后任美国组约络氏医学研究院国际化学研究员。1933年返国任北平协和医学院生物化学教授二年，后任"中央研究院"化学研究员兼药部主任，专门研究梅毒特效药	《介绍杨氏化学治疗研究所》，《妇女旬刊》1946年第723期
43	1946	[?] 嘉劳博士 (Karl Landsteiner)、[?] 卫拿 (Wiener)、[?] 非礼文博士 (Dr. Philip Levine)	男，化学	嘉劳博士发明了血液中的RH，血液分型（A型、B型、A/B型、O型），今日的输血可能就是他的功劳。他的助手卫拿则发现了人类血液中含有RH，对输血中病人产生的不良反应问题进行深入思考。非礼文博士研究胎儿或新生儿常患的 Crythroblastosis 病症，认为如果母亲的血是RH负，父亲的血是RH正，胎儿便不易存活	李玉英：《新的知识：血液中新发明的RH》，《女铎》1946年第31卷第1期

续表

序号	年代	科学家国籍与姓名	性别与学科领域	介绍该人物的主要内容	文献出处
44	1946	[美] 卡佛尔① (George Washington Carver)	男，化学	讲述了卡佛尔以下故事：1. 悲惨的童年经历，未满周岁他便无父无母，从小只有名字——乔治·卡佛尔·卡佛尔的姓，后又因区别白人乔治·卡佛尔，他便在中间加以 W，在朋友的建议下，W 代表 Washington。2. 不断地奋斗，半工半读完成学业，起初申请进大学却由于自己的黑人肤色被拒绝，他之后转到大学美术后转到爱我华州立大学院（Iowa State College of Agriculture），1894 年毕业，成为了美国塔斯客基专科学校的权威者。3. 天才的展示，卡佛尔进入塔斯基农科学校，他担任农业和衣事试验场场长，研究甘蔗和花生可以做成的各种东西。4. 晚年的荣誉。5. 作者呼吁中国青年向卡佛尔学习	檀仁梅：《黑人化学家卡佛尔》，《女铎》1946 年第 31 卷第 8 期

① 另外，关于卡佛尔的文献还有：1. 聂森：《名人传记：黑人科学家——乔治·华盛顿·卡佛尔》，《女铎》1948 年第 33 卷第 10 期（传记第一章，卡佛尔到华盛顿参加上院的委员会之前的情事）；2. 聂森：《名人传记：黑人科学家——乔治·华盛顿·卡佛尔》，《女铎》1948 年第 33 卷第 11 期（传记第二章，这个小孩子值得一匹马的价钱吗？对卡佛尔的童年进行介绍，认为他虽然被收为用人，但有仁慈目善的白人主人）；3. 聂森：《名人传记：黑人科学家——乔治·华盛顿·卡佛尔》，《女铎》1948 年第 33 卷第 12 期（第三章，黑人科学家——乔治·华盛顿·卡佛尔儿时很善于观察植物和动物，由于他没有其他小伙伴，所以他和森林里的植物说话，也任任于细研究动物的动作）；4. 聂森：《名人传记：黑人科学家——乔治·华盛顿·卡佛尔》，《女铎》1949 年第 34 卷第 1 期（第四章，我父亲的识字，他为主人做方法之后对植物研究更加充满兴趣的内容）；5. 聂森：《名人传记：黑人科学家——乔治·华盛顿·卡佛尔》，《女铎》1949 年第 34 卷第 2 期（第五章，学习知识，继续介绍十岁的卡佛尔在所到葡萄城接受知识决定向西部走去，以见识更广阔的世界）；7. 聂森：《名人传记：黑人科学家——乔治·华盛顿·卡佛尔》，《女铎》1949 年第 34 卷第 3 期（第六章，寻找智慧，十三岁的卡佛尔独自一人去塔萨斯城求学，三年后成为高级生的故事）；7. 聂森：《名人传记：黑人科学家——乔治·华盛顿·卡佛尔》，《女铎》1949 年第 34 卷第 4 期（讲述了卡佛尔在阿内坡利斯城该中学之后看望他们后同乡的白人主人卡佛尔夫妇的事）；8. 聂森：《名人传记：黑人科学家——乔治·华盛顿·卡佛尔》，《女铎》1949 年第 34 卷第 5—6 期（第七章，我希望你们落花生、华盛顿·卡佛尔在花落是否将落花生在税则法案的众议会中讲述了由花生中提取的物质而制成的各种食品）；9. 聂森：《名人传记：黑人科学家——乔治·华盛顿·卡佛尔》，《女铎》1949 年第 34 卷第 7—8 期（第八章，大学学位，讲述了青年卡佛尔由于肤色被高斯大学拒绝入学但仍不放弃读大学愿望的事）；10. 聂森：《名人传记：黑人科学家——乔治·华盛顿·卡佛尔》，《女铎》1949 年第 34 卷第 9 期（卡佛尔进入科学家——乔治·华盛顿·卡佛尔》，《女铎》1949 年第 34 卷第 10 期（卡佛尔从大学获得科学硕士学位毕业并顺利地留校，从事植物学教学和饲育管理）。

第二章　近代中国女性期刊中科学家报道概述　　87

续表

序号	年代	科学家国籍与姓名	性别与学科领域	介绍该人物的主要内容	文献出处
45	1946	[?] 菲生（N. R. Finsen）、[瑞士] 罗利亚（Rollier）、[?] 亚利（LeoArons）；[?] 杜兴奈医师（G. Duchenne, 1806—1875），[?] 培特博士（Dr. G Bird）；[?] 达生互尔（D. Ansonval），[德] 希利哈斯特凯（Schliepheke）；[奥] 普力斯尼兹（V. Priessnitz, 1801—1881），[新] 英格士（Dr. J. Shew），[维也纳] 温特尼兹博士（W. Winternitz, 1885—1917），[?] 勃兰特·巴鲁赫（E. Brand）；[美] 西门·巴鲁赫（Simon Baruch）、[?] 开劳格（J. H. Kellogg），[?] 开奈女医师（Sister Elizabeth Kenny）；[Dr. J. G. W. Zander]，[?] 任特医师（Per. Henrik Ling, 1776—1839），[?] 格拉哈（D. Graham）、[?] 米歇尔（W. Mitchell）；[?] 克罗生医师（Dr. Frank Knusen），[?] 奥培医师（Dr. F. Ober），[?] 威尔培博士（Dr. Rayh Wilbur）	男/女，物理医学	1. 紫外光疗领域中的科学家：菲生指出了日光中的紫外光波有助于健康，他制造了炭孤灯，发现灯中的放射能与日光中的相同，他首先利用日光治疗肺结核，还发现了紫外线可以治疗其他皮肤结核病，1903 年获得诺贝尔奖；亚利亚研究日光浴的适宜控制与有效应用的方法，使得医师可以在治疗室中使用紫外光阳灯（即水银灯）。杜兴奈医师在 1892 年发明了大电疗领域中的科学家：杜兴奈医师认为麻痹的肌肉经电力刺激而紧缩后是可以得到益处的，在电气生理学的新范围内应用微电流测激的医院设置电疗部，得电气生理学的结果；培特博士 1904 年在其伦教实验，得出电池发光的高周电流通过身体能得到一种锐利的热波透热机，人们可以用它提高体温抵抗梅毒、白浊病和关节炎等的结论；希里哈凯（Schliepheke）在 1929 年已经完成了外短症。3. 透热疗领域的科学家。1892 年，达氏互尔做的结论，普力斯尼兹很有技巧地应用湿布包裹、喷雾及浴等治疗法为处理病症；萧博士写作了《水疗手册》，温特博士在完备的科学基础上建立了水疗手；1886 年，勃兰特指出了冷浴对于伤寒症处理成的效果，西门·巴鲁赫则著有教科书《水疗学原理与实习》，开劳格博士著有《合理水疗学》；奥国的开奈女医师用热湿布寒症减去许多运动领域的每部分运动，特医师在 1857 年设计了一套器械，可使身体的每部分运动，林海利克医师和麦格等著有推拿或按摩法许多论著。6. "将来的发展"：米歇尔与开劳格等著有推拿或按摩法的。克罗生医师认为物理医学将帮助二战中需要复员的人们获得新生活，斯坦福大学威尔培博士建议更多的科学者和经费投入到物理医学的研究中去	马法轮：《物理治疗之今昔》，《女铎》1946 年第 31 卷第 10 期

续表

序号	年代	科学家国籍与姓名	性别与学科领域	介绍该人物的主要内容	文献出处
46	1946	[英]伊丽莎白·茄里德·安特逊夫人	女，医学	伊丽莎白·茄里德·安特逊夫人为英国妇女开辟了一条以医生为职业的道路，她首先做护士工作，然后向医学专家请教，29岁获得药剂师学会的学位，能够实习做一个内科医生，并在伦敦开设了一个妇女与儿童的药房，后又取得了巴黎大学的医学博士	穆尔：《英国第一个女医生》，《女声（上海1932）》1946年第4卷第3—4期
47	1946	[苏联]叶莲娜·玛尔科夫娜、沙波斯尼哥娃、波里仙戈、法拉兹·密克拉斯、娜达、科芝卡列娃、齐特林、含列凡诺娃、古格维奇、奥素宾娜、乌索普车娃、波列沙杜娃	女，医学（外科）	在苏维埃政府的岁月里，苏联的妇女精通了从前被认为只有男子才能获得的专业和职业，出现了女的科学研究员、伟大学者、教授、工程师、化学家。由于女性的温柔和谨慎，女性特别适合从事医护工作。1939—1940年，女外科医生叶莲娜在助战医院工作；沙波斯尼哥姐参加了莫斯科的防卫，在前线危险的情况下救护伤兵；波里仙戈、密克拉斯以无畏和冷静着称的态度在战争中既救护伤者又从事科学研究；奥格洛宾娜、乌索普车娃、波列沙杜娃在列宁格勒的战争中仍旧从事着自己的痛苦军事业。战争教会人们沉着和忍耐，在战争中遭受的痛苦将会使祖国更有价值	戈列尼夫斯卡雅：《前线的女外科医生》，孟昌译，《现代妇女》1946年第7卷第1期
48	1947	[苏联]莉娜·斯特恩	女，生理学	莉娜·斯特恩是列宁的好友，是一位生理学教授，担任莫斯科生理学院院长，她的态度温和、率真，为人诚恳、坦白。研究虚脱症和破伤风的治疗，战时在前线服务，曾用该法治疗救治了无数的生命，她还热心帮助妇女解放。她用科学研究成果回报了国家	T. Street：《苏联女科学家：莉娜·斯特恩访问记》，吴苓译，《新妇女月刊》1947年第12期

第二章 近代中国女性期刊中科学家报道概述

续表

序号	年代	科学家国籍与姓名	性别与学科领域	介绍该人物的主要内容	文献出处
49	1947	[中] 何泽慧①、钱三强	女/男，核物理	介绍了钱三强夫妇在法国居里实验室发现铀的四分裂现象，文章强调了钱三强为发现铀的四分裂所做出的努力	佚名：《我国女科学家发现铀之新分裂，钱山强夫妇究苦心有果》，《妇女月刊》1947年第5卷第5期
50	1947	[法] 葛博瑞尔·布车恩（Gabriel Bertrand），[美] 茂根氏（Agnes F. Morgan）	男/女，化学，营养学	葛氏将发明的维他命在黑鼠身上做试验，得出吃维他命可以保持毛发颜色，茂根则发现维他命与人类头发颜色之间的关系	愈敏：《食物怎样影响你的头发》，《女铎》1947年第32卷第1期
51	1947	[美] 巴氏（Thomas Parran），[美] 马门教授（D. W. L. Mallman），[美] 哈罗·鲁宾逊（Harold B Robinson）	男，外科医学，公共卫生	外科医生巴氏认为花柳螺旋菌可能在不十分干净的杯子上存活一小时，密西根大学马门教授检查旅馆里用的杯子，平均每七个里有一个上面是有螺旋形菌的，美国公共卫生处处长哈罗·鲁宾逊认为该考虑24小时内是吃了不洁的食物	佚名：《食堂与疾病》，《女铎》1947年第32卷第2期
52	1947	[中] 朱汝华	女，化学	"国立"北京大学化学教授朱汝华应英国政府之聘，来任牛津大学教授，她为中国第一女子化学家，1930年获得"国立"中央大学"化学士，1933年公费留美，1936年获得有机化学博士。1936年至1943年，她赴美休假，倾力于维他命研究。她作为长姐，鼓励弟妹成为化学家或化学工程师，其弟朱汝堇化学工程博士华盛顿大学化学工程副教授	佚名：《妇女新闻：国内女性化学家朱汝华博士腊牛津大学教授胞弟朱汝堇亦任美国化学界声华盛顿大学副教授等篇》，《女铎》1947年第32卷第2期

① 关于何泽慧的个人传记描述有：志喆：《人物介绍：成长中的中国居礼夫人：何泽慧》（《妇女》（上海1945）1948年第3卷第4期（作者将何泽慧称为"未来的中国居里夫人"，正因为成长中的女性，此对今日掌握世界科学重心的原子学有贡献的更少。因此向泽慧更值得介绍给国内女性。何泽慧聪明和机警，穿着黑色小花的上装，青色的裙子，身材并不太高而约略文静淑的举止里蕴藏着勤开研究室工作。何泽慧1936年离开祖国到德国，先是求学，后来在德国西门子电机工厂工作，1938年由钱先生介绍入法兰西学院原子核化学研究室工作，后来进入清华专攻物理，就更感兴趣了，和普通发现的情形是一样的，对于她对原子能兴趣的原因则是她中学时喜欢数理、家世，原子能的和平利用等内容）。

续表

序号	年代	科学家国籍与姓名	性别与学科领域	介绍该人物的主要内容	文献出处
53	1947	[加拿大] 冯尼尔（John Sutherland Bonnell）	男，心理学	冯尼尔博士用心理学诊断人心灵的疾病，借着仁爱精神治疗病人。他所专长的是很有功用的实用品，11年来他医治了3500个灵有毛病的人。每一位向他请教的人都能获得信仰，他用同样方法任何有困难的人，无论是成人，还是未成年人，他都能用他所掌握的心理学治疗他们心理上的疾病。（译自1946年11月份PAGENANT杂志）	Erma Taylor：《治疗精神病的牧师》，许道武译，《女铎》1947年第32卷第6期
54	1948	[法] 拉瓦锡（Lavoisier）夫人、[英] 赫歇尔（Caroline Herschel）、[英] 马斯特（Marcet）夫人、[美] 斐尔普斯（Lincoln Phelps）夫人、[美] 密折尔（Maria Mitchell）、[德] 帕塞气象台（Agnes Packels）、[法] 居里夫人、[美] 黎查兹夫人（Ellen H. Richards）	女，化学、天文学	拉瓦锡（Lavoisier）夫人，法国人，精通拉丁文和英语，为拉瓦锡翻译科学论文，编纂拉瓦锡的《化学纪事》，并用图案和雕刻加以说明；赫歇尔（Caroline Herschel），英国皇家天文学会委员，以望远镜观测天文记录，发表《化学谈话》，包含化学论题22讲，法拉第曾按此书进行操作实验才进入科学界；斐尔普斯（Lincoln Phelps）夫人，美国人，教授自然科学和编印教科书；密折尔（Maria Mitchell）夫人，美国人，父亲为天文学家，1847年利用家中望远镜发现彗星，后成为天文学教授和发塞气象台（Vassar observatory）主任；帕塞气象台（Agnes Packels），德国人，发现液体表面张力现象，居里夫人的事迹；黎查兹夫人（Ellen H. Richards），美国人，用化学研究营养和卫生，对纯粹食物和空气、水和污物的分析感兴趣，在MIT帮助她的丈夫训练许多人	D. B. Doolitule：《科学界中之妇女》，吴琦初译，《新妇女（南京）》1948年第16期

第二章 近代中国女性期刊中科学家报道概述　91

续表

序号	年代	科学家国籍与姓名	性别与学科领域	介绍该人物的主要内容	文献出处
55	1948	[美]倍德（Loceise Boyd）、[美]赖懋（Marie Reimer）、[英]加罗德（Dorothy Garrod）、[美]萨平（Florence Sabin）	女，地理、化学、原理学、医学	倍德（Loceise Boyd），北极探险家和地理学家，曾成功领导远征6次，1938年由于在地理学方面的成就获得卡兰奖章（Cullum Medal），是匈牙利大学的唯一女教授；赖懋（Marie Reimer），化学家，巴那德学院化学部主任，在有机反应光的效果上研究暴烈阳光；加罗德（Dorothy Garrod）[美]，地是剑桥大学原理学教授，曾皆导挖掘以研究近东的前期史；萨平（Florence Sabin）博士，是约翰霍普金斯医学院第一个被派定在洛克菲勒医学院服务的女性毕业生，也是第一个被派定在洛克菲勒医学院服务的人	D. B. Doolitle：《科学界中之妇女》，吴端初译，《新妇女（南京）》1948年第18期
56	1948	[美]萨平（Florence Sabin）、[?]斯莱（Maua Slye）①、[?]蓝德（Geutrde Rand）、赫密尔顿（Alice Hamilton）、[?]柯斐根（Ruth Corbet）、[?]摩尔根（Agnes Fay Morgan）、坎柏尔（Campbell）、[美]麦费（Rosemary Murphy）、宾宁顿（Mary Pennington）、[?]法耳（Wanda K. Farr）、[?]卡耳（Emma Carr）、[法]小居里夫人（Irène Joliot-Curie）、[美]坎诺（Annie Jump Cannon）、[美]加波斯欽（Cecilia Payhe Gaposchkin）、[德]诺首（Emmy Noether）、[?]霍林乌斯（Lela Hallings Worth）	女，医学、生物学、光学、毒理学、营养学、化学、物理学、天文学、数学、心理学	萨平（Florence Sabin）研究淋巴系统疾病；斯莱（Maua Slye）用养老鼠以找到人类抵抗癌病的方法；蓝德（Geutrde Rand）将复杂且灵敏的仪器用在试验视力的感应上面，还做科学顾问以回答有关光学方面的问题；赫密尔顿（Alice Hamilton）在毒物学研究方面成为世界的权威；柯斐根（Ruth Corbet）发明制造出维他命A，摩尔根（Agnes Fay Morgan）找到维他命B2，坎柏尔（Campbell）发现维他命K是可以有效治疗舒维的凝结作用；麦费（Rosemary Murphy）发现维他命K冷藏工作，预防食物腐败；宾宁顿（Mary Pennington）首创科学复杂氢化物的纤维构造；法耳（Wanda K. Farr）应用分光器测定碳氢化合物的分子模型；卡耳（Emma Carr）研究有关光谱分析获得诺奖；小居里夫人（Irène Joliot-Curie）研究人工放射性获得诺奖；坎诺（Annie Jump Cannon）在哈佛象合精确刻苦地操作分光镜分类无数星球的位置；加波斯欽（Cecilia Payhe Gaposchkin）为天体物理学家，解释星球光谱并测定其的寿命；诺首（Emmy Noether）是一个代数学天才；霍林乌斯（Lela Hallings Worth）研究心理学和低能儿童教育问题	D. B. Doolitle：《科学界中之妇女》，吴端初译，《新妇女（南京）》1948年第19期

① 因为一些女科学家国籍尚未找到，所以本部分有若干未写出国籍的女科学家，如斯莱等，如有心力可留待后续查找。

续表

序号	年代	科学家国籍与姓名	性别与学科领域	介绍该人物的主要内容	文献出处
57	1948	[英] 佚名	女，医学	世界上第一位女医生，真实姓名未知，英国人，曾在许多地方为人类服务50多年，曾获爱丁堡大学医学学位（冒用男性姓名詹姆斯·巴烈的姓名获得入学许可），后成为军医，1865年去世	黄杰：《第一位女医生》，《妇女月刊》1948年第7卷第4期
58	1948	[中] 苏祖斐	女，小儿科	苏医生相当健谈，声调爽朗，富有魄力，坦白热诚。她出身于一个大家庭之中，父亲早逝，母亲爱护老体弱，有6个兄弟。家庭俭朴。他1924年进清心女中，1928年进沪江，1932年考入协和医学院，8年后毕业在协和做实习医生，又在湘雅县服务了三年，同时还在湘雅医学院授课。由于怡羡不成，她放弃了去哈佛大学读书的机会，在国内积极救治难童。她还宣传对医学和小儿科感兴趣的原因，还宣传儿童健康和营养，预防中国儿童的疾病	黎华：《女人群像：病儿的救星：小儿科医师苏祖斐女士》，《妇女（上海1945）》1948年第3卷第7期
59	1949	[美] 魏登	男，医学	魏登·约翰，68岁，医生兼衣夫，中等身材，面部机敏而刚毅，意志坚韧，有百折不挠的精神。他半工半读地完成了弗吉尼亚大学医科的学业，但是152个儿子的父亲，他收留他们，后回乡行医，虽未婚，结他们食物、衣服、教育和爱护。这些孩子中有医师、牙师、药剂师、工程师、理智、勇敢、不屈不挠的商人，魏登也培养了他们公正、理智、勇敢、不屈不挠的商人，魏登也培养了他们对上帝的理智精神以及对上帝的敬畏	佚名：《魏登医生的家庭》，罗荷英译，《女铎》1949年第34卷第2期

第三节　女学、科技知识与女性期刊中的科学家报道

《女学报》于1898年应运而生,它与女学会、女学堂共同构成维新派宣传女性思想的主要形式,而期刊和学堂相辅相成的思路正与林乐知创办《万国公报》和中西女塾的思路[①]相接近,林乐知的女儿林玛莱与康有为的女儿康同薇、梁启超的夫人李蕙仙一起成为1898年《女学报》的主要作者之一,这些女性编作者们不仅在思想上受到了维新派的影响,在行动上更是践行维新思想、倡导女性解放的重要力量。两份《女学报》[②]及后期出现的一些女性期刊专门提倡女学,描述女学生求学景象[③],另外,女性期刊中女学新闻关于理科(科学知识)的设置、"科学""卫生""实业"等栏目都在向女性读者传达科学技术理论知识、科学技术的实际应用等信息,纵观晚清至辛亥革命时期的女性期刊的内容,虽然没有出现科学家传记的文章,但这一时期科学技术知识在理论和应用方

---

① 近代中国女性期刊诞生之前,西人主办的中英文刊物上就有关于国外科学家传记的书写,而通过西人主办刊物、创办女学等形式,为近代中国女性期刊的诞生提供了坚实的办刊基础和潜在的女性阅读对象。美国人林乐知主编《万国公报》,宣传西方科学家个人事迹,筹办中西女学,更积极参与并支持康有为、梁启超等人的维新变法运动,使康梁在女性问题上也受到他的影响。

② 《女学报》虽也是中国女学堂的校外读物,但它不同于后期的女校校刊(如《振华女校校刊》(1929—1937)主要性质为对女子学校的日常见闻、课程设置等内容的介绍),又因此时具备阅读这类刊物的女性读者多为知识女性(即部分为西人开办的女塾中的女学生群体)在内容的设置上更接近于《女子世界(上海1904)》等近代中国女性期刊,所以《女学报》是明显区别于后期只将其阅读对象定义为女学生群体的女校校刊,1898年的《女学报》的性质更接近于宣传女子应当求取知识并挣脱传统女性的桎梏的主张。

③ 描述女学生场景的:"现在上海几个女学堂的女学生,诸位如不相信,都可以去看的,一个个神清气爽,磊落大方,脸上洁净本色,头髻梳得光亮也不插花朵,布帛衣衫,纤尘不染,底下束了黑裙、鞋子,亦有着皮鞋的,也有着圆头鞋子的,在那一带绿阴里,一对一对的走,脚步都是一样,身体没有一点弯曲,好似春天的修竹一样的细直,这一种文明的好看,真是如雪之洁、如水之清,比那种涂脂抹粉、一步三扭的小脚伶仃的样子真是天地了。"(引自楚南女子《做学生的快乐》,《女学报》1902年第4期)

面的传播普及却为科学家传记的书写奠定了基础。维新变法运动失败之后，女性期刊的作者们重新找到了新的舆论宣传阵地，即陈撷芬主编的《女学报》、丁初我主编的《女子世界（上海1904）》、秋瑾的《中国女报》，由于中华民族处于探索半殖民地半封建社会出路时期，有识之士在女性问题上除了继续倡导女学之外，女国民的思想也逐渐被女性期刊提及，如古代中国女军人或女性民族英雄成为20世纪初期女性期刊重点宣传的传记主人公。这一阶段，有关科学家的描述虽然零星出现，但仍旧不作为重点，直至1916年女性期刊中第一次出现"科学家"一词[①]，这一职业群体才频繁且数量众多地出现在女性期刊上。

　　本章综合阐述了1898年至1949年出现在中国内地的主要女性期刊，并对这些女性期刊中是否有关于科学技术知识等的介绍，对于女性期刊的演变特点有了一定角度的解读。另外，对于本书研究的重点"科学家形象"问题，笔者分1898—1914年、1915—1931年、1932—1949年三个时间段，分别对出现在对应时段中女性期刊的科学家相关报道进行统计分析和整体考察，这部分内容包括出现在该时段的科学家、医学家、护理工作者等群体，也对每个阶段的典型特征作了介绍。

　　从女性职业角度来看，护理和医生是最早适合于女性的职业，从事这些职业的女性或男性也是出现在1898—1914年的女性期刊中最多的，随着时间的推移，从事物理学、化学、天文学等学科的外国科学家逐渐被介绍给女性读者，其间也间或有中国相关领域科学家的报道。20世纪30—40年代，战争成为社会媒体关注的重点，女性期刊作为文化传播媒介也不例外，它们大多倡导女性如何参加战争，而在科学技术领域，医护人员又被重新作为女性期刊重点介绍的对象，其他学科领域的科学家们也有了同步的介绍。而到了解放战争时期，一篇文章介绍多位科学家的具有总结性的情况频繁出现，1948年，女性期刊宣传科学家的成果逐渐显现，时人对于女性可以从事科学的认识有了广泛的共识，有文章就

[①] 该刊物为发行1911—1917年的《妇女时报》，这篇文章为恽代英于1916年第19期发表的《科学家之结婚观》。

指出:"从化学实验的本质上说,女子或者不必热望她自身过高去增加新的化学科学方面的发现,但是观看那些以往陈列着的实验,她们很有能力去揭开抹煞她们天性的工作和不进入实验室的厚幕。"① 本章对这些科学家们在女性期刊中的相关描述进行了大致的汇总,下一章将对在不同阶段典型女性期刊中的科学家群体形象进行重点分析。

---

① D. B. Doolittle:《科学界中之妇女》,吴琦初译,《新妇女(南京)》1948 年第 19 期。

第三章

科学家群体形象案例研究：
以典型女性期刊为例

科学家、医生护士、发明家等群体均是科技工作者中的一员，他（她）们在一定程度上有共性的特征，但在不同学科内又有不同的个性特征，这一特点也是分析1898—1949年女性期刊编作者们写作科学家传记的基础。另外，科学家形象在不同的历史发展阶段有不同的呈现，虽然不同的女性期刊有不同的定位、编作者们有不同的知识储备，但处于同一历史时期的人们的认识往往会有无法超脱历史时代的局限性，该历史阶段的科学家形象就有了共性特征，这就为笔者讨论不同阶段下的科学家形象提供了可能。无论是女性期刊诞生之初对科学家、医护人员、发明家的简单介绍，还是1915—1931年大量向中国读者介绍这类群体的情况，或是1931—1949年的战争时期宣传女性应当并且可以从事多种科学领域的倡导，近代中国女性期刊都在揭示女性对科学家及其所研究的科学技术知识的认知如何逐渐深入的问题。

本章主要通过对不同时期发行量广泛、受众多、具有代表性的女性期刊，即1898—1914年的《女子世界（上海1904）》（1904—1907）、1915—1931年的《妇女杂志（上海）》（1915—1931）、1932—1949年的《女铎》（1912—1949）[①]，来具体探讨这些刊物中科学家报道都有哪

[①] 由于每个阶段典型女性期刊的发行时间并不能与该阶段的时间点完全吻合，所以教会性质的《女铎》发行时间涵盖了第二阶段（1915—1931），笔者在本章将重点分析《女铎》中1932—1949年科学家形象问题，同时对重合阶段进行对比研究。

些、他们的形象的具体表述怎样、共性特征是什么、为什么会出现这样的形象等问题。另外，需要说明的是，由于《女铎》发行时间较长，涵盖了《妇女杂志（上海）》的发行时间，它的发行地也同样在上海，但二者主编、作者、刊物创刊背景不同。因此，本章也将具体分析二者在描述科学家及其生平时的异同点。

第一节 《女子世界（上海1904）》中的科学家形象分析

一 科技知识的大量出现奠定科学家传记书写的基础

《女子世界（上海1904）》前4期与之后的内容有所不同，由注重文学改版为注重实业（述刺绣裁缝手工诸项之裨益生计者）、科学（自然科学之有裨女子智识学业者）、卫生（注重家庭及育儿保产之方法），第5期又在第4期的说明上增加了"教育"，叙述方法也变得更易于理解，该刊物刊登的内容逐渐以有助于女性实现经济独立为主，主编将这些改变的内容以加粗放大的形式使读者一目了然。如此，在第5期之后，该期刊确实呈现了大量介绍实业、科学、卫生的形态，这三个栏目在内容上都包含了若干实用性或理论性的科学技术知识，且以白话文的方式将这些知识讲述给女性读者们（见表5）。《女子世界（上海1904）》在改版后主要有以下科技知识：

表5　　　《女子世界（上海1904）》中科学技术知识概况

时间	卷期	栏目	主要内容
1904	5期	实业、科学、卫生	裁书、料理新法；演热（讲述什么是热、如何感知热、热的科学原理等）；说食（讲述食物消化的知识）
	6期	教育、实业、科学、卫生	为母的心得（育儿知识）；料理新法（烹饪中的化学、物理知识）、裁书（数学知识）；演电（译稿，讲述电话、电气的电学知识）；说齿（译稿，讲述牙齿卫生、疾病及治疗方法等生理学知识）

续表

时间	卷期	栏目	主要内容
1904	7期	教育、实业、卫生、科学	为母的心得（儿童天性与家庭卫生）；料理新法（化学及物理等实用性知识）、裁书（数学知识）；说脑（脑的概况、解剖、作用及精神的发达、脑的卫生、做梦等知识）；演电（电灯等发电原理）
	8期	实业、科学、卫生	裁书；植物园上；说心（讲述心的诸部分名称、心的功用、血液等知识）
	9期	实业、科学、卫生	裁书；植物园上（承前）；说心（承前，血液依化学法的分析、心的运动、心的卫生）
	10期	教育、实业、科学、卫生	女子简易的体育（体格、四肢等知识）；裁书；植物园下（承前）；说耳（耳的解剖、耳的卫生）
	11期	实业、科学、卫生	裁书；植物园下（承前）；说鼻（鼻的解剖、鼻的卫生）、说舌（舌的解剖、舌的功用、舌的卫生）
	12期	教育、科学、卫生	育儿法（译稿，讲述乳媪不宜用、清洁、衣服、睡眠、不宜多抱持等知识）；植物园下（承前）；说眼睛（眼的解剖、眼的功用、眼病、眼的卫生）
1905	2卷1期	科学、实业、家庭	游戏数学（译稿，英国罗斯好尔原著）、神经系统之卫生说；薄荷栽培制造法（农学知识）、裁书；人间一生之食量（人体一生所需要的食量）
	2卷2期	科学、实业、教育、家庭	游戏数学：推人最后之数法、说龙（讲述龙的习性、龙卷风的生成原理）；薄荷栽培制造法（薄荷油的制法与效用）；儿童教育话（儿童早期教育方法）、新智慧板制法（数学知识的应用）；衣服之科学（译稿，感觉寒暑的原因、选择衣物的种类、材料等）
	2卷3期	科学、实业	游戏数学：关于十进法之问题、神经系统之卫生说（续第一期）（脑充血病与脑贫血病的原因、症候及治法）、植物园构设法（译稿，日本三好学著，植物学知识）；摄影法（描写了器具的构造及使用、光学原理的应用等）
1907	2卷4/5期	科学、实业	说触觉器（触觉器的解剖、功用、卫生）、无线电说；制成种板之次序及理由（摄影术中的光学知识）
	2卷6期	科学、实业、文丛	植物园构设法（续第十五期）；倒影原理与如何印制照片方法；说消化、地球与日月之关系（女子蚕业学校生陈以英）

　　1907年第2卷第6期为秋瑾主编续办，她在《本志紧要告白》中明确写道："（一）本志系新女子世界社续出，一切与前此女子世界社无涉。（一）本志续办系记者诸君所发起，故仍用原名。（一）前女子世界社股友

及阅者等与新社无涉，惟调查员则仍一概承认，凡前充本志调查员诸君及下期起愿尽义务之诸君，如蒙按月惠稿，当按期赠本志一份。（一）女性调查部专约，今仍旧贯。（一）各处惠稿、惠函、惠书，均乞寄发行所转交。本社敬白"[①]。这段文字着重强调了第2卷第6期的《女子世界（上海1904）》与丁初我主编的《女子世界（上海1904）》前后无关的情况。内容方面，秋瑾主编的刊物在传记、文艺等栏目中多表现女子从军的形象，这与丁初我主编时期有明显的差异，但在科学技术知识的介绍方面仍旧与前几期保持一致。

纵观《女子世界（上海1904）》发行的17期内容，科学栏目与卫生、实业、家庭、教育等栏目一起成为该刊物传播科学技术理论知识与应用性知识的主要窗口。对于这一时期刚刚接受女子教育的女性读者而言，一些与她们日常生活紧密相关的应用性科学知识（如"裁书"栏目中体现的数学知识、荷花栽培等农学知识、饮食料理中的物理和化学知识）恰恰是适合此时女性读者的认知和基础知识储备的，反过来讲，这也是该期刊主编充分考虑读者群的体现。而科学技术理论性知识在一定程度上也有少量出现，它与应用性知识共同奠定了科学技术知识在女性期刊中的地位，为读者进一步去了解谁发明或发现了这些知识奠定了基础。

二 该刊物所报道的科学家（1904—1907）

"传记"或"史传"是《女子世界（上海1904）》中的一个重要栏目，它在1904—1907年有不同职业[②]的女性出现，由于这一时期的主题

---

① 佚名：《本志紧要告白》，《女子世界（上海1904）》1907年第2卷第6期。
② 如1904年：第1期《女军人传》（介绍了沈云英个人生平及主要事迹）、第2—3期《女军人传》（续）（介绍了秦良玉的个人生平及主要事迹）、第3期《中国第一女豪杰女军人家花木兰传》、第4—5期《中国女剑侠红线聂隐娘传》、第6期《英国大慈善家美利加阿宾他传》与《记日本娼妇安藤夭史事》、第7期《中国女剑侠红线聂隐娘传》（结论）和《中国民族主义女军人梁红玉传》、第8期《英国大慈善家美利加阿宾他传》（续六期）、第9期《女雄谈屑》、第10期《女雄谈屑》（承前）与《记俄女恰勒吞妻》（女军人）、第11期《为民族流血无名之女杰传》（古代爱国女英雄）、第12期《妇人界之双璧》（刑场之白堇、黑夜之明星）；1905年"史传"栏目：第2卷第1期《女文豪海丽爱德斐曲士传》、第2卷第2期《女刺客沙鲁士格儿垭传》、第2卷第3期《革命妇人》（饥饿同盟之女囚）；1907年：第2卷第4—5期《女娲传》和《女魂（一名女界免尘录）》（讲述李素贞、李杰妹、吕女、秦小罗的事迹）、第2卷第6期《女魂》（赵雪华、宋蕙湘生平事迹）。

为革命，所以大多数为女性"军人"或称为女性爱国者的传记，且均为古代中国女性群体。通过梳理和分析该栏目的传记书写情况，笔者发现虽然大量的科学技术和医学知识出现在19世纪末20世纪初的女性期刊上，但有关生产这些知识的科学家并没有特别的介绍，这就导致在这一阶段，我们无法看到近代中国女性期刊到底呈现出怎样的科学家形象。

然而，在"传记"或"史传"栏目之外，一些国内外的新闻中却出现了科学家生平介绍的内容。如在简短记事方面，有张竹君（图3）精

图3 张竹君[1]

---

[1] 甲辰年四月即1904年5月摄影，这一年张竹君28岁。图片选自《女子世界（上海1904）》1904年第9期。

通医学的人物介绍，即"广东张竹君女士，十余龄即精通医学，兼通外国文字，素持博爱主义，以泛爱同胞为宗旨，在粤创设南福医院、女学堂、女子保险会、实业学堂等，所费不下十数万，比闻极东战事起，欲投身日本红十字会，随同任理看护，于三月初旬抵上海。爱国女学校开会欢迎之，女士演说女子教育之急务，滔滔数千言，由校长致答辞，并慰留女士驻沪数月，任爱国女校之舍监，女士欣然诺之，现并设手工传习所、卫生讲习会于上海，每日分上下午教授，并于午后在讲习会所赠医，如女士之博爱利物，非特女界之仁人，抑亦中国之伟杰"①。这里仅用一小段文字描述了张竹君在医学及其他社会活动上的贡献，这是有别于"传记"或"史传"中女军人形象的，但她又非严格意义上的科学家，可将其视为医学家的一部分，属于本论文中所描述的广义的科学家群体。

另外，在1907年第2卷第4—5期的《无线电说》中有简单介绍了无线电的发明者意大利人伽利尔摩·马可尼如何发明无线电②的内容，文章总体和侧重点还是在无线电的原理及在战争期间的具体应用上，对该项技术的发明者只是捎带提及，并不占据主要部分。

由此，1904—1907年的《女子世界（上海1904）》在继承近代中国女性期刊诞生之初的提倡女学、倡导女性解放的主题上，还将"科学"作为一个栏目，介绍基础的理论性科学知识，并在实业、卫生等栏目中将应用性质的科学转化为女性读者日常可接触到的知识进行传播，在一定程度上展现了创造这些科学技术和医学知识的群体——医生和发明家简单的生平事迹和个人简介，该类刊物虽然没有直接出现科学家传记，但大量科学技术和医学知识的宣传为知识女性读者提供了了解创造这些知识的科学家的基础。

---

① 佚名：《记事：内国：女界明星》，《女子世界（上海1904）》1904年第6期。
② 具体方法的记述为："于英国之西南角孔昌尔岬，设受信机，而置发信机于船中，航行一千里之远，于大西洋中发信，以实验其如何，乃一无障阻。"

第二节 《妇女杂志（上海）》中的科学家形象分析

《妇女杂志（上海）》作为1915—1931年畅销海内外的刊物，它所载的科技工作者既有坚持独身及平衡家庭和科研的女性科学家，又有为数不多的男性科学家，该刊物是集中呈现科学家、医生等科技工作者们的重要刊物，因此笔者将对其做重点分析。1898年至1949年，女性期刊中出现了数学家、医护人员、天文学家、物理学家、化学家、植物学家、发明家、工程师、心理学家、地理学家、气象学家等等职业的人物传记、简介和相关图片，作者们在介绍不同领域的科学家时，往往会呈现一种相似的表述。本节将对女性期刊中出现较多的医护人员、物理学家与化学家、生物学家、数学家、天文学家等职业群体的个性特征给予分析，将不同学科中男女两性科学家群体所展现出的异同特征进行概括总结。

一 "百花齐放"的科学家报道（1915—1931）

笔者共统计出《妇女杂志（上海）》中详细且单独篇幅介绍科学家的文章22篇，并以此作为本节的重点分析对象，解析其所宣传的科学家的形象特征，提出其在科学家传记描写时所反映出的问题。其中记述的女性科学家20人、男性科学家15人（因一篇文章有介绍多位科学家的情况，所以科学家总人数要大于文章总篇数）；国内5人（3人为《畴人传》中数学家）、国外30人；女性科学家涉及的领域有：数学、医学、物理、化学、天文、心理学，男性科学家涉及的领域有：物理、数学、天文、土木工程与建筑、无线电、生理学、昆虫学。这一时期《妇女杂志（上海）》中的男性科学家与1898—1914年总计的科学家大抵相当，但该刊物也有自己的特点，它重点介绍国外的科学家，男性的比例显著提高，专业领域也日益多元化，这主要表现在科技工作者职业方面包括科学家、工程师、科学教育者、发明家，而非此前单一宣扬的医护领域，这也表明以《妇女杂志（上海）》为代表的女性期刊在一定程度上是1898—1914年女性期刊在科学家介绍方面的延伸。该刊物在发行期间有关科学家传记的详细内容如表6所示。

表6　　　《妇女杂志（上海）》中的科学家情况简表

序号	时间	卷期	作者	记述科学家	国籍	性别及职业
1	1915	1卷2期	张崧年	柯瓦列夫斯卡娅（Madame Kowalevski）	俄罗斯	女，数学家
2	1916	2卷3—4、11期	彬夏	蒙得梭利（Maria Montessori）	意大利	女，医学博士、教育家
3	1916	2卷4期	金蘅、张浣英、钱基博	嘉利乐	意大利	男，格物家
4	1916	2卷8期	尊农	义姁	中国	女，（中）医
5	1916	2卷10期	尊农	葛宜、沈绮、王贞仪	中国	女，算学家
6	1916	2卷12期	淑明	麦里·梨痕	美国	女，化学博士
7	1917	3卷3期	胡寄尘	密斯脱·爱克斯	英国	男，数学家
8	1917	3卷6期	高君珊女士译	密且儿女士（Maria Mitechell）	美国	女，数学家、天文学家
9	1919	5卷2期	袁念茹	爱伦干女史（士）	瑞典	女，心理学家、教育家
10	1919	5卷3期	田祚兰（女学生）	南丁格尔	英国	女，看护
11	1919	5卷5期	无	李张绍南（妇女界之新人物）	中国	女，看护
12	1920	6卷3期	西神（王蕴章）	维耶谟氏与其妹迦录林	英国	兄妹，星学家（天文学家）

续表

序号	时间	卷期	作者	记述科学家	国籍	性别及职业
13	1920	6卷4期	沈泽民	萨摩尔·批亚榜·朗格来（Samuel Pierpont Longley）	美国	男，土木工程与建筑、飞行器械设计
14	1920	6卷11期	宛扬	克拉克·马斯威尔、海尔志、波伦利、陆基、马可尼	英、德、法、意	男，无线电发明
15	1921	7卷2期	幼雄	却可布·伊纳第	法国	男，心算天才
16	1921	7卷7期	宛扬	希波西亚·曼利·圣玛维尔、米奇爱尔、居里夫人	亚历山大利亚、英国、美国、法国	女，数学哲学家、天文学家、物理学家、化学家
17	1921	7卷9期	幼雄	爱因斯坦（恩斯登）	德国	男，数学物理学
18	1921 1924 1930	7卷9期 10卷7期 16卷1期	程小青 奚涢译 闻砬	居里夫人（Madame Marie Curie）	法国波兰裔	女，物理学家、化学家
19	1922	8卷9期	周建人	格来嘉·曼兑尔（Gregor Mendel）戈尔登（Francis Galton）	奥地利帝国、英国	男，遗传学者与善种学先驱
20	1923	9卷9期	法布尔著，周作人译	法布尔（Jean Henri Fabre）（自传）	法国	男，昆虫学家
21	1925	11卷5期	周建人	哈夫洛可·爱理斯（Haveloch Ellis）	英国	男，性的生理学家
22	1931	17卷3期	仲华	潘宁登博士（Dr. Mary Pennington）	美国	女，化学家

《妇女杂志（上海）》作为1915—1931年畅销的女性期刊，虽经历主编更换，但刊物本身仍将科学家的介绍作为一个方面，这17年间有35位科学家的传记及相关内容的刊登，部分为科学家本人撰写，其专业性也较前期有了一定的加强。之所以将该刊物单独列出，一是因为其发行时间长和具有代表性，其中所列出的科学家们足以代表这一时期女性期刊刊登科学家的趋势；二是该刊物涵盖了一个时期内的科学家形象书写，对它的分析有助于对这一阶段整体内容的研究。

二 不同学科中科学家形象的个性与共性特征

科学家形象的个性特征

（1）医护人员：仁慈、有耐心

医生的职业被认为是适合女性的，尤其是产科，随着男女同学、女子被允许进入大学以及科学的发展，外科领域的医生也被广泛地介绍给国内女性读者；护理科学则是与医生相辅助的作为女性可以胜任的学科之一，在19世纪末20世纪初，女性尚未在除护理外的其他科学技术领域出现的时候，护理科学或看护学（包括伤口包扎、感染处理、消毒、空气清洁等知识）由于其自身的实用性、可习得性而受到女性期刊编作者们的青睐，学习看护的女性或者女护士逐渐占据这些刊物。

具体来看，在产科学领域，由于该学科与女性自身生产相关，有京师的关芸香女士对于中国产婆有此描述："因中国产婆一业，向乏专学研究，惟恃经验之多寡，以定技术之优劣，苟遇难产，则除焚香叩首祈福保佑，别无他术，因此每发生危险"①，她便根据游学的胎产科学独立出资，在北京创设产科研究所一处。另外，由于医学与儿童教育有紧密的关系，妇女被视为天然的婴幼儿照护者，婴幼儿的健康和教育问题经常在一起讨论，用科学方法教育儿童的蒙得梭利（Maria Montessori）曾5次出现在1898—1949年间，具体时间段在1915—1933年，她还倡导母亲照护幼儿身体健康、注重他们身心发展规律的主张。如胡彬夏就曾在《妇女杂志（上海）》以3期的篇幅介绍女医学博士、教育家蒙得梭利的事迹，蒙得梭利起初研究医理，进而深入研究科学，她见到因残废羸弱而无法接受教育的儿童，便以教育为主、医药为辅进行救治，她注重科学规律（尊重儿童天性、给予其自由、养成其独立自助能力）对于体育、智育发展的重要作用，并由儿童自主独立谈到国家自主独立。

---

① 佚名：《记述门—时事要闻》，《妇女杂志（上海）》1919年第5卷第8期。

到了1946年，外科女医生首次出现在女性期刊上①，苏联作者戈列尼夫斯卡雅以《前线的女外科医生》为题对在第二次世界大战期间参加战时医疗救助的女性外科医生进行了细致的描述，认为她们不仅能够应对复杂且危险的战争环境，还能够以女性具有的沉着冷静及专业外科医术处理伤病患者。由此，外科作为男性独享的医学科室的局面被女性所打破，女性只适合于从事妇产科、儿科的观念被更改。关于医护人员在战争中的表现在后文的论述中还会提及，她们以"战士"的形象勇敢地接受了战争的洗礼，本小节将不予讨论。

（2）物理与化学家：不畏艰难、潜心科研

物理学与化学学科属于基础科学研究范畴，从事该领域的科学家既需要具有一定聪明才智，也应当有相关的知识储备，即在智力上有所突出。本小节叙述的对象有以下四人：意大利物理学家伽利略、德国数学物理学家爱因斯坦、法国波兰裔女物理学家与化学家居里夫人、美国女化学家潘宁登（Dr. Mary Pennington）。

对于伽利略的描述，主要来自吴江私立丽则女子中学一年级的学生，文章定位为语文范文，她们称其为格物家嘉利乐（伽利略），限于作者的知识面，主要讲述了少年伽利略穷究实物之理，创制验温机、望远镜、显微镜，18岁观察钟摆现象并实验此原理的内容。因相对论在当时各大报纸都有所介绍，作者幼雄也撰文介绍爱因斯坦（时译为恩斯登），他希望通过极通俗的见解来说明相对论，让一般缺乏数学智力和学识的读者虽无法懂得相对论的大意但可以明白相对论的一些常识，文章图文结合，文字质朴，将爱因斯坦的科学贡献娓娓道来。

居里夫人在《妇女杂志（上海）》中曾被三次以个人传记的形式提及，即7卷9期程小青写作、10卷7期奚涢翻译、16卷1期闻砧介绍。程小青重点以居里夫人的科学贡献来论证其提高及增进女子地位的问题；在奚涢译的《镭的发明家居里夫人恋爱史》中有这样的描述：居里先生延迟到36

---

① ［苏联］戈列尼夫斯卡雅：《前线的女外科医生》，孟昌译，《现代妇女》1946年第7卷第1期。

岁才结婚的缘故，只因为他找不到一位同志协作的女子，而居里夫人却是能够在科学研究上与他志同道合的朋友。婚后的居里夫人既承担了家务，也能与居里共同研究矿物、在实验室中做实验、预备教材及考案等工作。作者重点讲述了居里夫妇的恋爱史，指出他们首先是在科学研究道路上志同道合的朋友，其次才是夫妻；闻砥则讲述了居里夫妇发现新元素"镭锭"（Radio）的艰难历程和潜心科学试验时的辛酸与坚韧。

物理与化学领域的男性和女性科学家虽然都出现在女性期刊中，但当时的作者们在描述他（她）们的生平、经历等内容时是有所侧重的，如男性科学家（如对爱因斯坦的介绍）重点以适合女性知识储备的角度通俗地讲述他们的科学研究，女性科学家（如居里夫人的介绍）则除了简略介绍科研情况之外将大部分精力放在她们的家庭或性别身份上，这种情况在20世纪40年代之后逐渐有所改变，物理与化学研究者不论性别如何，他（她）们都有在各自的研究领域不畏艰难、潜心科研的描述。

（3）生物学家：科学社会化特征

生物学家包括遗传学家（即民国时期称的优生学）、生理学家及研究植物的学者，由于该学科涉及植物、动物和微生物的研究，所以本小节也将涵盖有关方面研究的科学家。由于达尔文"适者生存"的进化理论观，遗传、种族与中华民族的关系被时人作为一种联系加以宣传，遗传学在近代中国便具备了除其本身的科学价值之外的社会政治方面的外延意义，发现遗传律的孟德尔、应用统计法研究遗传的戈尔登成为20世纪20—30年代出现在女性期刊上的生物学家[1]，1947年女性期刊也开始了对苏联女生理学教授的介绍[2]，生物学也逐渐有女性科学家涉足。

民国时期的作者们从妇女解放、妇女运动的角度将优生学家、生理学

---

[1] 亦敏：《优生和人类的遗传》，《女青年月刊》1934年第13卷第9期；周建人：《曼兑尔戈尔登百年纪念曼兑尔的教训》，《妇女杂志（上海）》1922年第8卷第9期；周建人：《善种学的先驱戈尔登》，《妇女杂志（上海）》1922年第8卷第9期；望洋：《遗传与妇人（附图表）》，《民国日报·妇女评论》1922年第46期。

[2] T. Street：《苏联女科学家：莉娜·斯特恩访问记》，吴苓译，《新妇女月刊》1947年第12期。

家、遗传学家广泛地介绍给女性读者。优生学家戈尔登（Franeis Galton）与人种改良运动相关联；妇女主义者怀尔特（女性中心说）、生理学家福莱尔（August Forel，男，极重母系，倾向于自由恋爱）/格里简夫人（Mrs. Gallichan，认为男性有破坏作用，女性有建设作用，妇女是永久主宰的性）等以生物学、生理学知识（即倡导以科学的手段开展妇女运动）作为论证她们关于妇女运动主张的工具①。遗传学、生理学知识还可以用来论证男女在智力的无差别这一论断，作者们进而主张只要为女性开辟适宜的环境和机会，她们便可以与男性展开竞争②。有关优生学与国家、民族未来关系的论述，如"优生学是二十世纪的重要问题，且为民族兴亡的关键。在此民族自决的潮流中，尤应注意优生学的研究和实行，这样民族复兴才有一点前途"③，对于男性生物学家，20世纪20—30年代的作者们往往从遗传学的角度探讨实行优良基因、规避恶劣基因的问题，这门学科已然超出了其本身的"科学"内涵，具有了社会性的特征。

1947年，女性期刊中有文章描述了一位苏联女生理学教授莉娜·斯特恩，文章讲述了她利用她的生理学知识研究虚脱症的治疗方法，以及在战争期间服务前线，用她的治疗方法拯救了无数生命的事迹；她还积极关心劳动妇女的待遇问题，帮助和鼓励妇女们无论在任何生活环境中，都应尽她们的责任。文章涉及了科学家的社会责任问题，这也超出了生物学家本身进行科学研究的本职任务，无论生物学家们的性别如何，在介绍他们的生平时作者们并没有使用一些形容他（她）们性格、科研等的词汇，而是借助生物科学的社会作用去描述生物学家们的生平，这是这类科学家群体所呈现出的独特形象。

（4）数学家：心思细致、计算精密

数学作为我国古代四大知识体系之一，在20世纪初西方科学引进中国和兴女学的时代背景下，这门学科作为基础性科学（女性应用于家庭

---

① 克士：《近代妇女运动的先导》，《妇女杂志（上海）》1923年第9卷第1期。
② 任白涛：《女子教育之科学的根据》，《妇女杂志（上海）》1924年第10卷第7期。
③ 亦敏：《优生和人类的遗传》，《女青年月刊》1934年第13卷第9期。

收支计算的需要）得到了新的发展，又因数学不需要女性过多地与人打交道即可习得，由于数学家集中出现在 1915—1931 年的《妇女杂志（上海）》上，所以本小节将对该刊物中所出现的数学家形象进行解读。

《妇女杂志（上海）》最早刊登的科学家传记的传主为俄罗斯女数学家柯瓦列夫斯卡娅（Kovalevsky 或 Kowalevski）。作者张崧年开篇便提出："世之恒言，女不如男，斯固其职与，使女子之初受教，了无殊乎男者，吾且见男所造诣，或女之弗及，女性心思故致细，故论诸精密之学，此为尤尔，然则谓女不如男者，岂天哉，人为之也，述古洼夫人传，可以证焉。"① 文章讲述了其数学成绩获得多数数学领域内专家的认可和敬佩，同时还列举了国外知名的女数学家海丕萨（Hypatia，370—415）、谢梅茵（Sophie Germain，1776—1831）、埃智来福洛（Anne Charlotte Edggren-Leffler，1849—1892），以及参考《畴人传》三编卷七介绍国内较著名的女数学家王贞仪（1768—1797）。在兴女学背景下，作者借对中外女性数学家的介绍，鼓励女子学习数学。

因数学作为基础科学，常与其他领域相交叉发展。在天文学方面，美国的女数学、天文学家密且儿（Maria Mitechell）、英国星学家迦录林、英国的曼利·圣玛维尔（Mary Fairfax Somerviue）既是数学家又是天文学家；在多学科方面，主要体现在学科尚未分科之前，如亚历山大里亚的希波西亚在数学哲学两科中造诣颇深，既是哲学教授，又是新柏拉图学派的长者，还是出类拔萃的法律学家，天文学领域也很通晓。

与女性数学家相比，在男性数学家的介绍方面则有如下描述："面如平圆，目短而无角如椭圆，曲其身如九十度之弧；仰首自语曰：算学者，真确之科学也，是者是，非者非，而不容丝毫假借，言已乃归"②，作者胡寄尘以小说的形式虚构了一个年长算学家密斯脱·爱克斯（英国伦敦）被乡氓及儿童欺负而无法答出应用数学的解而自杀的故事。

有关其他算学家的传记，如 2 卷 10 期的海宁葛宜、常熟沈琦、江宁

---

① 张崧年：《女数学家古洼鲁斯克夫人传》，《妇女杂志（上海）》1915 年第 1 卷第 2 期。
② 胡寄尘：《小说：算学家》，《妇女杂志（上海）》1917 年第 3 卷第 3 期。

王贞仪三人(《畴人传》),7卷2期和8期则分别描述了巴黎的心算天才却可布伊纳第、伦敦的心算天才盲人,前者使用文言文以简短的语句描述古代中国女算学家的事迹,后者则用白话文讲述西方算学天才的故事,二者虽没有明确说明算学家心思细致、计算精密的形象,但在表述其事迹时亦是有所暗含。

(5) 天文学家:勤勉、细心观察

本小节中,天文学家的传记主要介绍美国女天文学家、数学家密且儿女士(Maria Metechell)和英国星学家(天文学家)维耶谟氏与其妹迦录林,笔者将以此三人的生平事迹来分析《妇女杂志(上海)》中对天文学家所塑造的形象。

1898—1914年,女性期刊主要倡导并实践女子教育,对这一时期天文学家的描述重点介绍她们利用女性自身的性格特点(如勤奋、耐心)来拓展新的学科领域。如1912年,有关于天文学家福来铭夫人的传记描写,该文介绍了此人的生平、主要研究工作之后指出"夫人颇有内心,能于显微镜中窥测星象,又能以数千数万星之颜色小照一一参看,似此用心,诚所谓女子专门于格致,其所为事,必男子所不能及也,而此夫人之所为,更有可令人赞美者,其所考于天文学中,皆极尘闷,无甚兴味之事"[①],这在字里行间表明了清末民初人们对天文学的一种态度,并以具体人物事迹来倡导女性从事科学。

在1915—1931年间,天文学家则以另外一种形象出现在女性期刊上。如在对玛利亚·密且儿传记的描述上,文章首先介绍她的父亲为天文学家,主要工作为观测星象。受父亲的影响,她在天文、算学领域专心求学、勤奋读书,成绩卓著。与此同时,密且儿还注重家庭琐屑事务,为父织箴制衣,且织且读。1847年10月,她发现彗星,1865—1888年于伐沙大学校观象台任教天文学;星学界的维耶谟氏及其妹迦录林也是这一时期重点描述的天文学家,在这篇文章中,作者西神(王蕴章)对

---

① 陆守真:《论美国女天文家》,《妇女时报》1912年第6期。

其二人的贡献以《内助》为题进行了描述，具体来讲，迦录林在与其兄讨论学问时，在其记事册中记载有数字公式、几何说明、对数表使用法、星年换算以及太阳年之法。维耶谟氏发现了海王星为太阳系行星之一，迦录林则发现了彗星及星云，并编纂了英国天文目录总索引及维耶谟氏所观测的星云带的目录，撰写各种有益的书籍，在科学界占有一席地位。山岛斯氏在演说中讲道："吾人闻此二人之共同劳动，中心钦佩无已者，及兄之智力与妹之勤勉也"①，该论述意在强调女性科技工作者们获得科学成果是由于其勤勉和细心观察，并以"内助"描述女性在天文学领域的从属地位，这与描述男性智力上的优越形成鲜明的对比。虽然这一时期女性从事天文学寥若晨星，但古今中外仍旧不乏女天文学家。如占侯明代常州金氏女、清代江苏诗征汤尹娴；汉司希氏（Hersehels）之妹等。《妇女杂志（上海）》2卷8期更有"盖研究斯学（天文学）者，须具有忍耐、奋勇、专精诸性质，凡此忍耐奋勇专精诸德，惟女子较男子为富强"②，提倡女子应在天文学研究领域内占有一席之地。

1936年，有学者梳理了西方女天文学家的生平及主要事迹③，对于她们的叙述与前两个阶段又有明显的不同，它更加客观和实事求是，剔除了除天文学研究之外的一些夸大溢美之词。虽然女性期刊对天文学家的叙述随着时代的发展有些许改变，但这一科学家群体勤勉与细心观察的特质却是一以贯之的。虽然不同学科中的科学家形象特质各有不同，但由于他（她）们在大范围内都属于科学家范畴，所以对于科学家职业群体而言，他（她）们的形象还是有一些共性的特征。

科学家形象的共性特征

（1）单一的外貌描述和不善交际的性格特征

女性期刊诞生之初对科学家、医生、护士等科技工作者们以文言的形式有简短的介绍，1915—1931年出现了同一学科的多个科学技术

---

① 西神：《谈屑：内助》，《妇女杂志（上海）》1920年第6卷第3期。
② 瑞琛：《天文界中女子将来之事业》，《妇女杂志（上海）》1916年第2卷第8期。
③ 程学鹏：《西洋史上十二位女天文学家及女数学家》，《女子月刊》1936年第4卷第5期。

专家的集中描述，如丁惠康的《医学为一生之职业》集中报道了15位医学家①。1931—1949年既延续了前期多个科学家的集中报道，也将科学家的国别扩展至苏联、美国等国家。以文字报道这类群体的多以单一的外貌描述和不善交际的性格特征作为标志。

对于居里夫人的描述，作者们将重点放在了其外貌上。闻砥曾说："据新近访问居利夫人的说，她一身穿着黑衣，深陷的双眼，架着角边的大眼镜。她今年六十二岁，这六十二个年头中，有三十六个年头消磨于试验之中。她见人腼腆，不善招待，常静默不多发言。她很少谈到她自己在试验的工作，只和助手及学生们，稍谈及点。有时她在物理学年刊上，发表点关于试验的有高度专门性的报告，那是非物理学家不易懂得的"②。而对于女天文学家玛利亚·密且儿来说，作者极力塑造了一位不追求物质、热心肠的女教员形象："女士平日淡妆素服，衣多黑色或灰色，其先世为朋友会中人，本主俭朴，女士盖从其祖训也。学生中尝有困于经济，不能备衣履者，女士谓之曰：尔等选择衣料，务求华美。故四袭之衣，尚不足供经年之用，吾则所有之衣裙，统计仅值十七元耳。女士生性静穆，不苟言笑，……且女士素具热肠，其对学校之事，殊形关切，故学生对之，倍加倾爱。"③ 可见，不同专业的科学家在外貌上有着单一的描述。

对于男性科学家而言，性情与交际的性格特征也是作者善于描述的方面。如生理学领域，作者对英国的生理学家哈夫洛可·爱理斯（Haveloch Ellis）的刻画非常生动，即"他是一个好静的人，不曾入过党会，也从不做过团体事业。……他也常常出去访朋友，有时候他长期的住在康华尔的田野的家里，自己著书，作论文，或帮别人著书，或写回信。……他是一个科学家，也是一个艺术家，他是人生的观察者，显示

---

① 丁惠康：《医学为一生之职业》，《妇女旬刊汇编》1926年第2期。
② 闻砥：《时事史中的女人物——镭锭发明者居利夫人》，《妇女杂志（上海）》1930年第16卷第1期。
③ Sarah K. Bolton：《泰西列女传——密且儿女士传》，高君珊译，《妇女杂志（上海）》1917年第3卷第6期。

生活艺术给人的人,他的努力是在打破从野蛮时代遗留下来的禁条和偏见,扫除秽亵思想,用健全的思想的光去照亮人生的黑暗面,使人们得和谐、和平地生活"①。

作者们在此描述了一位不求华服,衣服颜色多为黑色、灰色或素色的女性科学家形象,鲜艳的颜色将有违科学家的人物设定,科学家们在性格上多表现为静默、不爱交际,这些形象的具体表述是这半个世纪以来科技工作者们的共性特征。

(2)没有性别之分的学术气质

近代中国女性期刊中既有大量的女性科学家的介绍,也有少数的男性科学家传记、简介等的报道,在描述科学家形象时,笔者认为他(她)们在学术气质上是有共性的,这也从另一个角度印证了科学是没有性别区分的,这些科学家们在对科学技术研究事业的执着和热爱是无差别的,在学术气质上也是不分性别的。

首先,勤勉与细心观察是在叙述这些科学家精神气质时作者们共同关注的一个方面。在描述星学家(即天文学家)维耶谟氏与其妹迦录林时,虽然前者发现了海王星,后者发现了彗星及星云,在科学界占有一席地位,但对二人的贡献,外界则认为"兄之智力与妹之勤勉也",意在强调女性学家们获得科学成果是由于其勤勉和细心观察,这与描述男性智力上的优越形成鲜明的对比。英国的数学天文学家曼利·圣玛维尔更因勤苦研究学问而受到家人的厌恶,进而其选择独居一室,足不出户,又利用夜间苦心勤勉,翻译拉布拉斯的大著作《天体的机制》。对物理学家与化学家居里夫人的描述则更偏向于中性化,作者宛扬指出居里夫人之所以能够发现镭锭,是因为其头脑明快且冷静。对于另一位女化学家潘宁登博士的描写也以其冷静的头脑为重点,作者仲华指出"科学是一种冷静而少趣的工作,但是图谋造福于人群却不是一件无意味的工作。女子如能燃起了造福人群的热心,则科学何尝是冷静无趣呢?"这里的

---

① 周建人:《哈夫洛克爱理斯》,《妇女杂志(上海)》1925年第11卷第5期。

"冷静"可以理解为"理性"的同义词,这也说明了勤勉、理性是科学家的共性。对于昆虫学等领域,细心观察是进行科学突破的重要素质。男性昆虫学家法布尔在自述中曾说,正是自己六岁之前对动植物永久的注意和细心的观察才让他走进昆虫研究的,少年时的法布尔更是对蜗牛进行搜集和细致的观察。在这里,法布尔是试图以自身经历说明自己爱昆虫的性情并非是从哪一个祖先承受来的,他对当时兴盛的遗传学说提出了质疑,但无形中也说明了昆虫学需要能够细心观察的研究者的形象。

其次,淡泊名利与潜心科学这一形象也是男女两性科学家所共有的性格特质,在这里作者们并没有指出这一特征是女性独有或男性独有的,而是以一种两性科学家共同具备的形式存在。如有作者指出玛丽·居里在婚前入巴黎求学时,虽贫困但仍旧苦学。婚后,她没有申请发现铀盐和镭具有放射性的专利,其他科学家可以依法从事制镭的事业,因为她只有应得的教授费用,没有别的收入,所以她的生活虽很清苦,但她并不奢望什么,她的目的,除掉抚育两个孩子以外,只在乎科学研究。这表现在他们研究放射性定理时仍旧多少受到了经济的阻碍,他们用薪金中的小部分购买提炼镭锭的原材料沥青,并使用学校一间弃置不用的木屋作为原始的简陋的实验室,他们正是在此得到了科学上的大发现。闻砥在记述居里夫人的这段经历时说:"当居里夫妇共同致身于这个试验的时候,他们有时整几日不离试验室一步。他们整日地工作,仅仅于进餐时暂停。有时觉得室中阴冷,则就小炉上一面煮点茶吃,一面取暖。他们有时于夜间进试验室去,见到所炼取的发光的矿物在暗中闪烁,觉得心中快活。……他只有预备室,而没有试验室。政府虽为他在大学中设了一个新的讲席,却不予以试验室的资金。反之,居里所不需求的东西,却有人来给予他,如英国皇家学会的台佛章、一九〇三年的诺贝尔物理学奖金,法国政府也要给予一种荣典,他却辞而不受。他写信给大学校长说:'请你代我谢谢总长,并告诉他,我并不需要荣典的装饰,我倒很需要一个试验室!'"[①]。居里夫妇对于应酬一概

---

① 闻砥:《时事史中的女人物——镭锭发明者居利夫人》,《妇女杂志(上海)》1930年第16卷第1期。

拒绝，但居里对幼时的朋友及科学研究会中的同志交情很深，他曾说"不管如何结局，虽是一个人的灵魂与肉体总归于分散，工作也总是必需要做的"①。

在其他领域，也有淡泊名利、潜心科研的表述。如天文学领域，维耶谟氏与其妹迦录林的生存环境更是窘迫，他们前半生居住在破屋内，饮食粗粝，以洗涤场为图书室，以马槽为磨镜室。当然，也有科学家出身显赫，物质上有极大的富足，但仍旧在科学上取得成绩的，如英国善种学家戈尔登（Francis Galton）。他的父亲是 Smuel Tertine Darwin，母亲是伊拉斯莫·达尔文（Erasmus Darwin）的女儿，幼年在奥德华学校读书，后进剑桥三一学院，1884 年毕业，前半生大半在旅行中，此后潜心研究科学，他运用统计法研究遗传学，成为善种学的先驱。可见，大多数作者认为物质的缺乏并不影响科学家们取得研究上的成就，精神的富足和对真理理想的追求才是他（她）们取得突破的关键。

对于科学没有性别区分的描述，写作科学家形象的作者们从提倡女性从事科学到不同学科领域出现更多科学家等方面都有所论述。如陈撷芬希望美世儿的事迹能够被中国女子学习、效仿，在开篇时便说道："我今年看见一部书，是译他们西国的，名字叫世界十女杰，是说的各国女豪杰的事迹，有的姊妹想也看见过，但是不看见的人多得狠，并且有年纪小的，不能看那深奥的文法，所以我将这十个女豪杰的事，编做白话，既可以与诸位姊妹消消闷，又可以晓得我们女子中的人物，倘然看得合式，就可以学他也做一个女豪杰出来，岂不是件有益的事么，姊妹们以为是否。"② 作者在此强烈劝导中国女子效仿并向外国女子学习。这篇传记虽不是描写科学家生平事迹的，但它从女性热爱并能够学习科学的角度讲述了女性从事科学事业是可能的道理。在《伟大的女学问家》中，作者健孟总结了文艺复兴时期的女科学家们，主要专业门类有：数学、天文学、物理

---

① 奚浈：《镭的发明家居里夫人恋爱史》，《妇女杂志（上海）》1924 年第 10 卷第 7 期。
② 楚南女子（陈撷芬）：《世界十女杰演义——西方美人——美世儿》，《女学报》1902 年第 4 期。

学、化学、矿物学、植物学等①,也有作者指出"不问那种的学问或事业,只要是公开的,并且使女子有受各种教育的机会,女子必定会就性之所近,去研究那一种学问,在那一种事业上发展"②。可见,在提倡女学的背景下,宣传女性在数学、医学、天文学、物理学、化学等领域的贡献是倡导女性读者从事科学研究事业的先声。

三 《妇女杂志(上海)》中科学家形象成因分析

《妇女杂志(上海)》是指发行在1915—1931年的上海的女性期刊,由于它发行时间跨度较大、所刊出的科技工作者较多,且它承接自清末民初,与这一时期早期的科学家形象有些相似,又紧接战争时期,表现在1931年所刊出的内容逐渐与战争有关系,加之它所创刊的地区为文化发展的前沿——上海,在一定程度上它可以代表中国其他地区的女性期刊在20世纪40年代的发展水平。由于性别并非编者选择介绍科学家的标准,且《妇女杂志(上海)》中的读者与编者均有男性的存在,所以本节将重点介绍该刊物中科学家形象的特点及集中在某些领域的原因。

女子性格被认为适合从事医护职业

20世纪初,女子从事看护和医生的职业经历了由不被尊重到逐渐认同的过程。1917年的《日本妇人职业指南》指出"看护妇为妇人职业中之最当令人尊敬者,然世人多不尊重之,此因其职业虽当尊敬,然任此职业者之品性,多不足使人尊敬故也"③,该文论述了有关妇女从事看护的种种禁令和不许妇女行医的偏见,认为看护有碍于培养良好的道德或品性。

因此,在20世纪初期,看护妇起初为单身的女性,在介绍她们的事迹时也多强调"终身未婚"。曾有募集看护妇的条件为:

一、年在十八岁以上,三十岁以下,而无配偶及家累者;二、

---

① 健孟:《伟大的女学问家》,《妇女杂志(上海)》1923年第9卷第5期。
② 孙松泉:《文学合于女性的研究》,《妇女杂志(上海)》1922年第8卷第5期。
③ 艾耆:《记述门——日本妇人职业指南》,《妇女杂志(上海)》1917年第3卷第6期。

身长四尺六寸以上者；三、身体强健而性质纯良者；四、从来之履历品行无尤者；五、高等小学校卒业者，及有与此同等之学力者；六、有居于东京府下之保证人二名，而其一有公民权者，又须有区役所及町村役场之证明。①

以上为日本对看护妇不适合已婚妇女从事的态度，这直接影响到中国人对看护妇职业的认识。比较典型的案例是中国的医院看护林修亭女士，她在《职业生活自述》中讲述其在16岁（1916年秋）至婚前（约1924年20多岁时）的看护职业经历，她的订婚对象是一位与她在同一医院的医生，纵然如此，她还是要考虑婚后如何平衡家庭与职业的关系，对自身的看护职业也产生了很多疑虑，最终在婚后她还是辞掉了这一工作。当然，也有可以兼顾家庭与看护职业的女性，但目前所见仅限于欧美妇女，如玛格莱忒·珊格尔，她早年专修内科及看护，后与艺术家威廉·珊格尔结婚，婚后育有三子（最小的女儿三岁时去世），她与丈夫约定半年在乡间过闲散生活、半年与其在一处做事，因此她能够继续研究性的卫生学，去俱乐部及各种妇女会演讲社会卫生，并从事看护14年。

曾撰写过马克思小传的陈友琴则更直接地从战争和妇女解放的角度叙述战争与女子职业的关系，他说："一九一四年的大战争，欧洲各国都大多数卷入漩涡里，一般男子，多数被募入军队，向战场上来讨枪林弹雨的生活，国内一切的工业及职业，都无人管理及工作。所以女子乘这个机会，得到工业及职业上的位置，为妇女解放运动的大幸运。而犹以德国为最著，凡一切社会上的职业，都雇佣女子。"② 以至于1919年的"中国女医，遂几成为妇科小儿科之专门家矣"③，甚至有作者也指出"女子已经受过了中等教育，就应当使她去得一种相当的职业，和男子

---

① 慕卢：《译林：赤十字社之看护妇》，《女子世界（上海1904）》1904年第2期。
② 陈友琴：《经济上的离婚观》，《妇女杂志（上海）》1922年第8卷第4期。
③ 有关此说法见：《纪述门：女界要闻：国内之部：中国之女医生》，《妇女杂志（上海）》1919年第5卷第7期。

一样，不过学医却是最适宜的一种罢了"①。

有关女性适合学医护的论述，在1930年的《妇女杂志（上海）》中继续有作者提及："医药界里妇女最适宜的职业，要算看护和产科了。因为看护是最要耐心而能体贴病人的心理，这些性质，是妇女所特长的，所以比较男子能够胜任。产科呢？因为妇女人人自身要做产的，能够有极深切的实验，所以格外便于研究"②，更有甚者，撰文论述女子与生物学的关系问题，虽大多数人认为女子不适合学科学，但作者仍旧以个人意见指出：女子是宜于学科学，尤宜于学生物学，理由为女子具备科学家所要求的清净的头脑、精确的观察及坚忍的毅力的心境，从生物学（分为形态学、分类学、生理学、遗传学四类）角度讲，第一，生物学是一种与生命现象有关系的科学，女子当能特别感觉兴味浓厚；第二，生物学专门依靠观察力，故尤适合于女子的特性③。这表明女子从事看护、习医的职业被社会所认同，对这两种职业的女医护工作者的宣传也顺势而为，但对于外科等具备男性气质的医学领域，女性仍旧被排除在外。

科学家并非女性应当从事的职业

在妇女解放、女学与新女性的运动浪潮中，《妇女杂志（上海）》宣传了诸多科学家的人物事迹，也倡导了女性可以在科学研究中有所贡献的主张，但在该刊物的男性编著者们看来，科学家并非是广泛适合于女性的职业。这主要表现在当介绍男女两性科学家合作时女性科学家的从属地位以及《妇女杂志（上海）》有关其他女性职业的论述上。

当描述男女两性科学家合作科研的情况时，这种既希望女性解放、从事科学研究，又将其置于科学事业从属地位情况便昭然若揭了。如对于星学界的维耶谟氏及其妹迦录林，作者西神④对其二人的贡献以《内

---

① 定庵：《女子经济独立与习医》，《妇女杂志（上海）》1922年第8卷第11期。
② 刑知寒：《女性的职业》，《妇女杂志（上海）》1930年第16卷第2期。
③ 赵雪芳：《女子与生物学》，《妇女杂志（上海）》1930年第16卷第2期。
④ 即《妇女杂志（上海）》主编王蕴章。

助》为题进行了描述，折射出了王蕴章所一贯主张的贤妻良母主义。文章写道山岛斯氏在演说中说："吾人闻此二人之共同劳动，中心钦佩无已者，即兄之智力与妹之勤勉也"①，该论述意在强调女性科技工作者们获得科学成果是由于其勤勉和细心观察，并以"内助"描述女性在天文学领域的从属地位，这与描述男性智力上的优越形成鲜明的对比。2卷8期更有"盖研究斯学者，须具有忍耐、奋勇、专精诸性质，凡此忍耐奋勇专精诸德，惟女子较男子为富强"②，提倡女子应在天文学研究领域内占有一席之地。在介绍夫妻合作科研时，受制于贤妻良母主义思潮，作者有意无意地重点介绍女性科学家作为妻子、母亲的角色。有媒体报道，在居里夫人周游美国时，当火车经过朴实的小村舍时，她曾屡次向她的美国同伴说："我常常希望将来也有这样的一个家庭！"因此，作者 Prescott Lecky 得出结论"在伟人列传里妇女数目之所以不多，是因为她们自己不要做伟人，她们只要做妇人罢了"③。在科学家群体形象的描述中，女性科学家属于从属地位，仍有将"科学家"默认为男性群体的窠臼。

而女性应当从事除科学之外职业的言论在《妇女杂志（上海）》中有大量文献存在。以"职业"为关键词检索该刊物中有关女性职业的叙述，年代和文章数分别为1915—1919年有21篇、1920—1929年有90篇、1930—1931年有12篇，由此可知五四思潮对倡导女性解放、新女性从事职业的重要意义。而在1924年10卷6期《妇女杂志（上海）》更推出"职业问题号"，所涉及的女子职业有小学教师、女工、养蚕家、女医生、农牧家、刺绣等；1928年，有作者认为"在现代女子所常作的职务，有女官吏、女教员、女办事员、女伶、女店伙、女工、女仆……"④。由于笔者能力所限，仅以1931年青岛地区200余人的职业女子统计为例说明

---

① 西神：《谈屑：内助》，《妇女杂志（上海）》1920年第6卷第3期。
② 瑞琛：《天文界中女子将来之事业》，《妇女杂志（上海）》1916年第2卷第8期。
③ ［美］Prescott Lecky：《妇女的智力是否和男子一样？》，曹仪孔译，《妇女杂志（上海）》1928年第14卷第12期。
④ 海宽：《妇女的职业和妇女的堕落》，《妇女杂志（上海）》1928年第14卷第4期。

当时的女子职业情况,文献指出该地中小学女教员合计177人、女店员23人、女司机22人①。可见,中小学女教员被认为是最适宜女性从事的职业,而科学家却并非20世纪上半叶的人们所普遍接受的女性应当从事的职业。

第三节 《女铎》中的科学家形象分析

1912年3月,《女铎》(The Women's Messenger)在上海创刊,它以都市中的中上层知识女性(主要有基督徒的家庭妇女)为读者对象,1942年停刊,1944年复刊,1945年迁成都,1946年迁回上海,1949年12月出版35卷后停刊。《女铎》是近代中国发行时间最长的女性期刊,其发行量虽不够理想,但仍旧在一部分读者尤其是女性读者中有重要的影响②。

近代中国报刊的创办是由西人开始的,它们也多介绍西方的科学技术知识,如1868年创刊的《万国公报》116篇人物传记中有15篇有关科技工作者的传记,占比约为13%,该刊物也零星涉及女性问题、女性科学家、女子教育等内容。《女铎》的出版则从西人的角度专门介绍这一宗教背景的作者们对女性问题的看法,对其中关于科学家及科学技术知识的分析便有了与《女子世界(上海1904)》和《妇女杂志(上海)》不同的一些特点,可以丰富对女性期刊中科学家形象的研究。

一 《女铎》中的科学家们(1912—1949)

该刊物由上海广学会出版发行,由美国公理会亮乐月女士(Miss

---

① 佚名:《妇女消息:青岛职业女子统计》,《妇女共鸣》1931年第45期。
② 赵晓兰、吴潮:《传教士中文报刊史》,复旦大学出版社2011年版,第330—331页。

第三章　科学家群体形象案例研究：以典型女性期刊为例

Laura M. White）（图4）① 创立并兼主笔（任期为1912—1919）。1920年至1935年，季理斐夫人、李冠芳、朱懿姝担任主编，1936—1949年主编则一直由刘美丽（Mary Liu，为亮乐月的学生）（图5）担任②。《女铎》的主要栏目有社论③、家政④、教育⑤、学术⑥、道域⑦、说部⑧、杂俎⑨、传记⑩（或坤范）、校课⑪、词苑⑫、近闻⑬（或时事）、笑林⑭、游戏⑮、西艺⑯、余兴⑰（或逸兴）等。由于该刊物在1920—1922年无法获

---

① 亮乐月，美国人，1865年11月13日，在中国从事著作、教育等工作共43年，她毕生的精力都用在教育女子及文化事业上，她创办了《女铎》，介绍了不少西方小说及关于妇女的文字。1911年，她身兼二职，既是汇文女校校长，又是《女铎》总编辑，所以在《女铎》初办时地点是位于汇文女学内的。1931年6月，亮乐月因病返美，她于1937年1月24日在美国逝世，被时人称为"吾华的良师益友"。在亮氏返美后，《女铎》主笔一职由李冠芳担任，1935年，李另有高就，刘美丽遂肩负起编辑《女铎》的重任。[参考自：White, L.：《几位对中国文化有贡献的西教士（八）亮乐月》，《天风》1945年第20期；刘美丽：《女铎的过去现在与将来》，《女铎》1941年第30卷第1期。]

② [美]何凯立：《基督教在华出版事业1912—1949》，陈建明、王再兴译，四川大学出版社2004年版，第256页。

③ "社论"栏目：此门系关于各女界或男女界通用之著作，于世道人心极有裨益。

④ "家政"栏目：此门因中国女界竞尚自由未能得自由真相，故所载多妇女应尽之天职。

⑤ "教育"栏目：此门凡家庭、学校、社会各种教育新法，分别译著，使观者一洗从前陋习。

⑥ "学术"栏目：此门系各科学中简而易明又为女子普通知识所不可少者，实足补学校之不及。

⑦ "道域"栏目：此门可为研究圣经之道线，亦可为担任布道之资料，辅助基督徒继往开来、厥功匪浅。

⑧ "说部"栏目：此门为暇时遣闷最妙之品，好在是项小说非坊间淫词艳曲，比虽闺秀亦可披览。

⑨ "杂俎"栏目：此门所载乃对于人生极有关系之各种笔墨，观之足以长人识见、增人阅历。

⑩ "传记"栏目：此门皆中外古今名女行状、巾帼得此庶几景慕之余，有志立品。

⑪ "校课"栏目：此门为各省女校及家塾之语文课艺，月集数篇，籍觇全国女学成绩，兼可勉励女生。

⑫ "词苑"栏目：此门皆诗词歌赋之出于女界或男女界，可共赏者，兴到披诵，别饶雅趣。

⑬ "近闻"栏目：此门合中外各界有关妇女之新闻，或由访得，或录他报，实事求是，足供检查。

⑭ "笑林"栏目：此门各种谐语，无不推陈出新，其俚俗而不堪入目者概不揽入。

⑮ "游戏"栏目：此门于游戏中寓劝惩意岁时宴会，最好以此行乐，较之他种无意识之谑浪高尚多多。

⑯ "西艺"栏目：此门以近来女校林立，女子之兼擅中西文者，颇不乏人，故列此篇聊备一格。

⑰ "余兴"栏目：此门因阅报诸君散处四方，很难把晤，借此交换知识，联络感情。

得，据目前所知，《女铎》在1923年已经被归类为"中华邮务总局挂号认为新闻纸类"，增加了"教务"或"教乘"栏目，1935年24卷2期封面有题字。内容上，1938年之后篇幅减少至之前的一半，科学性的知识仍旧被刊登，封面及内容设置逐渐与国内其他同时期的非宗教性质女性期刊相一致。

图4 《女铎》报创刊人亮乐月①

图5 站立者为《女铎》后任主编刘美丽、坐在座位上的人为编辑叶伯华②

《女铎》在发行的25年③时间里，与科学家有关的内容始终伴随着期刊本身的发展，这里既有科学家个人传记，又有时事新闻中的简短介绍，还有若干直观表现科学家精神面貌的照片。该刊物中科学家介绍的详细内容如表7所示。

由表7可知，《女铎》在1912—1949年共介绍了70位科学家。从职业角度来看，发明家（包括电报发明家、飞机发明家、望远镜制造者、美容术发明家）共10位，其中男性8位、女性2位；医护领域（包括医

---

① 图片选自《女星》1937年第6卷第9期。
② 图片选自《女星》1937年第6卷第9期。
③ 具体发行时间为：1912—1914年、1917—1919年、1923年、1928—1941年、1946—1949年。

第三章 科学家群体形象案例研究：以典型女性期刊为例

表7 《女铎》中的科学家情况简表（1912—1949）

序号	时间	卷期	作者①	记述科学家及其国籍	性别及职业
1	1914	3卷1期	志翱	[美]莫尔斯（Samuel Morse）	男，电报发明
2	1917	6卷3期	仰	[英]齐女士	女，医生
3	1917	6卷6期	奉天金玉山	[英]依利沙白	女，医士
4	1917	6卷7期	袁玉英（录）	[中]伍连德	男，医学家
5	1917	6卷7期	仰	[瑞士]郭来贞	女，医士
6	1918	7卷3期	李冠芳（译）	[英]佛兰尔斯女士②	女，看护妇
7	1929	18卷5期	无	[美]山格夫人（Mrs. Margaret Sanger）③	女，看护
8	1930	18卷11期	李冠芳	[中]陈阮德馨	女，化学教师
9	1931	19卷10期	无	[中]丁巽甫、胡刚复、吴正之、戴晨	男，物理学家及研究者
10	1933	22卷1/2期	无	[中]黄琼仙④	女，医师
11	1933	22卷3/4期	无	[中]石美玉、邝翠娥	女，医士
12	1933	22卷6期	丁令仪	[美]兰格力（Langley）、莱特兄弟、[法]布雷略特（Bleriot）	男，物理学家、飞机发明家、飞行家

① 作者"无"的文献为妇女新闻、期刊内页照片、女界新闻、时事中出现科学家的情况，因它们没有明确的作者信息，故以此处理。
② 另外，1929年第18卷第1—2期的《时事：上海医界纪念南丁格尔女士诞辰》中也介绍了南丁格尔的事迹。
③ 另外，1936年第24卷第11期《女界新闻：国内之部：节育大家山额夫人访问远东》、1937年第25卷第8期《山额夫人与节制生育》中也有对山格（额）夫人的介绍。
④ 另外，1933年第22卷第3—4期有《黄琼仙女医师行述》。

续表

序号	时间	卷期	作者	记述科学家及其国籍	性别及职业
13	1934	23卷1/2期	无	[意]马可尼	男,电报发明家
14	1936	24卷10期	绿绮	[英]罗斯(Mr. B. T. Rose)、大威迹(Dr. W. H. Davison)	男,外科医生、验尸官
15	1936	24卷11期	IP	[俄]柏利劳夫(Pavalov)	男,生理学家
16	1936	25卷1期	无	斯特历夫人	女,望远镜制造者
17	1936	25卷3期	无	[中]黄琼之	女,医师
18	1936	25卷3期	少华	[法]乔列奥夫人(居里夫人女儿)	女,物理学家、化学家
19	1936	25卷4期	无	[法]居里夫人①	女,物理学家、化学家
20	1936	25卷5期	剑秋	[英]希尔博士(Dr. A. V. Hill)	男,生理学家
21	1936	25卷5期	如	[美]奥理利女士	女,美容术发明家
22	1937	25卷12期	无	[?]厄湟斯特,大卫	男,医生

① 另外,1939年第27卷第8期《居里夫人传》及1页的《八年后美国胡佛总统接见居礼夫人:图片》《一九二一年居礼夫人与其二女夏娃(左)爱任依(右)在美国接受美国妇女赠给价值十一万美元之镭锭:照片》《美总统接见定接克居礼夫人并亲自赠自镭锭:照片》《在波兰华沙城所建立之居礼夫人铜像:照片》《左为爱任依与其承夫继母志研究科学。右为艺术家夏娃抚琴:二幅照片:照片》《居礼夫人左为夏任左为夏娃:照片《居礼夫人之女公子爱任依小影:照片《居礼夫妇乘脚踏车依:照片》第27卷第9期《居礼夫妇用以研究镭锭之化验室:照片》《欧战时居礼夫人组织的镭锭数护车在车上服务的就是夫人之女公子爱任依(续)》;第27卷第10期《居礼夫人传(续)》;第27卷第11期《居礼夫人传(续)》。

第三章 科学家群体形象案例研究：以典型女性期刊为例

续表

序号	时间	卷期	作者	记述科学家及其国籍	性别及职业
23	1939	28卷2期	孤云	[美]摩尔氏（Samuel F. B. Morse）、[德]赫兹（Heinrich Hertz）、[意]马可尼（Guglielmo Marconi）、[美]福里斯特（Lee de Forest）、[美] Fleming/Armstrong/Hazeltine	男，物理学家，无线电报发明及改良家
24	1941	30卷7期	梅晋良	[?]狄克（Dr. George Dick）和他的夫人（Gladys R. Dick）	男/女，医师
25	1946	31卷1期	李玉英	[?]嘉劳博士（Karl Landsteiner）、[?]卫拿（Wiener）、[?]非礼文博士（Dr. Philip Levine）	男，化学家
26	1946	31卷8期	檀仁梅	[美]卡佛尔（George Washington Carver）①	男，化学家
27	1946	31卷10期	马法纶	[?]菲生（N. R. Finsen）、[瑞士]罗利亚（Rollier）、[?]亚隆士（LeoArons）；[?]杜兴奈医师（G. Duchenne）、[?]塔特博士（Dr. G Bird）；[?]普力斯尼兹（D. Arsonval）、[?]希里哈凯（Schliepheke）、[奥]维也纳（V. Priessnitz）、[新英格兰]萧博士（Dr. J. Shew）、[?]温也格（W. Winternitz）、[?]勃立特（E. Brand）、[美]西门•巴鲁赫（Simon Baruch）、[?]开劳格（J. H. Kellogg）、[?]任特医师（Sister Elizabeth Kenny）；[?]林海立克医师（Per. Henrik Ling）；[?]格拉哈（D. Graham）、[?]米彻尔（W. Mitchell）；[?]克罗生医师（Dr. Frank Krusen）、[?]奥培医师（Dr. F. Ober）、[?]威尔培士（Dr. Rayh Wilbur）	男/女，物理医学家
28	1947	32卷1期	愈敏	[法]葛博瑞尔•布韦恩（Gobriel Bertrand）、[美]茂根氏（Agnes F. Morgan）	男/女，化学家，营养学家

① 另外，夏森在1948年第33卷第10期、第33卷第11期、第33卷第12期、1949年第34卷第1期、第34卷第2期、第34卷第3期、第34卷第4期、第34卷第5—6期、第34卷第7—8期、第34卷第9期、第34卷第10期上的《名人传记：黑人科学家——乔治•华盛顿•卡佛尔传》也以个人传记的形式介绍卡佛尔生平。

续表

序号	时间	卷期	作者	记述科学家及其国籍	性别及职业
29	1947	32卷2期	畏生（译）	[美] 巴氏（Thomas Parran）、[美] 马门教授（D. W. L. Mallman）、[美] 哈罗·鲁宾逊（Harold B. Robinson）	男，外科医生、公共卫生学家
30	1947	32卷2期	无	[中] 朱汝华	女，化学家
31	1947	32卷6期	Erma Taylor 著，许道武译	[加拿大] 冯尼尔（John Sutherland Bonnell）	男，心理学家
32	1949	34卷2期	罗荷英（译）	[美] 魏登	男，医生

生、看护、医学家、公共卫生学家、验尸官、物理医学家、营养学家）共 44 位，其中男性 32 位、女性 12 位；物理与化学领域（包括物理学家、化学家、物理化学家）共 14 位，其中男性 10 位、女性 4 位；心理学家和飞行家各 1 位，均男性。

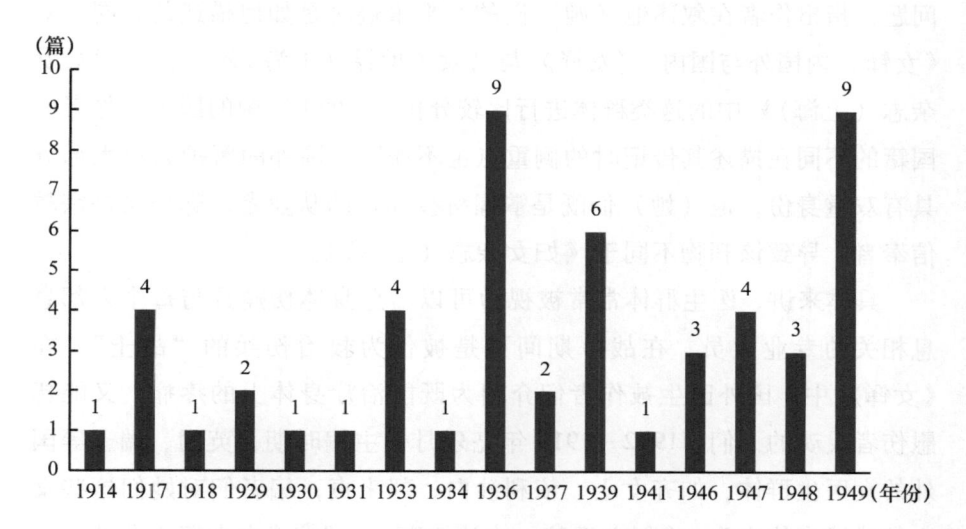

图 6　《女铎》中记载科学家文章的时间与篇数趋势图

《女铎》在其发行时间内共刊登 52 篇科学家的文献，其中既有多篇描述一位科学家的情况，也有一篇描述多位科学家的例子。由图 6 可知，刊登科学家的文章篇数在不同时期的数量是不同的，1936 年和 1949 年为篇数最多的年份，1915 年、除停刊的 1942—1945 年及无法获取期刊文献的 1920—1922 年外，1919 年、1923—1928 年、1932 年、1935 年、1938 年、1940 年的科学家文献篇数为零。对于这些与科学家相关的文献内容而言，《女铎》表现出了借鉴其他报刊如《申报》等普通读者所阅读的刊物中的内容，作者们对科学的发展具有一定前瞻性的讨论（如 1939 年 28 卷 2 期孤云对无线电发明史的未来展望）。另外，一些可以反映出时代背景的学科被介绍给女性读者，其中物理医学是一门有助于战后伤兵进行复原的学科，它在 1946 年复刊之后即被立即刊登出来。

二 外国医护们

医护领域的科学家是该刊物重点宣传的对象，笔者将在本小节具体分析有着宗教背景的女性期刊中国外医学、看护领域的科技工作者形象问题，指出作者在叙述他（她）们的生平事迹时是如何描述的，同时对《女铎》内国外与国内、《女铎》与《女子世界（上海1904）》和《妇女杂志（上海）》中的这类群体进行比较分析。《女铎》中的医护工作者因国籍的不同在描述其传记时的侧重点也不相同，国外的医护人员大部分具有双重身份，他（她）们既是掌握科技知识的从业者，部分又是宗教信奉者，导致该刊物不同于《妇女杂志（上海）》。

具体来讲，医生群体常常被视为可以治愈身体伤痛且与每个人都息息相关的专业人员，在战争期间更是被作为救治伤兵的"战士"。在《女铎》中，国外医生被作者们介绍为既能治疗身体上的疼痛，又能抚慰伤者灵魂的人们。1912—1919年亮乐月任主编时期，英国、瑞士等国外的女医生群体，如齐女士、依利沙白、郭来贞，编者们对她们这些女士的描述多依次为："创立医院，施诊舍药……"①"自女医士莅此，一变而为光明之世界，至婴废疾经女士医愈者，指不胜屈，奉（天）人之灵魂与肉体，均受其惠"②"凡有延女士医治疾病者，无不着手成春，身灵俱泰"③。而随着1936年主编更换为华人刘美丽（任期为1936—1949），《女铎》中的医生群体开始以医学技术救治身体上的疾病为主，宗教的因素逐渐退居次要位置。无论是外科医生罗斯④，还是生理学家柏和劳夫⑤，抑或是研究猩红热的狄克夫妇⑥，作者们都侧重于介绍这些科学家在医学技术上的贡献，宗教基本不提。直至1949年，介绍美国的魏

---

① 仰：《近闻：女医逝世》，《女铎》1917年第6卷第3期。
② 金玉山：《词苑：送依利沙白女医士归国序》，《女铎》1917年第6卷第6期。
③ 仰：《近闻：教会女界新史：北山楼屋落成志盛》，《女铎》1917年第6卷第7期。
④ 绿绮：《拔眉毛的危险：一个著名外科医生的经验谈》，《女铎》1936年第24卷第10期。
⑤ IP：《我们何以会睡著?》，《女铎》1936年第24卷第11期。
⑥ 梅晋良：《猩红热》，《女铎》1941年第30卷第7期。

登·约翰医生①。

看护职业在《女铎》中均为女性群体，本部分以南丁格尔为例介绍这一职业在《女铎》中的形象。南丁格尔传记的作者为李冠芳女士，她是四川籍人士，父亲为美美会司牧。李冠芳继承了其父的精神，她走遍世界各地，偶有在地方演讲民众教育问题，她还热心贫民教育，赞成晏阳初关于教育的主张②。对于南丁格尔传记的译文，李冠芳指出其在青少年时期喜欢阅读善书，如"……于他邦之种种善举，或医院中之成绩历史，或孤儿院之组织章程，凡关于公益事之记载，无不乐为研究"。译者李冠芳在翻译完成后还写道："当今中国对于善举，贫者固以力不从心为推诿之词，富者暖衣饱食，安享尊荣，更无暇念及此事，男子且然，而况女子乎？女士以席丰履厚之身，行济困扶危之志，巾帼须眉，世罕其匹，所愿诸女同胞共步佛兰尔斯后尘，勉为中国之佛兰尔斯，留名下世，是则私心所晨夕祈祷者也"③。以上内容在其他译文中是没有出现过的，《女铎》译文的出现与南丁格尔本人的经历有关，但李冠芳在译文最后的"译者曰"部分却显现出了中国传统文化中"文以载道"思想的影响，即李希望中国的女性读者在了解了南丁格尔的事迹后也能够向她学习，投入到"济困扶危"的事业之中。

由此，《女铎》与其他无宗教性质的女性期刊在介绍这类职业群体时有所区别，而国内医护人员传记的介绍却与其他女性期刊保持一致，这也可以从侧面反映出宗教因素对《女铎》及其内容的影响呈现出由重到轻的特点。

三 倡导青年救国的化学家

由表7的统计可知，美国黑人化学家乔治·华盛顿·卡佛尔（George

---

① 佚名：《魏登医生的家庭》，罗荷英译，《女铎》1949年第34卷第2期。
② 佚名：《会闻：成都教会消息：李冠芳女氏来川演讲》，《希望月刊》1932年第9卷第11期。
③ 佚名：《传记：佛兰尔斯女士小传（浅文）》，李冠芳译，《女铎》1918年第7卷第3期。

Washington Carver）是《女铎》中传记出现篇数最多的科学家，共计12篇，具体为1946年1篇、1948年3篇、1949年8篇，作者为檀仁梅和聂淼。本小节将具体分析这些文献所表达出的以下几个问题：一是卡佛尔的形象是什么？二是在怎样的背景下两位作者会选择这位黑人科学家？三是卡佛尔的事迹对中国青年在战后重建国家有着怎样的启示？

卡佛尔（1864.7.12—1943.1.5），黑人，出生在《解放黑人奴隶宣言》颁发后的第二年，父母为密苏里州一家白种农民摩西·卡佛尔氏的佣工，他有一个哥哥，名叫彼得。由于在解放黑奴的早期，黑人虽然在政治上得到了自由，但被白人剥夺了经济的权利和谋生的机会，在乔治出生后不久，他的父亲惨死，母亲被卖，从此幼小的乔治便成为了一个无父无母的孤儿，唯一的哥哥也夭折了。幸好，白种农民卡佛尔夫妇给予了他姓名，帮助其长大，更告诉乔治他是一个自由的人。由于乔治在打理花园、栽培葡萄树等方面的天赋，白种农民夫妇便帮助他进入黑人学堂，以便系统地学习知识。乔治半工半读地完成了中学的学习，然而此时的美国并没有给黑人开设大学，由于他的黑人身份本应给予他录取通知的大学在见到他后却拒绝其入学，黑人仍旧被歧视。1891年，他考入了Simpson学美术，他的美术天赋得到教师的青睐，但为着兴趣和前途着想，乔治还是转学到爱我华州立农学院（Iowa State College of Agriculture），并于1894年毕业，之后便成为了一所黑人学校的农科主任和农事试验场场长。他在科学上主要致力于甘薯和花生等农产品的衍生性物品的研制，利用甘薯做出了180种不同的东西，花生则多至300种产品，卡佛尔还是研究植物病虫害的权威者。由此，乔治·华盛顿·卡佛尔展现给读者的是一个遭遇家庭的不幸、经济的压迫、社会的歧视、民族的低落，然而他却靠着自己的信心、毅力、忍耐与聪明克服一切困难，并且成为举世知名的科学家的形象。

《女铎》中12篇关于卡佛尔传记的写作属檀仁梅（1908—1993）（图7）最早，他虽然篇数只有1篇，但却是将农业化学家卡佛尔介绍给国内青年的第一人。檀仁梅，永福县（今永泰县）人，福建协和大学教育科毕业，1936 年赴美，获得本薛文尼亚大学哲学硕士及哲学博士。回国后曾任福建省立师范专科学校教授兼教务主任一年、福建协和大学教授兼教育学系主任教务长五年。其实，在 1943 年，贺礼德写作《卡佛尔略传》一书就已经在美国出版，而这一年卡佛尔去世，在美国的檀仁梅早已仰慕卡佛尔，却无缘相识。于是，他在贺氏出版卡佛尔略传之后的 1945 年便翻译了这本书的若干部分。

图 7　任福建协和大学文学院院长时期的檀仁梅[①]

---

① 檀仁梅，博士，福建协和大学文学院教育系兼任教授，照片选自《沪江年刊》1947 年第 30 卷第 18 页。

檀仁梅之所以能够较早地翻译、写作卡佛尔生平，一是由于他既是基督徒，又关心农业教育①，还在美国留学期间对卡佛尔评价极高，称他为"近代世界上最伟大的一个化学家，是发明界的天才，也是美国黑人的一个救星"。二是他的青年救国思想促使他关注并译介卡佛尔生平，26岁檀仁梅就已经将"奋斗就是人生"作为口头禅，并用实际行动去施行这样的思想②，他在写作卡佛尔传记时也曾表露出对青年救国的恳切，他说"今日吾国青年的处境虽难，然而以之与卡氏的处境相比，却好得多了，所以每个青年不应自暴自弃，应当急起直追，把握时代，来为社会国家服务，方不虚此一生呢！"③ 1947年，他在岭南大学向青年学生演讲时再次提到卡佛尔的事迹，以鼓励青年大学生利用现有的环境获得自己的成功。

卡佛尔传记的另一位作者是聂淼，据笔者目前所知，她是一位女性，擅长翻译英文文献，她不仅翻译有关美国与世界等政治性强的文章，还翻译康柯尔小说奖获得者描写侵略者的凶暴和被蹂躏者的挣扎的文献，同时也对苏格兰青年动物学家伊凡·桑德生（Ivan T. Sanderson）探索非洲动物标本时的种种经历感兴趣。通过对她发表文章的分析，可以看出聂淼并不在译文中表露一丝个人的情感与态度，如有个人对该译文的思考，她往往会在译文前明确指出，她在试图做到直译外文并准确表达写作者的思想。虽然《女铎》卡佛尔传记中12篇有11篇都是聂淼所译，但这些译文均收录在《黑人科学家——乔治·华盛顿·卡佛尔传》中，而随着这本书的出版，《女铎》也不再续登卡佛尔传，可以说1948年、1949年期刊分11期陆续刊出部分卡佛尔传记很好地宣传了传主的奋斗史，为广大青年提供了学习的榜样。

---

① 檀仁梅翻译、写作卡佛尔生平前后撰写了多篇关于农业的论文，如《古代中国的农业教育》(1944)、《论农业史研究的重要》(1945)、《当前农业职业教育的几个问题》(1946)等。
② 檀仁梅：《奋斗的人生观》，《青年（杭州）》1934年第1卷第8期。
③ 檀仁梅：《黑人化学家卡佛尔》，《女铎》1946年第31卷第8期。

第四节　近代中国女性期刊由介绍科技知识到呈现科学家群体形象

本章重点总结分析了1898—1949年不同时段具有典型代表的女性期刊中的科学家若干群体的形象问题，基于第二章关于女性期刊及其中有关科学家报道的统计分析，加之不同阶段女性期刊在内容、体例上的差异，笔者首先以1898—1914年发行时间最长、影响最大的《女子世界（上海1904）》为例，介绍了这一时期女性期刊在描述科学家方面上的特点，即1898—1914年女性期刊以提倡女子教育为主，其中理科教育、与家庭生活密切相关的科学技术知识等内容也大量地出现，编作者们或者读者们认识女性问题的重点不在制造或发明这些科学技术的人上面，所以这一时期女性期刊介绍科学技术知识要远多于描述掌握这些知识的人。

其次，由于受新文化运动的影响，1915—1931年发行的《妇女杂志（上海）》除了继续提倡前一阶段的女学及介绍与女性相关的科学技术知识外，还将掌握这些知识的科学家作为重点宣传对象。该刊物中不仅出现了中国传统的农、医、天、算四大知识体系中的人物，还有同时期以西方分科之学而兴起的物理学家、化学家、生物学家等，这些不同专业的科学家既有本学科内特有的个性特征，又有属于总体科学家范畴的对科学严谨、求实的共性特征，为女性读者展现出了一种多元化的公众形象。然而，这一时期的女性科学家与男性科学家人数相差无几，女性能够研究的科学专业也是适合女性心理、生理等程度的医护等几个领域，从女子职业的广泛角度来看，科学研究并不是女性期刊编作者所认为的适合大众女性所从事的职业。值得注意的是，1915—1931年，女性期刊中对科学家的描述逐渐由外在的形象转为对其科研风格的介绍，这也可以反映出女性读者对科学家认知的逐渐深入的过程。

最后，作为1898—1949年发行时间最长、有着与前两种女性期刊不同背景的刊物，《女铎》演绎出了这种期刊对于科学家形象描述的独特性。该刊物在其发行范围内，出现了大量的科学家，这一职业群体的数量不亚于普通没有宗教背景的《妇女杂志（上海）》。在科学家的描述和选择上，《女铎》既突出了刊物本身的特点，又深深打上了中文期刊共有的时代烙印，该刊物中医护领域的外国科学家们自然而然地担负起了既治愈身体又"救治灵魂"的责任，但国内的医护工作者们则没有这样的双重人物，他（她）们把医学技术和护理科学作为治病救人的工具，这是区别于同时期其他类型女性期刊的一个重要方面。另外，由于《女铎》发行在1912—1949年，涵盖了两次世界大战等战争，这些字眼成为该刊物不断出现的内容，化学家卡佛尔传记的多篇出现便是青年救国的一个缩影，卡佛尔的一生既与多灾多难的中国近代史类似，同样也能够号召与他经历相似的青年们不放弃救国的希望、不抛弃自身继续奋斗的精神。

虽然《女子世界（上海1904）》《妇女杂志（上海）》《女铎》各自创刊的背景不同，但它们代表了1898—1914年、1915—1931年、1932—1949年其他女性期刊向读者传递出的科学家形象的一些表征性特点，尤其是一些有科学家描述的短刊断刊。下一章，笔者将根据出现在这三个时段内最频繁的居里夫人、南丁格尔、马可尼进行科学家公众形象的个案分析，并从性别角度探讨不同性别的科学家在女性期刊中形象的异同点问题。

第四章

科学家个体形象演变分析：以典型科学家为例

居里夫人与南丁格尔是出现在1898—1914年、1915—1931年、1932—1949年三个时间段的女性科学家们，综合第二章第二节表2、表3、表4分析，1898—1914年出现在女性期刊中篇数较多的科技工作者有：南丁格尔4篇、麦里·梨痕3篇、居里夫人2篇、张竹君2篇；1915—1931年的情况为：南丁格尔5篇、居里夫人7篇、蒙得梭利4篇；1932—1949年的情况为：居里夫人17篇、南丁格尔6篇、爱因斯坦5篇。由此可知，居里夫人（26篇）和南丁格尔（15篇）均出现在这三个时段内，且对两位的介绍呈现逐渐增加的趋势，对居里夫人的描述增加趋势更加明显。居里夫人和南丁格尔以长时段、持续性的特点为研究科技工作者形象问题提供了可供分析的案例，以探索同一科技工作者在不同历史发展时期形象演变问题。无线电发明者马可尼是出现在1898—1914年、1915—1931年、1931—1949年三个时间段的男性科学家，他所发明的无线电通信技术在战时成为一种军用交通工具，在平时则是人们接受娱乐、教育等的新技术，是否有战争也深刻影响着对马可尼及其发明的无线电技术的介绍程度和方式。由此，本章主要对部分学科典型科学家形象在1898—1949年的演变特征进行分析，并找到他们的社会公众形象与各自所代表的学科内的群体形象塑造的关系。

第一节　居里夫人在近代中国女性期刊中的形象

一　由贤妻到职业女性

在叙述女性生平时，家庭都是必然会提及的，而同样作为女性，女科学家也无法逃避家庭带给她们的影响。具体到居里夫人而言，她以物理学家和化学家而举世闻名，但在她的传记中，20世纪初的作者们将重点放在其科学家父亲对于她的影响，甚至一度将其父的职业由数学家、物理学家改写成与居里夫人相同的物理学家、化学家。由于玛丽母亲过早去世，所以原生家庭中少有关于其母亲对其成长影响的叙述，女性期刊作者们便以知晓历史的上帝视角来撰写居里夫人之所以选择科学家作为职业的影响因素。

原生家庭与新生家庭是一组相对的社会学概念，前者指子女尚未成家之前与父母共同生活而组建的一种家庭，后者指子女成家后与自己伴侣及孩子组成的家庭，这里不包括双方的父母，两个概念可以是否婚配作为分界线。以居里夫人为例，在原生家庭方面，20世纪20年代的女性期刊中有关她的传记主要论述玛丽父亲的科学家职业对其科学启蒙的影响。20世纪初期，对其父职业叙述主要有"化学教授或物理教授"的说法。较早介绍居里夫人传记的《东方杂志》认为她的父亲是"波兰华尔雅大学化学教授"[①]，而最早介绍居里夫人生平的女性期刊——《妇女时报》则认为："乃父执教鞭于该市（华沙）第一流之学校，为物理学教习，名史克绿道斯基，乃笃实之理学家也"[②]；1921年《妇女杂志（上海）》认为：其父亲是波兰华沙大学的化学教授，因此玛丽从小便很有科学上的智慧和学识，少长的时候曾在华沙大学肄业。

---

① 高劳：《镭锭发明者居里夫人小传》，《东方杂志》1912年第8卷第11期。
② 许婵：《贤妻居里夫人》，《妇女时报》1914年第13期。

第四章 科学家个体形象演变分析：以典型科学家为例

然而，到了 20 世纪 30 年代，玛丽父亲的职业变为"数学及物理学教授"。科学家任鸿隽的妻子、曾就读上海女子中西学医院的陈衡哲在《独立评论》中介绍道居里夫人的父亲"是一位中产的地主，但也是一位教育家。他喜爱文学，擅长数学物理，曾做过大学的教授及校长。母亲也是一位奇女子，是一个著名女校的校长。在家庭中，她又是儿女的良师，丈夫的益友。夫人生长在这样优美高明的环境之下，在智识和人格的两方面，便早已得到了一个良好坚固的根基"[①]。其他非女性刊物也以此为据进行介绍，1934 年《居利夫人和镭锭》中声称"父亲是华沙大学的数理教授，母亲也办理一所小学。她生后不久，母亲就亡故，由父亲抚养并教她读书"[②]；香冰则描述为"父为华沙大学数学及物理学教授。夫人为五儿中之最幼者，而孜孜向学，十七岁时即已精习数理"[③]。

有关居里夫人新生家庭方面的叙述，仍旧与科学研究有着密不可分的关系。如 1914 年，许婵在《妇女时报》上发文《贤妻居里夫人》，指出她的择偶标准与婚后生活为："全注重于研究科学之同志，因学问上之知己，而结同心之伴侣，与世之慕容貌、慕财产、慕名誉而缔婚者，不可同日语也。居里夫人结婚以后，仍专心求学，与未结婚以前无异，世俗女子，往往在未嫁之前，抱高尚之志愿，迨结婚以后，顿易常度，岂放弃其昔日之志愿，而化为凡庸之流，致令其旧日之师友，有失望之态者，比比皆然，而居里夫人，独不如是，可于以见其品格之高尚矣"[④]。1924 年，奚湞翻译自巴黎半周刊 *Bevne Blene* 上最近一期居里夫人的一篇自述文，文章通篇以居里夫人的回忆、居里给居里夫人的信的形式，介绍了居里夫妇由共同科学理想相识、相知、相恋并结婚生子的过程，表现了他们终身奉献于科学研究的决心和全身心投入科研的高贵品格。1933 年，陈衡哲在《独立评论》上也说："在普通女人的生命中，

---

① 陈衡哲：《居里夫人：一个新女子的模型》，《独立评论》1933 年第 44 期。
② 祥：《居利夫人和镭锭》，《京沪沪杭甬铁路日刊》1934 年第 1030 期。
③ 香冰：《居礼夫人（附照片）》，《科学的中国》1934 年第 4 卷第 3 期。
④ 许婵：《贤妻居里夫人》，《妇女时报》1914 年第 13 期。

结婚虽不必一定是恋爱的坟墓，但却没有不成为学问或事业的坟墓的。但在居里夫人的生命中，结婚却是她生命与学问的开始。这固然是由于他们夫妇的志同道合，但也未尝不由于那所志所道的能超乎平凡。"①

对于新生家庭而言，早期有关居里夫人传记的书写却与贤妻良母思潮有密切关系。《妇女时报》是最早介绍法国波兰裔物理学家及化学家居里夫人的女性刊物，该刊物发行时间为1911—1917年。1914年13期的《贤妻居里夫人》详细介绍了居里夫人的生平事迹，既赞扬了女性具备获得科学知识且能够有所成就的能力、婚后有坚持昔日志愿的可能，也描述了居里夫人科学研究起点是起始于在物理学家父亲实验室做助手的经历，对辅助居里继续科学研究提出了认同。作者一方面认为旧社会"贤内助"者为良妻，也对新社会良妻职责进行了说明，即"所谓良妻之资格，必须能帮助其夫，从事于学问或事业，俾其夫易于成就，而在此二十世纪之竞争世界，足当社会上理想之良妻者，尤须智德兼备之女子，不独为良人之臂助，且与其良人共牺牲其光阴精力于于世有益之事业。……深愿吾东方之女子，各本其所长，遂一种特别之发展，示世界以良好之模型，俾全世界知东方之女界中，亦大有人在也"②。这里，作者们也有意将居里夫妇的结合看作是在科学上的志同道合，在事业上互帮互助，并没有考虑作为独立存在的个人的情感与价值问题。而居里夫人无论在家庭生活中还是在科学研究中都处于次要位置，于前者，她需完成作为一个妻子、母亲的职责，勤俭持家、相夫教子；于后者，她需作为科学家，在科学上或事业上给予其夫帮助，攻关克难。

由此，居里夫妇的家庭生活就等同于科学研究，那么在取得科学研究方面，二人的贡献又存在差别，以下以发现镭的放射性贡献为例进行说明。1914年《妇女时报》言："当居里氏夫妇共事研究之际，互相依赖，一心同意，其所耗心力，彼此相等，故此大发明之荣誉，当然夫妇共有之，然居里氏则归功于其妻，而居里夫人又不自以为功，让此名誉

---

① 陈衡哲：《居里夫人：一个新女子的模型》，《独立评论》1933年第44期。
② 许婵：《贤妻居里夫人》，《妇女时报》1914年第13期。

第四章 科学家个体形象演变分析：以典型科学家为例

于其夫，以是相争不下，实则以致密之眼光于所实验之金类中看破此未知之矿物富有发光力者，居里夫人之功也，而从事于实验及推算且证实其发明者，则居里君之力为多，鸣呼，此学术界近代之大发明，苟无居里夫人，则不能得其成绩，苟无居里氏，亦不得有此实效。"① 该作者认为二人科学贡献等同。而1921年的《妇女杂志（上海）》便将此贡献更多归功于居里夫人，作者程小青认为"铯的发现，虽然是居里夫人和她丈夫共同的努力，但发明的功劳，实在不能不归居里夫人"②。对放射性的发现的描述，"在那时间，居里夫人精于化学的名声，本来已经很大，而且她的丈夫，也是有科学天才的。因此当时那位作精深研究的培克莱（Becquerel）教授，便来请居里夫妇们襄助研究。他们合力研究了一会，又寻到几种别种矿物——例如釷（Thorium）——也和铀有同样的功能。" 但是，1937年《居里夫人自传》中说："一九〇三年，余完成博士论文，并获得学位。是年终因放射性及数放射元素之发现，诺贝尔奖金即合赠与柏克勒尔及余夫妇焉。"③

五四之后，知识分子对妇女问题有了新的思考，他们倡导女性解放、人格独立、男女平等及妇女政治权利，挣脱民族国家话语的缠绕，存在于一个相对个人主义的语境之中。以《妇女杂志（上海）》为例，1919年后，商务印书馆改组，朝新文化论坛转型，1921年1月至1925年8月第8—12卷由章锡琛主编，周建人、矛盾、鲁迅、周作人等为主要撰写者，有关家政、卫生等实用新知的内容大幅减少，他们倡导女性解放，彰显五四知识分子对妇女问题的思考④。这一时期，该刊物关于居里夫人的传记描写有三篇，程小青著文两篇，奚浈译文一篇。前者写于1921年9月、10月，叙述了一位个性突出的居里夫人形象，也讲述了她放弃

---

① 许婵：《贤妻居里夫人》，《妇女时报》1914年第13期。
② 程小青：《科学界的伟人居里夫人（附照片）》，《妇女杂志（上海）》1921年第7卷第9期。
③ [法] 居里夫人：《居礼传》，黄人杰译，商务印书馆1937年版，第141页。
④ 陈妉漫：《〈妇女杂志〉（1915—1931）十七年简史——〈妇女杂志〉何以名为妇女》，《近代中国妇女史研究》2004年第12期。

镭专利权的无私奉献精神，以及居里夫人母女三人于是年5月到美国接受美国妇女捐献镭、参观美国实验室的情况，这两篇文章除具备表现新女性思潮外，还具备新闻的时效性；后篇译文名为《居里夫人恋爱史》，发表时间为1924年7月，以引用居里夫人自述、第一人称的口吻，讲述了伟大女性居里夫人如何与居里相识相恋、如何平衡家庭与科研、如何应对社交，以及婚后居里夫人同样有教员考试、照顾孩子等的烦恼，拉近了伟人与普通女性读者之间的距离，展现出的是一个立体、全面、生动的女性科学家形象。

以上有关居里夫人在原生家庭与新生家庭中的次要或非主要地位的论述，从一个侧面折射出了近代中国女性在家庭、职业和社会上的从属地位，文字所表现出的不仅是期刊编者与作者对女性从事科学家职业的认知，在一定程度上也是这一时期大众对在世界上获得两次诺贝尔奖的伟大女性科学家的建构。这表现在对其走上科学道路父亲的重要影响、科学研究中协助居里先生、教育子女等方面的描述，只强调外部因素对居里夫人的影响，尚未能以客观中立的立场去描写居里夫人的传记，忽略了她本人在科学研究道路上的主观能动性问题，没有强调内因的作用。在描述居里夫人形象时，近代中国女性期刊多以其外在的穿着、样貌等因素描述她，一方面可能由于居里夫人所从事的科学研究事业确实没有几位女性期刊的作者们能够读懂、理解并书写传播；相反，普通以男性读者为主的专门性期刊往往会将居里夫人看作为一位物理学家与化学家，而非女性。另一方面也是编著者们自身科学背景知识所限，他（她）们也需要迎合女性读者的知识面和理解力，以通俗易懂的方式介绍这样一位伟大的女性科学家。由此分析，居里夫人形象在近代中国女性期刊中的呈现恰恰也反映了科学与性别之间的张力所在。

二 居里夫人的"战士"形象

1911年，居里夫人因分离出纯的金属镭而获得诺贝尔化学奖，1912年，镭在医学上的贡献得到了世界的公认，不久，巴黎便设立镭医疗研究所。当第一次世界大战战火蔓延至巴黎时,居里夫人积极利用镭的放射性加入到战时医疗的救护中去。她一面训练"辐射学"机师,一面负责镭学研究所的研究,"这个研究所,内中分居礼理化研究所和镭病理学研究所两部,前者是单从事科学上的研究,后者是研究镭在医学上的应用"①。

对于居里夫人在战时的贡献,国内期刊都有叙述。1933 年,陈衡哲在《独立评论》上讲"除去诚意的不愿枉费时间与精神于无谓的酬酢之外,这两位夫妇却并不是什么怪物。他们敬爱道义的朋友,喜欢恬淡简朴的生活,爱乐天然的景物。对于社会与国家的事业,他们也能尽力相助,绝不漠视。故他们对于镭质的采取与施用的方法,完全公开,遂使镭质的制造与治疗,成为一件对于社会的重大贡献。而在欧战初起之时,巴黎的危亡迫于旦夕,夫人却又只身来往巴黎,把镭质迁移到安全之地。又亲到前线去,为伤兵施用镭质的治疗,为医生看护讲解施用那治疗的方法与手续"②。1936 年,Bernard Jaffe 著、黄嘉德译的文章也说:"居里夫人默默地工作着。她在世界大战时,训练了一百个女子,做'辐射学'机师。她的爱女爱莲,也是其中之一。她学开汽车,为医院搬运仪器,不久,巴黎大学镭学研究院成立,请她担任院长之职。她在巴黎庇尔居里街研究院的房里工作不辍,炼镭去供给战地医院的需要。欧战停息,波兰独立,给她极大的喜悦。她于一九二九年再度赴美,代表波兰接受美国所赠的镭。她有勇往直前、不屈不挠的精神,回国之后,还继续四年镭学的研究。"③

以普通青年、大学生为读者群体的期刊也在介绍居里夫人生平时关注了她在战时的工作。1936 年,孙淑铨在《读书青年》中有言:"居礼夫人沉默地工作,大战期内,她离开实验室,训练了一百五十个女孩子,成为无线电工作者,伊伦也在里头,她学习得会开驶汽车,搬运医院内

---

① 涧云:《居礼夫人传》,《绸缪月刊》1936 年第 2 卷第 5 期。
② 陈衡哲:《居里夫人:一个新女子的模型》,《独立评论》1933 年第 44 期。
③ [美] Bernard Jaffe:《不屈不挠的居里夫人(附照片)》,黄嘉德译,《西风(上海)》1936 年第 1—6 期。

的器械，肩负得起粗重东西，巴黎大学的镭研究会成立，她成为指导者，她回到一间小小的研究室，忆念着比鲁居礼，在那里，她狂热地做着提炼镭的工作，直到大战停止"①；"国立"山东大学化学讲师何心洙在学校周刊上有述及居里夫人在战时的工作，即"1914 年欧战开始，夫人组织了'放射光线救护队'，往来战区救护伤兵，并亲作劳役，备尝辛苦。结果因受放射光线治疗而庆更生者约五万余人。1918 年欧战终了，波兰得了自由，恢复为独立国家，这，了却了夫人生平壮志不少。我们可以想像夫人那时内心热烈的快乐该是怎样一个程度了"②。1938 年，《西风（上海）》仍旧重复刊出 Eve Curie 的《居里夫人传》书中的部分内容③，其中专有居里夫人在战时的贡献内容。

有关居里夫人的传记虽早在 20 世纪初出现在近代中国的期刊上，但直至 1933 年陈衡哲发表在《独立评论》上的《居里夫人》时，才有关于居里夫人在战时利用镭的放射性为伤兵进行医疗救助的描述，这可以看作是近代中国期刊中最早关于此方面的论述。而随着 1934 年居里夫人的逝世、她的小女儿伊芙·居里的《居里夫人》传记的出版，有关居里夫人生平的期刊报道更加丰富、完整。

据笔者所阅资料，1933—1945 年，共 29 篇居里夫人传记性质的文章有 28 篇在其生平中撰写关于居里夫人战时医疗救助的内容④。图片使用方面也着重刊出了居里夫人女儿站在"小居里"救护车上的照片⑤。影片宣传方面，好莱坞自大战以来大量摄制军事训练影片，1943 年 12 月 15 日上映的传记影片《居里夫人》也由其拍摄，这部影片虽不属于军事训练范畴，但主人公居里夫人的镭的研究却是重要武器原子弹研制

---

① 孙淑铨：《居礼夫人（名人传记）》，《读书青年》1936 年第 1 卷第 8 期。
② 何心洙：《化学社演讲录：讲题：居里夫人（续）（附图）》，《国立山东大学周刊》1937 年第 187 期。
③ [法] Eve Curie：《西书精华：居里夫人》，黄嘉音译，《西风（上海）》1938 年第 22 期。
④ 1 篇未写居里夫人战时医疗救助的文章为 1941 年张戚珊发表在《科学趣味》第 4 卷第 1 期上的文章《居里夫人》。
⑤ 《居里夫人画传（照片）》，《西风副刊》1939 年第 15 期，封 2 页。

的关键发明。电影中的女主角葛莉·嘉逊（Greer Garson）正是一位美国海军 Ensign Richard Ney 的夫人，她出生在英国，曾受过高等教育，毕业于伦敦大学，后又在法国 Grenoble 读研究生，最终前往美国好莱坞拍摄《居里夫人》一片①，这位女主人公本身的经历代表了英、法、美三个主要协约国的合作。因 1945 年有观影者推荐该影片，由此可知 1945 年之前就已经在中国播出了，而它的播出也表现了战时中国的立场。

20 世纪 30—40 年代，居里夫人的形象不仅表现在传统纸媒上，而且新的形式如影片等也有所开拓，更由于战时中国的国情，这些大众宣传工具对居里夫人亲自参加战时医疗救护、利用镭的发现进行放射性治疗、动员子女加入保卫法兰西等内容进行了持续且深入的报道，塑造了居里夫人作为女性、科学家身份的"战士"形象。

第二节　南丁格尔在近代中国女性期刊中的形象

一　具有仁慈、博爱性格之人

对于南丁格尔的表述，多从她幼时的事迹讲起，侧重于她的仁慈、博爱的性格方面。她出生在法国，是英国一个富裕的家庭的孩子，在原生家庭良好的环境影响下，幼时的南丁格尔养成了乐于帮助他人的性格。这样的一种表述，充斥在 1898—1949 年的南丁格尔传记的文章描述中，没有因为时间的改变而改变。

具体来讲，1898—1914 年，介绍南丁格尔的文章有 4 篇，对于她在幼时事迹均有所描述，比如 1903 年有作者论述："女史生长富室，其先又多达人，由是文明种子，递传至女史而益发达，年虽幼，即受教育，性颖悟，故于文词数术诸普通学，靡贯不通，女史心最仁慈，推爱及物，

---

① 遗：《学者女明星"居里夫人传"女主角（附照片）》，《电影与播音》1944 年第 3 卷第 5 期。

视奴仆若同胞"①,这篇文章对南丁格尔的仁慈做了简单的叙述;另外,同年还有文章指出"屡向欧洲大陆旅行,慈悲之念,满于胸臆,尝见有人虐待其家畜,即怦怦心动,先是女杰之父……旁通医术,用以愈百兽病,女杰乐从之学,遂得其术已达博爱之宗旨"②,这里当时作者们已经将南丁格尔的仁慈、博爱性格归之于其父亲的教导。而到了1907年,则开始以白话文的形式向女性读者介绍南丁格尔的慈悲之心,说她"从小时就富于慈悲心,每遇着穷人、病人,无限的怜恤,就是对于禽兽也是博爱,自身未曾下过残手段,去害动物那是不用说了"③,而在1915—1931年间,在描述她的性格之时,作者们有的将其归纳为"因生性仁慈,自幼即喜侍奉贫病之人"④,有的用她与家中动物和谐关系的例子来表明她的仁慈之心⑤。以上这些内容的表述,均为读者刻画了一个性格温和、具有慈爱之心的女性形象。

其他有关南丁格尔的表述重点出现在战争期间,1937年1篇、1940年3篇、1941年2篇,这一阶段女性期刊重点表现南丁格尔在克里米亚战争期间对伤兵的仁慈和博爱,这更将她在幼时所具有的性格应用到了具体的事迹之中。当然,南丁格尔本人不仅坚定了学习护理科学,她还创立南丁格尔护理学校,培养更多的像她一样愿意为看护事业作出贡献的女性,红十字会的设立更加体现了她的仁慈、博爱之心不仅局限于英国,更将之扩展至世界范围。

关于南丁格尔仁慈、博爱性格的表述,不仅是在为与她相似性格的女性提供一个可以工作的机会,也成为了近代中国女性作为女国民可以为国家做事的榜样,尤其是在20世纪40年代,南丁格尔屡次被提及,她在护理伤兵

---

① 录大陆报:《传记:那伊丁格尔女史传》,《岭南女学新报》1903年第2期。
② 乾慧:《译件:稗瀛一粟:英国女杰涅几柯儿传》,《女学报》1902年第4期。
③ 佚名:《创设万国红十字看护妇队者奈挺格尔夫人传(白话体)》,《中国新女界杂志》1907年第1期。
④ 佚名:《时事:上海医界纪念南女士诞辰》,《女铎》1929年第18卷第1—2期。
⑤ 李梅韵:《佛罗兰丝·南丁格兰的生平》,《女青年月刊》1931年第10卷第9期;佚名:《传记:佛兰尔斯女士小传(浅文)》,李冠芳译,《女铎》1918年第7卷第3期。

的时候所表现出的仁慈、博爱、耐心等形象永远力透纸背，为后人所见。

二 战时的医疗救护者

南丁格尔生存的年代恰逢克里米亚战争①，作为英国国民且学习过护理科学知识的女性，她没有丝毫犹豫就前往战场，为伤兵救护工作尽自己的力量。关于南丁格尔的战时医疗救护者形象也横跨了1898年至1949年的半个多世纪，近代中国女性期刊中关于南丁格尔的15篇文献中，对她在克里米亚战争期间竭尽全力救治伤兵有详细且大篇幅的报道，这种特点在20世纪40年代更加突出。

在20世纪初，南丁格尔在战争期间的描述为"女史以纤弱之体质，奋不顾身，指挥看护妇巡视院内，医食药饵，无不周挚，以慈善之心，布精密之法，向之至污秽、至纷淆之病院，未匝月已清洁而就绪矣"②；1916年，留英看护专科李张绍南更以具体事例表明南丁格尔对待伤兵的态度，"赖女士既以慈爱加于兵士，无不感悦，有言必从，间有兵士不允外科医割治者，医士则往，乞赖女士一言，即时领受，无异词，此在医院中大略情形"③。1937—1941年的战争期间，南丁格尔提着一盏灯巡视病房的形象开始出现在女性期刊上，这期间曾有文章写道"每至夜间入睡后，她便手提一灯，巡视医院，看看病人有何需要。有些伤兵，辗转不能成寐，便回首向床头壁上，吻着她经过时的倩影，他们简直觉得她是一个天使，而且对于她的小心看护，非常铭感"④，这是关于这一提灯形象在女性期刊中的较早表述。之后关于这个形象的叙述虽然在个别

---

① 克里米亚战争是1853年至1856年间在欧洲爆发的一场战争，为俄国人入侵土耳其，南下紧逼英法两国，英国给予抵抗的战争。1854年10月21日，南丁格尔和38位护士到克里米亚野战医院工作，她指出在战争中，英军真正死亡的原因在于战场外感染和受伤后未及时护理而导致重伤致死，肯定战时护理的重要性。
② 录大陆报：《传记：那伊丁格尔女史传》，《岭南女学新报》1903年第2期。
③ 留英看护专科李张绍南：《赖丁格 Florence Nightingale》，《中华妇女界》1916年第2卷第5期。
④ Nightingale, F.：《一位不朽的看护妇弗洛棱萨奈丁格尔》，叶新华译，《女子月刊》1937年第5卷第3期。

词语上有所不同，但大致意思一致，描述了南丁格尔将她的仁慈、博爱表现在她的工作中并因此受到伤兵们赞扬的情形①。

值得一提的是，南丁格尔终生未婚，她把毕生的精力都投入到看护职业中，纵观1898—1949年的女性期刊，对南丁格尔的描述从未提到过她个人的婚姻状况问题。对于从事护理科学的人员往往被称为"看护妇"，可见看护职业与是否有婚姻二者存在着一定的关系，本书研究的时间段内就曾经出现过看护人员与被看护人员有感情纠葛进而导致了不良影响，而女护士往往选择和自己职业相似的配偶，比如医生，她们的婚姻问题并不乐观。具体到南丁格尔而言，她没有家庭和职业的矛盾，她完全可以自由地从事自己热爱的职业，她的婚姻状况之所以未有说明与她所处的英国社会对女性从事医护的态度也有关系。

南丁格尔在战争期间治疗救护伤者，不仅创设了在战争期间受到交战双方保护的红十字会，也实实在在地影响了一批批中国女性知识分子加入到护理科学中来，如张竹君及其妹妹张湘纹、中国的南丁格尔蒋鉴以及一些没有在历史中留下名字的女性们②均为看护妇，她们在战争期间帮助医生救治病患，在相对稳定时期帮助医生开展相关工作，预防一些传染病等的蔓延。这可以视为南丁格尔传记、报道等所起到的实际价值。

第三节　马可尼在近代中国女性期刊中的形象

马可尼（Guglielmo Marconi）（图8），意大利人，1874年4月25日生于潘洛尼（Bologna），1937年7月20日逝世。他幼时就喜欢物理，中学毕业后入潘洛尼大学，跟着里尼教授研究电浪学。经过多年研究

---

① 如Green K. R.：《南丁格尔"世界上第一个有训练的女看护—一个持着明灯的女人，是女性的英勇高贵的典型，在世界的大历史中，应永占着一个光荣的地位"》，茂珠译，《中国妇女》1940年第2卷第6期。

② 具体文献见第二章中的表2、表3、表4中关于看护职业的内容。

和改进，1896 年夏，他便利用了电浪的传音作用发明了无线电，并在年末获得了专利。1897 年他创办了马可尼无线电有限公司，又在意大利的 Spezir 建立无线电台。1909 年，马可尼获得了诺贝尔物理学奖。第一次世界大战期间，意大利加入了欧洲大战，马可尼被意政府任命为无线电总理。

图 8　无线电发明者马可尼①

一　站在众人肩膀上的青年发明家

近代中国女性期刊中并没有马可尼的单独传记，作者们往往在无线电知识的普及与应用时捎带介绍该技术的发明人，他的生平介绍与女性期刊中居里夫人和南丁格尔的形象有所差异。而在其他以普通男性为读者群的期刊中，对于马可尼无线电事业的宣传却能够像女性期刊介绍居里夫人与南丁格尔那样以个人传记的形式呈现。由此，女性期刊中编著者对于无线电技术的兴趣要远大于去了解马可尼的生平，这类刊物中也真实地呈现出了无线电发明史以及为无线电事业作出贡献的其他科学家与发明家，马可尼之所以能够在 22 岁发明出无线电报完全是站在研究与

---

① 图片选自《进步》1912 年第 1 卷第 5 期。

应用无线电技术的科学家、发明家等众人肩膀上的。

1920年，作者宛扬在《妇女杂志（上海）》就理性地指出了无线电报的发明离不开研究无线电技术的科学家，以及在马可尼之前多次试验解决若干问题的发明家们：

> 实际上不论那一种发明，凡是我们耳朵里听到发明这东西的时，至少已是经过三个人的手唎。
>
> 第一：便是那了解自然现象基础的法则，而有可惊的想像力之科学家。他的理想力和智识，使他生出新奇的观念，他就以之披露于科学界。他常常把这意见用数学的计算支持着，贡献于科学者的社会，做个批评的好材料。
>
> 第二：是实现上述科学家的想像之实验家。他常常说："把这豫言试验一下。"因此他对于这目的，想出种种巧致的装置来试验他。
>
> 这样第一的科学家之意见，依第二的实验家而证明，承认他是正确：于是第三的人出来了。这第三的人，一定是个科学家，又是个技师，一定读过上述成功的实验，而且对于他的装置，更加精细，使之可供实际的应用，及到成功之后，他便把这发明，介绍给世界；因此一般的人，都只认识他一人，知道是个发明家。不消说得，做最后的发明家的事业，决不是容易的，但在发明的中途，第一第二种人物的事业，却不能就抹弃了他呢。①

据目前所知，上文的作者宛扬向来主张男女人格平等，善于写作有关科学（如猿的智慧、趣味科学：雪的颜色、科学小说等）、科学家群体（如无线电信的发明家们、科学哲学界的妇女等）的文章，这些作品都是刊发在20世纪20年代。宛扬在介绍无线电报发明史时完整叙述了对这项技术产生重要影响的科学家、发明家们，克拉克·马斯威尔

---

① 宛扬：《无线电信发明史》，《妇女杂志（上海）》1920年第6卷第11期。

(James Clerk Maxwell)依据着他的计算,宣扬能够保持电磁性质的以脱波的存在,海尔志则证明了以脱波的存在,波伦利、奥利佛·陆基(Rotch)二人声明上述的以脱波可以感到莫尔斯印字机上,并有成功的记录,马可尼才能够把无线电发明出来。

然而,相比于女性期刊中对居里夫人和南丁格尔传记的描述,马可尼生平很少出现家庭的影响,仅有唯一一篇关于马可尼妻子及女儿的内容,其他均为纯粹介绍他发明无线电的事迹,这与以普通男性读者为主的期刊中的描述马可尼的情况相一致。由此,科学家之间性别的差异决定了他或她在女性期刊文献中呈现的内容和方式。

马可尼在近代中国女性期刊中的科学家形象之所以会呈现这种一个领域的科学家集中出现的情况,一方面是由于技术发明本身的关系,它不仅仅需要该技术背后所蕴含的科学技术知识的发展成熟,也需要一批批科学家、实验家和发明家的不断试错,这样最终才会有一个举世闻名的发明家出现;另一方面由于马可尼的成功,他被世人所熟知,这既带动了由无线电技术所衍生出的无线电设备的广泛应用,也让其他有助于这项技术的发明者们登上历史舞台。

二 做出有用发明的"无线电之父"

女性期刊在 1907 年就有对无线电技术与其发明者马可尼的介绍,该文就已经提出了无线电应用于军事战争的设想。欧战发生,美国政府严禁各私有无线电台播音,它成为政府管制的一种战时信息交通工具。战争结束之后,私人的电台又活跃起来,从事于广播音乐的节目,当时的广播电台总是鼓励人们购置收音机,以出售收音机为目的。后来,购有收音机的人有数百万,听众已满布全国,于是就有人利用无线电台广播做宣传或广告的用场,进而导致无线电广播的工业就开始扩大了。

除了无线电台广播,一个重要的无线电设备便是无线电收音机。1931—1937 年,女性期刊编作者们对无线电收音机的热爱可谓是空前的,他(她)们将其视为一种新型的娱乐工具,各种自制收音机的新闻层出不穷，作者们将无线电收音机作为题材进行写作，这些文献既有怎样安装的、如何修补的无线电收音机的，也有对这种家庭中时髦的电器产品进行宣传与介绍，还有对无线电技术的将来发展进行想象的，作者说如果无线电话完全成功，则全世界的人都可以自由谈话，人们也可以用无线电传递照片、支票及其他文件，无线电传影术则是无线电的又一新发明[①]。

第二次世界大战期间，女性期刊中又开始如1907年那样提及无线电的制造史或发明史，时间为1939年，在时隔32年之后，人们对无线电报信息技术应用于战时通信的热情始终依旧。当然，对马可尼发明无线电报技术的介绍策略与之前一致，即首先介绍对研究无线电科学有贡献的科学家们的事迹。不同的是，无线电技术在经历了娱乐化应用之后，它的这一功能在战时仍旧被若干人保留了下来，有作者认为，到了"今日"（即1939年），无线电广播对于人们有四种作用，即教育（使没有时间入学的人可以学到各种知识）、音乐、游艺、播送新闻[②]。而从全国期刊文化发展角度来看，专门研究无线电技术的期刊已经出现，如《无线电半月刊》（1930—1933，杭州半月刊）、《无线电问答汇刊》（1932，上海半月刊）、《无线电杂志》（1932—1936，上海月刊）、《无线电》（1934—1937，南京双月刊）、《实用无线电杂志》（1935—1946，上海月刊）、《广播无线电》（1941，上海半月刊）、《胜利无线电》（1946—1947，上海半月刊）、《大声：无线电半月刊》（1947—1948，上海半月刊）等刊物，这些刊物集中发行于战时，无线电作为战时通信的技术被广泛应用。

无线电技术的应用不会随着发明者马可尼的逝世而消减，这种发明反而在他去世之后在中国有了广阔发展的空间，因为无线电技术既可以用作平时的娱乐，也可以作为战时瞬间传递信息的利器，它有得以在这期间不断得到改进，趁着战争的影响得到发展的机会，马可尼也确实可

[①] 孤云：《无线电的制造史》，《女铎》1939年第28卷第2期。
[②] 孤云：《无线电的制造史》，《女铎》1939年第28卷第2期。

称得上是"无线电发明之父"。发明家群体既需要对前人相关理论知识的融会贯通，也需要与不同的发明家沟通发明的进展、信息的有无以及无线电设备在使用过程中所产生的问题，对这些问题进行研究发明，往往会得到社会的广泛追捧。

第四节 近代中国社会变迁与典型科学家个体形象的演变

某一学科领域内的典型案例形象一定程度上可以塑造学科群体形象，本章所讨论的居里夫人之于女性物理学家与化学家、南丁格尔之于医护人员、马可尼三位科学家在女性期刊中的形象也是随着时代的发展而不断发生变化的，他（她）们所涉及的专业领域有物理学、化学、看护、无线电，这些学科与近代中国国家救亡、民族发展密切相关。在有关描写居里夫人的文章中，首先，会介绍她的原生家庭情况，以表明儿时玛丽具备优良的家庭环境；其次，婚姻问题也是女性期刊中重点关注的领域。但无论是原生家庭还是新生家庭，他们都将重点放置在影响居里夫人成为伟大科学家的因素上。20世纪初，近代中国女性思潮经历了以家庭为重的"贤妻良母"、国家至上的"女国民"、内外兼顾的新"贤妻良母"、自由独立的职业"新女性"等阶段[①]，居里夫人在此期间的形象也出现了变化。南丁格尔形象则重点讲述她仁慈、博爱的性格及战时医疗救护者的形象，她从小从她的父亲那里习得的仁慈、博爱之心在克里米亚战争的救护中显现得十分突出。她的事迹也在宣传、介绍看护职业方面起到了重要作用，对中国女性从事看护有着重要的影响，1898—1949年有很多中国知识女性从事了看护职业，并且在战时医疗救护、平时卫生保健方面起到了重要的作用，南丁格尔为女性从事看护工作开创了道

---

① 陈春如：《清末民初知识女性的角色建构探析——以胡彬夏为个案》，《中国教育学会教育史分会第十六届年会论文集》，2015年。

路。而相对于介绍马可尼的文献而言，由于技术发明本身的特性，往往需要描述对这项技术有具体实际贡献的人们，最后一个获得成功的发明家则基本从事对该项技术的推广普及工作，与普通人员接触的机会较多，因此也更加容易闻名于世。无论是居里夫人，还是南丁格尔，抑或是马可尼，他（她）们都是一个学科领域内的成功者，对成功者生平奋斗事迹的介绍会导致在这个学科领域内的其他从业者的模仿，如很多中国女性试图做像南丁格尔一样的护理科学工作者，这就是典型个案对个案本身所属学科范围内的人们的作用。

以上是典型女性期刊中的科学家群体形象和典型科学家的个体形象演变分析，而在1898—1949年，仍旧有一种既区别于个人创办，又区别于商业期刊的女性期刊类别，即由政党所创办、宣传女性解放与妇女运动的期刊。那么，这类期刊都有哪些特点，刊登哪些内容，对科技知识、科学家以及科学家形象都有哪些论述，这些内容和第三、四章的表述又有哪些区别，本书在第五章将以中国共产党创办的女性期刊为例，来具体探讨这些问题。

第五章

科学家形象的宣传：以中国共产党创办的女性期刊为例

中国共产党自成立后，为了推动妇女运动和妇女解放，采取创办学校、杂志、报纸等多种形式，在妇女群众中积极开展宣传工作。1921年12月10日，中国共产党领导创立的第一个妇女刊物《妇女声》正式出版发行，这份刊物是中华女界联合会机关刊物，共出版10期，于1922年6月底被迫停刊。该刊物虽然存在时间短暂，但标志着党创办妇女刊物的开端。之后，在上海、延安等地陆续有女性刊物创刊发行，将党的理论和路线方针政策及时地传播到妇女群众中去。

中国共产党创办的女性期刊有区别于以往个人单独办刊和商业性质刊物的特点，决定了这些期刊刊载的内容。首先，党创办的女性期刊有科学的先进的理论指导；其次，有一批强有力的实践力量；最后，在妇女解放、职业妇女和科学家形象的表达上有自己的特色。

第一节 科学的先进的理论指导

中国共产党之所以创办女性期刊并宣传科学家形象，既是马克思主义妇女观、科技观的必然要求，也是中国共产党对妇女和科技在民族独立和人民解放事业中重要作用的体现。本节将分别从马克思主义妇女观、科技观和中国共产党关于妇女运动和科技发展相关观点的角度，分析中国共产党在女性期刊创办之初的指导理论。

一　马克思主义妇女观和科技观

马克思主义妇女观和科技观是马克思主义理论的重要组成部分，是马克思主义理论在女性问题、科技问题上的重要体现。女性解放与科技发展两者看似不存在交集，但实际上，女性解放与科学启蒙、女子职业与科学家、科技发展加速女性解放等方面是存在着必然的联系的。本部分将分别阐述马克思主义妇女观、马克思主义科技观，从而更加清楚地了解二者之间的关系，更好地理解马克思主义理论是如何看待女性问题和科技问题的。

马克思主义妇女观

马克思主义十分关注世界被压迫阶级和被压迫民族的解放和发展，对处于社会最底层的劳动妇女的解放问题必然属于马克思主义理论的范畴。[①] 对于什么是马克思主义妇女观，江泽民曾在1990年的三八国际劳动妇女节八十周年纪念大会上指出："中国共产党用以指导妇女运动的理论，是马克思主义的基本原理及其妇女观。马克思主义的妇女观，是运用辩证唯物主义和历史唯物主义的世界观、方法论，对妇女社会地位的演变、妇女的社会作用、妇女的社会权利和妇女争取解放的途径等基本问题作出的科学分析和概括。这种妇女观，是马克思主义理论体系的组成部分。"[②] 这是第一次将马克思主义妇女解放的理论明确地概括为"马克思主义的妇女观"。由此，马克思主义妇女观揭示了男女不平等的根源和实质，探讨了妇女解放的根本标志和发展阶段问题，承认妇女在社会发展中具有十分重要的伟大作用，同时，马克思主义妇女观也明确指出了妇女解放的正确道路，以及妇女解放的经济条件、政治条件、思

---

① 魏国英、康沛竹：《马克思主义妇女观与中国女性学基本理论建设》，《妇女研究论丛》2003年第4期。

② 康沛竹：《马克思主义妇女观：70年继承、发展与创新》，《中国妇女报》2019年9月17日。

想文化条件、婚姻家庭条件、国际条件等社会条件。① 因此，马克思主义妇女观首先关注的是女性解放和男女平等问题，这一理论将女性看作是"人"的存在，且女性具有人所具备的一切权利。更甚至，马克思将妇女走向自由的程度作为确定某一历史时代发展程度的标志②。

对于妇女解放的正确道路，马克思主义妇女观重在探讨在全世界范围内女性的解放问题，而女性解放首要的条件就是经济条件，即女性在经济上有一定的地位。马克思在《1844年经济学哲学手稿》中就明确指出："在英国的丝织厂中有很多女工，在需要较强劳力的毛纺织厂中男工较多。1833年在北美的棉纺织厂中就业的，除了18593个男工以外，至少有38927个女工。可见，由于劳动组织的改变，女性有了较大的就业范围……妇女在经济上有了比较独立的地位……男性和女性在社会关系方面互相接近了。"③ 经济条件是女性获得独立与解放的必要条件，这也与马克思主义的基本观点"经济基础决定上层建筑"相一致。

其实，马克思、恩格斯在探讨妇女解放条件时还十分重视婚姻家庭条件。恩格斯主要在《家庭、私有制和国家的起源》《神圣家族》中表达了他的婚姻观和家庭观，前者是恩格斯通过对人类从蒙昧、野蛮走向文明，家庭从血缘家庭、普那路亚家庭和对偶制家庭走向专偶制家庭，社会组织形式由氏族变成国家等内容的考察，由此来说明社会形态、家庭形式和社会组织的转变都是由生产力和生产关系的变化来促进的；后者是通过对青年黑格尔派爱情观的批判表现出来的，主要围绕爱是人的生命表现这一思想提出恩格斯婚姻观。

有学者对马克思主义妇女观作出归纳，认为马克思主义妇女观具有

---

① 李静之、张心绪、丁娟：《马克思主义妇女观》，中国人民大学出版社1992年版。
② 马克思曾说："某一历史时代的发展总是可以由妇女走向自由的程度来确定，因为在女人和男人、女性和男性的关系中，最鲜明不过地表现出人性对兽性的胜利。妇女解放的程度是衡量普遍解放的天然标准。"（引自《马克思恩格斯全集》（第二卷），人民出版社1957年版，第249—250页）
③ 《马克思恩格斯文集》（第一卷），人民出版社2009年版，第126页。

三个重要的特征,即实践性、科学性和革命性。① 实践性是指马克思主义妇女观对全世界的女性解放和妇女运动都具有指导性,能够通过具体的行动去改变女性所处的地位,实现妇女解放和男女平等;科学性既是指马克思主义妇女观是产生于世界各国妇女运动实践之中,又表明这一理论是马克思主义的重要组成部分,具有该理论所具备的科学性;革命性是指马克思主义妇女观能够打破旧有的禁锢女性生存和发展的桎梏,重新建立起新的两性关系,即消除性别歧视,实现男女平等,最终达到社会和谐发展。

马克思主义科技观

马克思、恩格斯不仅关注社会科学,对自然科学和自然科学的演变历史也同样给予了关注。这体现在马恩的众多著作以及他们与众多科学家的来往书信中,比如《资本论》《机器。自然力和科学的应用》《数学手稿》《自然辩证法》《反杜林论》《马克思恩格斯通信集》等等。同时,马克思、恩格斯还与英国生物学家达尔文(Charles Robert Darwin, 1809—1882)、德国化学家肖莱马(Carl Schorlemmer, 1834—1892)、英国数学家法学家赛姆·穆尔(Samuel Moore, 1838—1911)②、英国生物化学家赫胥黎(Thomas Henry Huxley, 1825—1895)③ 等保持着深厚的友谊。而对于科学技术和科技哲学,马恩同样阐述了实验科学、天文学史、医学史、数学史、化学史、技术史以及自然辩证法等等内容。④ 因此,从马克思主义创立开始,马恩就强调了科学技术能够解放生产力、发展生产力,自然科学对人类社会的发展能够产生重要的影响,马克思主义者既要注重社会科学,同时对自然科学的研究也不应放松。

---

① 王全宾:《浅谈马克思主义妇女观的基本特征》,《山东女子学院学报》2012 年第 4 期。

② 赛姆·穆尔既是恩格斯和马克思的朋友、数学顾问,也是马克思《资本论》英译本的译者之一,还将《共产党宣言》译成英文。

③ 赫胥黎是达尔文进化论的坚定支持者,提倡唯物主义的科学精神,也是一位科普工作的倡导者,创造了"不可知论"概念来表达他对宗教信仰的态度。他还创造了生源论和无生源论概念。

④ 解恩泽、邵福林编著:《马克思恩格斯与科学技术》,吉林人民出版社 1983 年版。

第五章　科学家形象的宣传：以中国共产党创办的女性期刊为例

"科学技术是生产力"的观点是马克思科技观的核心，主要体现在《资本论》《政治经济学批判》《机器。自然力和科学的应用》等著作中。其中，《机器。自然力和科学的应用》是马克思《1861—1863 年经济学手稿》的一部分，重点对科学、机器等（蒸汽、电、机械的和化学的因素）科技观的基本概念进行了深刻的诠释，指出在大机器生产的过程中，"'机器应用'既是资本统治劳动力的一种手段，又是对自然力和科学的一种应用形式"①。"生产力中也包括科学"的论断，主要体现在《哲学的贫困》《雇佣劳动与资本》《共产党宣言》和《政治经济学批判（1857—1858 年手稿）》等文本中②。

正确认识人与自然的辩证关系、坚持唯物辩证的科学技术方法论的观点主要体现在恩格斯的《自然辩证法》中。虽然这是一部未完成的著作，但它集中表达了马克思主义的哲学观和科学观，对人与自然关系的解释具有革命性意义和经典价值。《自然辩证法》对十八九世纪西方国家自然科学技术的发展状况进行了总结分析，认为科学技术具有两面性，一方面科技发展能够推动人类社会的进步，是人类社会不断向前发展的重要动力；另一方面随着科学技术的发展，一系列的科技问题和生态问题逐渐产生，人类对科学技术不合理的应用也会导致一系列的问题，对科技异化现象有了初步的认知。所以对于科学技术，马克思主义认为既要重视科学技术是第一生产力的作用，同时也不能忽视科学技术的负面影响。同时，《自然辩证法》对科学技术的本质、发展、动力、方法等多方面内容进行了阐述。因此，可以说，自然辩证法也是马克思主义哲学的重要形态，是马克思主义哲学的自然观和科学观。③ 在思想认识上，自然辩证法对科学技术的认识具有超前性和真理性。

列宁则将马克思主义科技观与本国的发展实践相结合，找到了在相

---

① 闫添：《马克思〈机器。自然力和科学的应用〉中科技观研究》，硕士学位论文，武汉大学，2022 年。
② 张鹭：《马克思恩格斯生产力观的双重意蕴》，博士学位论文，吉林大学，2021 年。
③ 冯鹏志：《重温〈自然辩证法〉与马克思主义科技观的当代建构》，《哲学研究》2020 年第 12 期。

对落后的国家如何发展科学技术的方法，开创了一条符合国情的社会主义科技建设道路。① 对科学技术的认识，列宁指出有以下几个方面：首先是加深了对科学技术本质的认识，同时注重科学技术对经济和社会发展的促进作用，再者强调了科技进步和社会主义现代化建设之间的关系，最后是能够在社会主义的建设过程中正确处理科技与政治、教育等方面的关系。②

可以说，马克思主义科技观是由马克思、恩格斯在19世纪创立的，列宁、斯大林在20世纪上半叶，通过结合苏维埃俄国、苏联社会主义建设的具体实践，丰富和发展了马克思主义科技观。③ 将马克思主义妇女观和科技观进行结合，能够更好地理解中国共产党创办女性期刊的理论背景，有助于探讨这类刊物中的科学家形象问题。

二 中国共产党关于妇女运动和科技发展的观点

1915年，陈独秀、李大钊、鲁迅等知识分子发起新文化运动，他们提倡"德先生"（民主）与"赛先生"（科学），推动了现代科学在中国的发展，科学思想、科学精神、科学知识、科学方法等逐渐成为知识分子所追寻的新思想、新文化。1917年，"十月革命"的一声炮响，给中国送来了马克思列宁主义，中国的先进知识分子们认识到只有马克思主义才能救中国，此后马克思主义在中国得到了广泛的传播，马恩的妇女理论和科技思想也一并传入了中国。李大钊、陈独秀在北京、上海先后发起马克思学说研究会、马克思主义研究会，开始了马克思主义的宣传和研究工作。

中国共产党关于妇女运动的观点

自五四开始，近代中国的妇女运动和女性解放开始发生转变，马克思主义妇女观开始在近代中国传播，中国的广大妇女投身到五四运动，

---

① 胡强：《列宁科技观研究》，博士学位论文，华中师范大学，2016年。
② 邵晨：《列宁科学技术思想研究》，硕士学位论文，扬州大学，2023年。
③ 刘皓：《马克思主义科技观研究》，博士学位论文，吉林大学，2013年。

争取自身权利，参加留法勤工俭学，参与政治运动，妇女团体与新特点的报刊大量出现等等，中国共产党的成立开启了妇女运动的新阶段。①中国共产党把妇女运动作为中国革命事业的一个重要组成部分，坚持将马克思主义妇女观与中国妇女运动的实践相结合，同时，团结和动员全国各民族各阶层妇女积极参与民族民主运动，进而维护妇女的特殊利益。

中国共产党早期妇女解放思想以李大钊、陈独秀等关于妇女运动的相关阐述为主要内容。李大钊在传播马克思主义的过程中已经由单纯讨论反对传统礼教转向了从经济基础、阶级划分、社会制度等方面具体分析中国妇女受压迫和束缚的原因；陈独秀则亲自对上海纱厂女工问题进行分析，将马克思主义与中国的妇女运动结合起来开展具体实践活动，提出"妇女的痛苦，十件总有九件是经济问题"，同时他还积极参与有关妇女问题的舆论宣传工作。② 1922 年 7 月，中共二大通过了《关于妇女运动的决议》，明确指出妇女只有在社会主义制度之下才能够取得政治、经济、社会上与男性同等的权利，而中国共产党是为着全国各阶层妇女解放而奋斗的政党，对于如何奋斗，这次决议也提出了中国共产党决定在尽快的时间内实现第三国际"定各国共产党于他们的组织之旁设立特别委员会，以宣传广大的妇女群众，并令在各国创立一妇女部，各国共产党的机关报中，亦须为妇女特辟一栏"③的决议。

毛泽东则通过将马克思主义妇女观与中国妇女所处的现状和面临的问题进行了充分的考察和深入的研究，真正实现了"将中国妇女解放的实践和马克思主义妇女观紧密结合"④。毛泽东所概括出的符合中国实际的妇女理论主要包含有以下几个方面：第一，"政权、族权、神权、夫

---

① 顾秀莲：《20 世纪中国妇女运动史　上卷》，中国妇女出版社 2008 年版，第 134—186 页。
② 顾秀莲：《20 世纪中国妇女运动史　上卷》，中国妇女出版社 2008 年版，第 191—192 页。
③ 晋江地区妇运史资料征集小组编：《妇女运动史资料 汇编 1》（《中国共产党第二次至第五次全国代表大会关于妇女运动决议案、议决案》，摘自中央档案馆编《中国共产党第二次至第六次全国代表大会文件汇编》、中共中央书记处编《六大以前——党的历史材料》），第 1—3 页。
④ 胡帆、胡晓梅：《马克思主义妇女观在中国的传播与发展》，《湖南工业大学学报》（社会科学版）2016 年第 21 卷第 5 期。

权"是束缚广大中国妇女的绳索;第二,应该通过阶段性的胜利最终取得妇女解放;第三,妇女是衡量革命是否胜利的关键力量;第四,妇女只有参与社会生产获得经济独立才能够为妇女解放提供保障;第五,妇女解放最关键的在于要建立健全妇女组织。毛泽东的这些中国化马克思主义妇女观为中国共产党的妇女工作的开展提供了重要的指导作用,也产生了深远的影响。

因此,有学者将革命时期中国共产党的妇女工作划分为四个阶段是比较合理的。第一个阶段,1921—1927年妇女工作的开创时期,包括中国共产党的成立和妇女工作议题的提出、国民革命与妇女工作的进展以及在国民革命时期对妇女群众的广泛动员等内容;第二个阶段,1927—1937年国共对峙时期,包括大革命后妇女工作路线及其恢复、苏维埃革命与农村妇女工作等内容;第三个阶段,1937—1945年的抗战时期,这一时期的妇女工作强调要服务于全民族抗日的总任务,党中央制定了妇女工作的新路线,建立了妇女界抗日民族统一战线,抗日根据地和国统区的妇女工作都有了很大的发展;第四个阶段,1945—1949年解放战争时期,这一时期制定了战后妇女工作的方针,中央妇委工作得到了加强,建立了国统区妇女界的统一战线,同时解放区的妇女工作也稳步开展,中国妇女一大的召开标志着妇女工作的大一统完成。[①] 在革命时期,女性的力量随着近代中国解决国家独立和民族解放的进程得到了解放,为第一个历史任务的解决贡献了自身的力量。

中国共产党关于科技发展的观点

现代化是自1840年以来中国无数仁人志士追求的目标和方向,现代科学技术作为现代化建设中的主要因素,自扎根中国以来便发挥着十分重要的作用。在中国科技现代化的历史实践中,中国共产党从一诞生就"始终把科学作为一种最高意义的革命精神和振兴中华的重要手段予以遵循和推崇"[②],倡导用中国化的马克思主义科技观指导科技救国事业。

---

① 耿化敏:《中国共产党妇女工作史(1921—1949)》,社会科学文献出版社2015年版。
② 张雪梅、王保存:《延安时期中国共产党科技工作研究》,科学出版社2016年版,第16页。

第五章　科学家形象的宣传：以中国共产党创办的女性期刊为例　161

在建党初期传播马克思主义的过程中，中国共产党人自觉地将科学和哲学结合起来，并在传播马克思主义的同时也传播了科学思想。"马克思主义科学技术思想在中国的传播不仅成为中国革命的指导思想，它也启动了中国科学技术思想传播的历史引擎"①。马克思主义的科学性和先进性被中国共产党在延安时期的科技事业发展进行了有力的证明。

中共中央在陕北的13年，即1935年10月19日至1948年3月23日，这段时间在中国近现代史上被称作抗日战争时期和解放战争时期，相应地，这一时期的主题是战争与和平，这也是中国共产党提出系统的科技发展观点并进行实践的时期。因此，中国共产党在延安时期的科技发展方针也围绕着战争与和平的主题而定，提出"科学技术为抗战建国提供物质基础"的观点。

首先，提出正确认识科学与战争的关系。由于受到经济封锁，共产党人在艰苦的战争环境下提出了兼顾国防与民生的理论与"抗战建国"方针，认为"现代的战争是科学的战争"②，而科学技术应该掌握在人民手中，将科技现代化与人民大众联系在一起，为抗战建国提供物质基础和人力基础，这里"人民大众"就包含处于社会底层和被压迫状态的大量女性群体。而对于科学研究的中心任务，此时党中央制定的方针是科学研究要协助边区搞好经济建设，在物质上加强和扩大我党的抗战建国力量。

其次，主张建立教育、科研、生产三位一体的科教发展模式。其一，明确科学技术的战略性地位不可动摇，认为科学教育是基础，党和各级领导部门必须抓住科学教育这一重要环节。其二，倡导"科学的方法应该与科学的任务一致，实际上就是理论与实践的一致"③，即抗战建国方针。其三，在教科研一体化的过程中，强调知识分子应与工农群众相结合，倡导理论联系实际。

---

① 陈凡：《中国马克思主义科技观百年历程的哲学审视》，《哲学研究》2023年第8期。
② 董纯才：《科学与抗战》，《新中华报》1938年第427期。
③ 湖南省长沙师范学校编：《徐特立文集》，湖南人民出版社1980年版，第241页。

最后，建立中央农业学校和自然科学院，培养又红又专的科技人才。中央农业学校旨在推动农业科学发展，力图在实践中培养农业科学人才。根据《中央农学学校简章》，学校规定了学生学习的组织机构、日常管理办法、培养目标、招生办法、教员的配置、改革教学的内容、教学方法的原则等，校长徐特立和教员们带领大家边干边学，开展水稻、棉花等方面的农业科学试验，总结植棉经验，最终在实践中总结农业理论和种植方法，编写了《植棉经验说明》和《农业常识》（上、下册）作为农校的教科书，为解决大后方的吃饭问题作出了重要贡献。自然科学院是中国共产党创办的第一所理工科大学，在工业、人民生活、农业、科学教育等方面取得了重要成就[1]。可以说，"延安时期是我国科技教育的拓荒时期"[2]，这一时期我党在农业、工业、医药卫生、科学普及、科技教育等方面都得到了长足的发展[3]。除此之外，我党还通过各种途径，包括考取国民政府的公费生，到欧美出国留学，这批科学家为建国初期动员留学生回国参与社会主义建设起到了重要作用。

第二节 有一批强有力的实践力量

从党的一大至党的七大，女党员中的代表人物缪伯英、向警予、蔡畅、邓颖超、康克清等始终对妇女运动、妇女解放问题和战时儿童保育工作持续关注并投入具体的实践中，这些党的早期妇女运动领袖受到了爱国主义和女权主义的双重影响[4]，她们作为党的女干

---

[1] 比如：工业上研制硫酸、硝酸、灰生铁，提炼出了薄荷油，满足军工生产的需要，制造了急需的针管、痘苗管及许多玻璃器皿；人民生活方面创造了新式打盐法，解决了用盐问题；农业方面，通过考察，制定了南泥湾垦区开发规划。这些举措为抗战建国提供了必要的物质基础。
[2] 白均堂：《延安时期科技人才培养政策价值特色探析》，《中共党史研究》2013年第6期。
[3] 武衡主编：《抗日战争时期解放区科学技术发展史资料》，中国学术出版社1989年版，第54—241页。
[4] 张素玲：《中国共产党早期妇女运动领袖的时代特征》，《中国浦东干部学院学报》2011年第5卷第5期。

部在马克思主义妇女观和科技观中国化的道路上也同样作出了重要的贡献。

缪伯英（1899—1929），中国共产党第一位女党员，湖南长沙人，曾入学湖南省立第一女子师范学校附属小学学习。1919年7月，考入北京女子高等师范学校学习。1920年初，她参加了北京大学马克思学说研究会。这一年11月，缪伯英加入了由李大钊发起成立的中国共产党的早期组织。1920年12月15日，缪伯英撰文倡导女性解放是人类进化的大趋势，她说"无论是一种怎样轰烈的维新运动，改革风潮，实丝毫没有什么稀奇，更丝毫没有什么可怕和反抗的价值！所以我很希望一般留心女子问题的诸君，和女界中稍具知识的朋友们，切勿徘徊疑望，踌躇不定，顺着人类进化的趋势，大家努力，向光明的路走！"① 1921年7月，中国共产党成立，她转入中国共产党，成为中国共产党的第一位女党员。中国共产党第一次代表大会后，缪伯英积极投身群众运动。

向警予（1895—1928），中国共产党早期重要领导人、妇女运动先驱，1895年生于湖南溆浦县，先后毕业于法国蒙达尼女子公学、苏联莫斯科大学。1920年5月26日，在法国巴黎，向警予就撰文阐述了女子解放与改造的问题，指出"女子解放的问题，是新思潮中一个重要的问题，是社会改造的一个根本问题，所以国内外凡带有新的精神，和新的色彩的出版物，没有不注意研究这个问题的"②，她提出了建立和组织研究与宣传的机关、组织婚姻自决的同盟、组织儿童公育、组织女子教育经费借贷的银行、组织工读互助团、组织合作社、组织新村等具体计划来解决女子的解放问题。1922年，向警予加入中国共产党。同年7月，在党的二大上，她当选为第一位女中央委员，担任党中央第一任妇女部长，开始领导中国最早的无产阶级妇女运动，撰写大量文件，主编《妇女周报》，主张用马克思主义理论阐述和解决中国妇女问题，号召广大

---

① 缪伯英：《家庭和女子》，《家庭研究》1921年第1卷第3期。
② 向警予：《女子解放与改造的商榷》，《少年中国》1920年第2卷第2期。

女性团结起来，为解放自身投入到革命运动中去。1923年6月，中共三大在广州召开，这次会议通过了向警予起草的《中国共产党第三次全国代表大会妇女运动决议案》，该决议案中明确提出，"女子应有遗产承继权""男女社交自由""结婚离婚自由""男女工资平等""母性保护""赞助劳动女同胞""男女教育平等""男女职业平等"等有关男女平权、保护妇女权益的条例，并提出"全国妇女运动大联合"的主张。中共三大上，她当选为中央委员，担任妇女运动委员会第一任书记。至1925年的两年时间，向警予集中力量前后撰写近40篇文章阐述中国的妇女运动和妇女解放问题[①]。

蔡畅（1900—1990），湖南湘乡人，中国共产党最早的党员之一，中国妇女运动的先驱和卓越领导者、国际进步妇女运动的著名活动家。少年时期考入周南女子师范学校。1919年12月25日，与向警予、蔡和森等三十多人从上海启程赴法勤工俭学，在法国期间她除了学习和做工外，还积极参与学生运动。1920年，蔡畅加入新民学会，1923年成为中国共产党党员（旅欧支部）。1925年从莫斯科回国，历任中共广东区委妇女运动委员会书记、江西省委妇女部长、湖北省委妇女部长、江苏省委妇委书记、中共中央妇女运动委员会书记等职务。抗战期间，蔡畅发动广大农村妇女积极生产，学习文化，培养妇女干部。1941年，蔡畅担任中共中央妇委书记，确定了以生产为中心的妇女工作新方针，指导各根据地开创妇女运动的新局面。抗战胜利后，蔡畅继续担任中央妇委书记，并兼任东北局妇委书记。[②]

邓颖超（1904—1992），出生于广西南宁，祖籍河南光山，是中国妇女运动的先驱。1919年五四运动时，和周恩来、马骏等共同领导天津学生开展反帝反封建运动。1924年，发起组织天津女界国民会议促成会。1925年3月加入中国共产党，任中共天津地委妇女部部长。抗战期

[①] 向警予：《向警予文集》，戴绪恭、姚维斗编，湖南人民出版社1985年版，第82—233页。

[②] 中华全国妇女联合会编：《蔡畅邓颖超康克清妇女解放问题文选（1938—1987）》，人民出版社1988年版，第1—3页。

间，在抗日民族统一战线的方针政策下，邓颖超积极在武汉、重庆发动妇女参加抗战、争取民主的政治运动，进一步促进了妇女界的团结抗战。1938年，邓颖超还积极推动各界妇女组织战时儿童保育会，抢救战地儿童。解放战争期间，她在妇女界开展要饭吃、要和平、要自由的爱国民主运动，配合了人民解放军的军事斗争。1949年4月全国妇联成立后，邓颖超历任第一、二、三届全国妇联副主席，第四届全国妇联名誉主席。[①]

康克清（1911—1992），江西万安县人，1926年加入中国共产主义青年团，是妇女运动、儿童工作的著名领导人之一。1928年9月，上井冈山参加中国工农红军。1934年10月至1936年10月，参加长征。1942年至1945年，康克清在延安中央党校学习。1946年至1948年，担任晋东南妇女救国会主任、中共中央妇女委员会委员、解放区战时儿童保育会代主任。[②]

除了这些在中国共产党领导下积极践行妇女运动、妇女解放和儿童保育工作的优秀女共产党员外，还有一些妇女组织成立。比如陕甘宁边区民主妇女联合会、中华全国民主妇女联合会等。陕甘宁边区民主妇女联合会是抗战期间和解放战争期间中国共产党在西北建立的妇女群众团体组织，1937年成立，1949年1月至2月，陕甘宁边区第二次妇女代表大会在延安召开，决定由陕甘宁边区妇女联合会改名为陕甘宁边区民主妇女联合会。中华全国民主妇女联合会成立于1949年4月1日全国首次妇女代表大会，章程明确规定联合会的宗旨在于"团结全国各阶层各民族妇女大众，和全国人民一起，为彻底反对帝国主义、摧毁封建主义及官僚资本主义，为建设统一的人民民主共和国而奋斗，并努力争取废除对妇女的一切封建传统习俗，保护妇女利益及儿童福利，积极组织妇女参加各种建设事业，以实

[①] 中华全国妇女联合会编：《蔡畅邓颖超康克清妇女解放问题文选（1938—1987）》，人民出版社1988年版，第5—7页。

[②] 中华全国妇女联合会编：《蔡畅邓颖超康克清妇女解放问题文选（1938—1987）》，人民出版社1988年版，第8—9页。

现男女平等、妇女解放"①。由此可见，中华全国民主妇女联合会已然是一个在全国范围内要求实现妇女解放的重要组织。

第三节　中国共产党创办的女性期刊中的科学家形象

中国共产党创办的女性期刊是对马克思主义中国化的妇女理论的集中反映，其中有关科学技术知识、科学家以及科学家形象的介绍和宣传是马克思主义中国化的科学技术观点的重要阐述，这类女性期刊中的科学家形象有着与前述章节中女性期刊中的科学家形象所不一样的特点。

本节将以第二章中1898年至1949年统计的女性期刊为基础，结合中国共产党在建党初期、抗日战争在国统区和解放区的女性期刊，以及解放战争三个时期创办的具有代表性的女性期刊为例，阐述和分析这类女性期刊中的科学家形象问题。

一　《妇女声》开创党倡导女性解放和科技知识发展的先河

《妇女声》是中国共产党创办的第一份女性期刊②，于1921年12月10日，半月刊，由王会悟等人编辑，上海中华女界联合会出版，会址位于上海法租界贝勒路三七五号。刊物设有通讯、评论、译述、诗歌等栏目，目的在于传播世界各国妇女运动最新消息，同时，介绍中国妇女运动的动向，引导、团结受压迫、受奴役的中国妇女奋起斗争，公开宣传科学社会主义的理论，为无产阶级妇女运动打造舆论。

---

① 陕甘宁民主妇女联合会编：《妇女运动文献》，西北新华书店1949年版，第37页。
② 周铁钧：《中国共产党创办的第一份妇女期刊》，《党史纵横》2022年第3期。

《妇女声》的创办与《新青年》①在1921年9月刊发的《中华女界联合会改造宣言》有密切关系。在这个宣言中，开篇明确提出："近世生物学及胎生学已经证明一切生物及人类底起原都没有性的区别，近世公平的历史家也曾记录了女子在社会上做的许多功绩，但是世界各民族何以对于女子都怀抱种种恶的观念，这是因为受了古来各狐宗教家臆说底遗毒。"② 这段话包含以下几个层面的含义：一是从近代科学出发解释女性与男性没有性别上的差异，把科学作为论证的基础；二是在近代历史上，中西方国家都有杰出的女性存在，也都为社会的发展作出过重要的贡献；三是在20世纪上半叶，妇女运动和妇女解放不仅仅是中国妇女所面临的问题，同时也是世界妇女所要解决的问题，这就将中国的女性解放放置在世界女性解放的大背景下进行探讨。所以，《中华女界联合会改造宣言》在纲领中列出了以下10点内容：

（一）在两性一体的理由上，在男女共同为社会服务的理由上，我们要求得入一切学校，与男子受同等教育。

（二）在减轻女子家庭痛苦的理由上，我们须帮助成年的女子一切言论行为概不受父母翁姑或夫的干涉。

（三）在纳税参政义务权利平等的理由上，我们要求女子有选举权被选举权，及从事其他一切政治的活动。

（四）在男女权利平等的理由上，我们要求在私有财产制度未废以前，女子有受父或夫之遗产权。

（五）在男女应有平等生存权的理由上，我们要求社会上一切职业都许女子加入工作，并要求工银与男子同等。

---

① 《新青年》于1915年9月15日创刊，至1926年7月终刊，共出9卷54号。由陈独秀在上海创立，群益书社发行。该刊物是五四新文化运动的重要阵地，起初名为《青年杂志》，后改为《新青年》，宣传倡导民主与科学，主张新文学。在中国共产党成立之后，作为中国共产党的机关刊物存在。

② 《附录：中华女界联合会改造宣言》，《新青年》1921年第9卷第5期。

（六）在人权平等的理由上，我们努力拥护女工及童工底权利，为女工及童工所非受人道的待遇痛苦而奋斗。

（七）在男女劳动同一阶级觉悟的理由上，我们主张女子参加一切农民工人的组织运动。

（八）在男女对于社会义务平等的理由上，我们主张女子与男子携手，加入一切抵抗军阀财阀底群众运动。

（九）在民族生存权的理由上，我们须与外国帝国主义者之侵略奋斗。

（十）在人类利害共同的理由上，我们主张与国外妇女团体联合。①

这样一份观点鲜明、逻辑严谨、思想超前的纲领是在马克思主义中国化的妇女观和科技观的指导下，结合中国妇女所存在的实际问题而得出的十条内容，在这些内容中第一条便是要求女子的受教育权，而20世纪20年代的女子教育已经将科学技术纳入到教学过程中了，这是科学技术本土化的结果，所以这一条纲领能够让更多的女孩子接触到科学、接触到技术；纲领中第五条还要求社会上一切职业都应该对女性开放，这里"一切职业"当然包括职业科学家、职业科技工作者群体。当然，中国共产党关于妇女解放、妇女运动和科学技术发展的观点在这个时期是一种革命的力量、革命的工具或途径而存在的。

而在《新青年》刊发出这篇纲领之后，北京、武汉、广州等城市的一些进步报刊纷纷转载并发表评论，以表示对纲领所主张内容的支持。比如，上海的《民国日报·觉悟》是《民国日报》的副刊，由邵力子任主编，陈望道协助编辑，日刊，属于综合性刊物，在1921年11月10日第11卷第10期就转载了《中华女界联合会改造宣言》。之后，《新青年》在这段时间内也收到了大量关于妇女问题的投稿，陈独秀意识到应

---

① 《附录：中华女界联合会改造宣言》，《新青年》1921年第9卷第5期。

该办一份专门"为妇女解放营造舆论氛围，推动妇女解放运动的发展"[①]的女性刊物，他与中央局宣传主任李达等人商议决定创办《妇女声》。该刊物结合当时革命的具体形势和中国共产党的要求，以"宣传被压迫阶级的解放，促醒女子加入劳动运动"为宗旨，成为中国共产党向妇女宣传革命思想及妇女解放的强大舆论阵地。

由于《妇女声》在创办期间，中国共产党中央委员会处于秘密状态，该刊物便以"中华女界联合会"的名义创办，主要稿件都由李达审阅修改。《妇女声》曾集中讨论过妇女参政问题、废娼问题和节制生育问题，报道国内外妇女运动的情况和女工的斗争事迹。目前能够获得的原刊是1922年3月5日出版的第6期"平民女校特刊号"（图9），这一期刊有陈独秀的《平民教育》、沈泽民的《这不是慈善事业呢》以及高玉英的《我对于平民女学校的感想》等众多有关平民女校的文章。同时，还载有李达的《平民女学是到新社会的第一步》，这篇文章指出女子受旧制度的限制以及旧礼教的束缚，总是很难得到追求知识的机会，而平民女学是女子走到新社会的第一步，强调了女子教育的重要性。《说明本校工作部底内容》则包含有平民女校工作部内容的介绍[②]。除此之外，该刊还登有《平民女校工作部特别广告》《平民女学校工作部章程》等内容，中缝载有该刊的各期主要目录、启事以及平民女校的招生广告等。

1922年6月底，《妇女声》被迫停刊。虽然刊物只存在了约半年的时间，前后共出10期，但其刊载的稿件言辞犀利、见解深刻、富有启迪性，产生了广泛的社会影响。《妇女声》作为中国共产党最早创办的妇女刊物，刊登有许多宣传妇女解放的文章，为当时的妇女解放运动以及妇女觉悟的提高提供了重要的帮助，它是中国共产党成立初期在广大妇女中进行革命宣传的一个阵地。

[①] 周铁钧：《中国共产党创办的第一份妇女期刊》，《党史纵横》2022年第3期。
[②] 平民女校工作部是为一般愿做工读书的女子设立的。

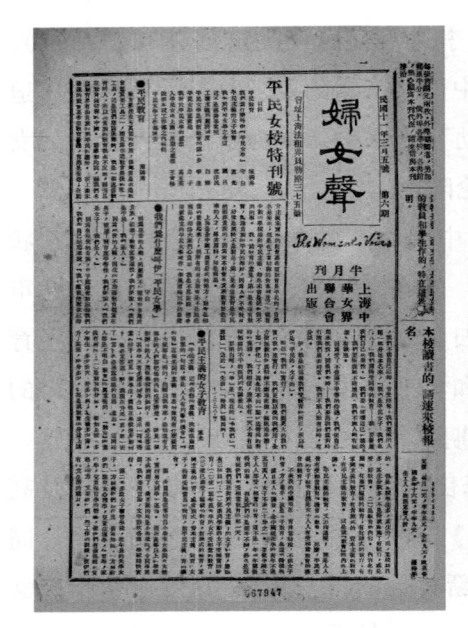

图9 《妇女声》第6期"平民女校特刊号"内容（部分）

二 《妇女生活》介绍科普类知识及关注科学家群体形象

《妇女生活》于1935年7月在上海创刊，在抗战期间，上海沦陷后，曾经迁至汉口出版，随着武汉的沦陷，又迁至重庆出版，前后发行7年，至1941年3月9卷6期停刊。该刊物原先由沈兹九编辑，后改为曹孟君编辑，刊物的出版周期也由起初的月刊，变更为3—8卷的半月刊①，之后又改为月刊。

《妇女生活》的创刊与其创始人沈兹九及其创办的《妇女园地》有着密不可分的联系。《妇女园地》是《申报》的妇女副刊，而《申报》的主编史量才在九一八事变后使得该报成为积极宣传抗日的主要阵地，并且志在将《申报》改造成为更进步的报刊。1934年2月，《妇女园

---

① 《编辑室：自本期起本刊应读者要求改为半月刊了……》，《妇女生活》1936年3卷1期。

地》在这样的背景下应运而生。对于《妇女园地》的发行情况,史量才在这份刊物刊载了三四个月后说道:"现在各报上大多都有妇女的附刊,我都留意了一下,算我们的《妇女园地》最不错,它是前进的……。"[①]然而,这样一份进步刊物却是在白色恐怖中坚持连载的,直至1935年10月31日停刊。于是,沈兹九提议再另办一个《妇女生活》杂志,继续以文字应对反动派。由于《妇女生活》早在《妇女园地》停刊前的7月份创刊了,可以说《妇女生活》依靠《妇女园地》的优良基础,从"一开始就被赋予鲜活的生命力"[②]。

1935年,"一二·九"学生运动爆发,沈兹九在《妇女生活》上撰文高呼:"我们想做人,想做独立自由的人!"当时,妇女运动在共产党的领导下开展得如火如荼,为阻止全国妇女投入到抗日救亡运动中,"新贤妻良母主义"被提了出来。由沈兹九主编的《妇女生活》组织了大量的稿件与"新贤妻良母主义"进行了针锋相对的斗争,在当时产生了极大影响,该刊物也成为了指导妇女解放运动[③]的号角。《妇女生活》的主要栏目有散文、述(议)论、短评、座谈、图画、独幕剧、书评等。撰稿人有孙育才、曹聚仁、沈志远、茅盾、沈学源、陈方之、罗琼、君慧等。该刊物的主要内容有:报道国内外妇女的现实生活、介绍现代妇女的运动知识、刊登各种讲座讲话等;该刊物在1936年统计了主要读者的情况,即"计男女性的比例是四与六之比,计学生占百分之四十五、教师占百分之十五、家庭妇女占百分之十、失学失业者百分之七,其余为在业者(女工、医、看护、银行、记者、店员、军

---

① 林泳化、沈兹九:《读者园地:妇女园地为什么停刊了?》,《妇女生活》1935年第1卷第6期。
② 唐宇彤:《〈妇女生活〉视域下全面抗战时期中国妇女运动研究(1937—1941)》,硕士学位论文,东北师范大学,2021年,第14页。
③ 发行期间该刊物所倡导的"妇女运动是以抗战为中心,而配合着民主运动和关于妇女本身的文化、经济等运动的"(引自沈兹九《"妇生"百期纪念》,《妇女生活》1941年第9卷第6期)。

政、警察、印刷、会计……)"①。

在《妇女生活》发行期间,有关科学普及类的知识时常与倡导妇女运动、妇女解放以及妇女参加抗战的文章同时出现,这是该刊物有关科技知识和科学家形象表达的一个重要的特点。主要的科学技术知识如表 8 所示:

表 8　　　　　　　《妇女生活》中科学技术知识情况简表

时间	卷期	作者	标题
1935	1 卷 1 期	沈学源	科学杂谈:水:水,硬水,虎跑泉,汤山温泉
		任远	现代土耳其的新女性(三):女航空员:[照片]
		陈方之	生育一夕谈(幅图)
	1 卷 2 期	陈方之	节育一夕谈(幅图)
		沈学源	科学杂谈:肥皂为什么能去脏呢?
	1 卷 3 期	陈方之	谈谈脏燥病
		陈珪如	科学杂谈:炼金术的失败
		池宁	产妇自兼看护:[画图]
	1 卷 4 期	陈方之	谈谈可怕的花柳病(附图)
		沈学源	科学杂谈:食物与营养
	1 卷 5 期	沈学源	科学杂谈:再谈食物与营养(附表)
	1 卷 6 期	高士其	科学杂谈:泥美人:清洁的标准
		吴曼青、朱慧珠	诊察室:白带多……
		吴曼青、碧波	诊察室:请问节育简方
		吴曼青、刘英	诊察室:病人须知:胸口作痛有块

---

① 《编辑室:自本期起本刊应读者要求改为半月刊了……》,《妇女生活》1936 年第 3 卷第 1 期。

续表

时间	卷期	作者	标题
1936	2卷1期	沈学源	营养的化学（附表）
		吴曼青、陈百灵、吉桂贞	诊察室：问：男孩，今年十三岁……
	2卷2期	若华	世界女性群像："妇女都要到前线上去"（苏联）（附照片）
	2卷3期	若华	世界女性群像：科学技术事业中的妇女
		吴曼青、王梦痕、何子英	诊察室：曼青先生：余年廿七岁……
	2卷4期	吴曼青	诊察室：妇人便闭之原因及其疗法
	2卷5期	浬	时事批判：无痛生育新法、法国妇女的新展望
		吴曼青、李玉鸣、江柳莺	诊察室：吴医师：我有一个婶婶……
	2卷6期	吴曼青、蒋麟华、央玉	诊察室：我有一表姊……
	3卷1期	高士其	大热天的科学观
	3卷2期	吴曼青、周柏英、张晚秋	医药一束：吴医师：我的母亲年四十二岁……
		高士其	科学先生对于衣服的意见
	3卷3期	高士其	听打花鼓的姑娘谈蚊子
		凌鹤	从"白衣观音"说到中国妇女（附照片）
	3卷4期	高士其	人菌争食之战
	3卷6期	吴曼青、黄琳、李茵	诊察室：曼青医师：兹有数问题请教……
	3卷8期	仙霏	小常识：干鱼的功用：含有紫外线钙及铁质，对于晒太阳机会少的人们比吃药还有益
		殊漪	来雁集：一周间的医院生活（莫斯科通讯）
		曾希三、李素芬、沈恭	诊察室：（问）我于十四岁发育……
	3卷9期	白颖	苏联地下铁道女工程师的一封信
		罗业元、鲍淑、雀柿	诊察室：曼青先生：舍亲某女士……
		小玲	工作·读本·圣经：护士自白
	3卷10期	英、陈霏、吴曼青	诊察室：曼青医师：我是去年结婚的……
	3卷11期	玲、陈愁、吴曼青	诊察室：少英女士：一、月经迟到……
		佚名	上海光华附中女生受战时看护训练：[照片]

续表

时间	卷期	作者	标题
1937	3卷12期	佚名	阿比西尼亚公主在英实习看护（中立者）：［照片］
		佚名	（左下）英飞行家玛礼逊夫人：［照片］
		文	半月巡回：改进妇婴卫生
		沈恭、吴曼青、冬雨	诊察室：沈恭先生：我患耳病已有相当时日了……
		寄洪	看杨瑾珣女士飞行记（附照片）
	4卷1期	杨嘉男、吴曼青	诊察室：曼青医师：我是十一岁来月经的……
	4卷2期	高士其	乳的起源
		吴曼青	诊察室：朱琦女士：（一）要避免伤风先要强健身体……
	4卷3期	吴曼青	诊察室：葆芳女士：令兄的病大概是慢性肾脏炎……
	4卷4期	郑朝狮、乃玉、沈恭	诊察室：沈先生：我患了荨麻疹（即风疹块）……
		白石	前线看护队通讯（附照片）
	4卷5期	吴曼青	诊察室：李怀谷女士：1.骑自行车跌了几交……
	4卷6期	吴曼青	诊察室：寿康君：你的夫人平素月经不很准……
	4卷7期	吴曼青	诊察室：徐觉女士：一，月经来期不准确的原因很多……
	4卷8期	沈恭	论梅毒之疗法（九一四果能完全治愈梅毒否）
		吴曼青	诊察室：陵女士：一，你的牙痛经过拔牙之后没有查出原因……
	4卷9期	佚名	自我职业介绍：强女士：医院附设护士班毕业……
		吴曼青	诊察室：四川广安的鄢女士：一，你是个十六岁的未婚女子……
	4卷10期	吴曼青	诊察室：滨夫女士：你说你已经是二十二岁的……
	4卷11期	吴曼青	诊察室：桂英女士：一，你的月经以前是很准确的……
	4卷12期	寄洪	女医师张湘纹访问记（附照片）
		吴曼青	诊察室：波涛女士：你的月经来得实在太早……
	5卷1期	沈学源	怎样做家庭副业
		吴曼青	诊察室：上海的毛小妹女士：你的病症是一种皮脂漏症……
	5卷2期	吴曼青	诊察室：留学日本的柳若谷女士：因为本人患病的缘故……
	5卷3期	罗叔章	在许多中国奈丁格尔中间
		佩英	由看护伤兵到组织民众（工作经验谈）

第五章 科学家形象的宣传：以中国共产党创办的女性期刊为例

续表

时间	卷期	作者	标题
1938	5卷6期	子冈	中国的奈丁格尔蒋鉴女士（附照片）
	6卷8期	子冈	动员女医生护士上前线
	6卷9期	佚名	前哨：祝英勇的女护士上前线
		全民社	英勇的女护士：［照片］
		沈学源	轻而易举的家庭手工业（一）：科学浆糊的制法
		慧年	关于流动救护训练队
	6卷10期	佚名	家事常识：青绿色含有毒质
		沈学源	轻而易举的小工业：鲜橘水的制造法
1939	6卷11期	沈学源	轻而易举的家庭手工业：面包的制法
	6卷12期	沈学源	轻而易举的家庭手工业：黄油（白塔油）的制法（大家来改良康藏的苏油）
	7卷1期	沈学源	轻而易举的家庭手工业：饴糖的制法
		林贞、陆丽芬、程美玉	诊察室：美玉医师：听说你担任了妇女生活诊察室的医师……
	7卷2期	宝丽娜、蒋学模	苏联女飞行家自传
		陈文建、林妹、程美玉	诊察室：美玉先生：妇女生活有诊察室专为我们姊妹解答病患疑难……
	7卷3期	程美玉	儿童健康六原则
		王赫、张素瑛、程美玉	诊察室：美玉医师：（前略）是民国二十四年的春天……
	7卷4期	沈学源	轻而易举的家庭手工业：二月完成的酱油速酿法（一）（附表）
		绿波、张凤珍、程美玉	诊察室：美玉女士：我是将满十七岁的女孩子……
	7卷5期	王婉贞、程美玉	诊察室：我是一个十七岁的女学生……
	7卷6期	沈学源	轻而易举的家庭手工业：二月完成的酱油速酿法（下）
		胡玉如、淑芳、程美玉	诊察室：美玉医师：我是我母亲第四个女儿……
	7卷7期	草雨、芳、程美玉	诊察室：程美玉医师：谢谢你……
	7卷8期	佚名	苏联女飞行家宝丽娜：［照片］
		佳令	苏联的女科学家（医学博士尼丝梅洛华）
		聂信容、高倩雯、程美玉	诊察室：美玉医生：在二十天以前……
		叶式钦	妇婴卫生

续表

时间	卷期	作者	标题
1939	7卷9/10期	程美玉	论月经（待续）
		吴曼侬、玛连、程美玉	诊察室：美玉先生大鉴：1.家母现已六十四岁了……
	7卷11/12期	叶式钦	助产事业之回顾与前瞻
		程美玉	论月经（续）
		蒋贞、柳丽莉、程美玉	诊察室：美玉先生：最近为什么会胖了……
	8卷1期	素章	制泡菜
		黄琳、张小芳、程美玉	诊察室：美玉医师：我现在二十三岁……
	8卷2期	沈学源	"吃"的科学化（附表）
		珊珊、冷英、程美玉	诊察室：美玉医师：我在十四岁的时候便开始有月经……
	8卷3期	沈学源	谈谈维他命
		杜丝	座谈会：女护士的话
		李家瑛、王婉贞、程美玉	诊察室：美玉医师：我是一个可怜的小女孩……
	8卷4期	叶式钦	谈谈白带
	8卷5期	忻介六	衣服上生的是什么虫
		许小雪、程美玉	诊察室：美玉医师：去年冬季……
	8卷6期	全衡	蚕丝业专家费达生先生
		祝英	怎样做豆腐
1940	8卷7期	叶式钦	几种普通的疾病（上）
		白华	做糖果
		祖秀、美珍、程美玉	诊察室：美玉先生：我的病征是头痛眼肿……
	8卷8期	叶式钦	几种普通的疾病（中）
		蓼	关于孩子们的一页：怎样裁制婴儿的衣服
		志波	关于孩子们的一页：尿布
		唐瑛、程美玉	诊察室：美玉医师：我现在有几个问题……
	8卷9期	叶式钦	几种普通的疾病（下）
		刘玉清、李玉明、程美玉	诊察室：美玉医师：我现年廿二岁是去年七月结婚的……

第五章 科学家形象的宣传：以中国共产党创办的女性期刊为例　177

续表

时间	卷期	作者	标题
1940	8卷10期	左昂	医药常识：贾兰的喉痛：白喉
		汪挹芬、胭脂、程美玉	诊察室：美玉医师：三年前因为蹲坑的关系……
	8卷11期	叶式钦	梅毒与胎儿
		周文君、才清、程美玉	诊察室：美玉医师：我有一个刚满两周岁的孩子……
	8卷12期	程美玉	孕妇须知：一、孕期检查……
		程美玉	育婴要则：一、婴儿生后……
		书荣、易林、程美玉	诊察室：美玉先生：我是一个廿一岁的女孩子……
	9卷1期	何穆	水（家庭常识）
		黄淑娟、龙珠、程美玉	诊察室：美玉医师：我希望你能帮我解决这苦恼的问题……
	9卷2期	丁囚	谈谈防空卫生问题
		刘配珍、向生圭、程美玉	诊察室：美玉医师：我是妇女生活的老朋友……
	9卷3期	金枚、甘文英、程美玉	诊察室：美玉医师：（1）我的身体尚好……
	9卷4期	寄洪	忆蒋鉴女士
1941	9卷6期	蒋贞、彭冰梅、程美玉	诊察室：美玉医师：我是一个十六岁的女孩子……

依据表8，在《妇女生活》发行期间，有关科学技术知识撰文5篇以上的作者依次为程美玉（29篇）、吴曼青（26篇）、沈学源（15篇）、叶式钦（7篇）、高士其（6篇）。吴曼青和程美玉负责"妇女医药顾问"栏目[①]对读者所提出的妇科、产科、妇婴卫生等问题进行回答，主要为撰写短篇的医学知识；沈学源、叶式钦、高士其则撰写长篇文章，涉及妇婴卫生、衣食住行中的科学知识等内容。

---

① "妇女医药顾问"栏目自1935年第1卷第5期增设，主要以"诊察室"标题出现。

吴曼青，女，浙江杭州人，医学博士，主任医师，"毕业于同德医专①，曾在该院服务多年，后又赴德国汉堡大学妇科研究院，研究妇科得医学博士学位，更在该大学附属医院妇科实习两年"②。从《妇女生活》离开上海后，吴曼青因职务关系尚留在上海，加之读者来信诉说他（她）们在战争中的病痛苦难，需要"诊察室"医师给他（她）们进行指导，程美玉就是一位尽力为大众妇女解除痛苦的新聘医师，1939年7卷1期起接替吴曼青回答读者所提出的问题。

　　程美玉，女，上海女子医学院毕业，曾在上海妇孺医院服务过多年，后在九江但福德医院担任医师，1938年夏天，疾病在九江的难民中流行，她整日为她们诊治，直至九江失守。1939年在重庆中英庚款赈济会科学研究人员中，专门作妇婴卫生的研究。③

　　沈学源，男，浙江德清人，农业化学技师，1935年，日本九州帝国大学农艺化学科硕士毕业，曾在该大学研究院研究数年④。同年6月回国，担任江西省农业院农艺部农业化学组组长、技师，致力于农业化学研究，在战时完成了轻便携带且富有营养的军用粮食的研究与试验，为当时在扩大游击战中的最佳食量，包括军用面包、膨胀水、咸干菜及橘皮干⑤。在《妇女生活》杂志上发文主要涉及战时人们所亟须的水、酱油（盐）、维他命、吃的营养、家庭副业等方面的科学知识。

　　叶式钦（Yeh Shih-chin），女，福建闽侯人，上海女子医学院毕业。"历任国立第一助产学校、南京公共卫生人员训练班四牌楼卫生所及南京江宁县（区）公共卫生教学区医师兼讲师、重庆红十字会医疗总队医

---

① 同德医专，即同德医学专门学校，前身是同德医学院，1918年创建，1952年撤销，是由中国人在上海自办的私立高等医学院校。1918年，中华德医学会会员沈云扉创办医科学校，8月建校并定名为"同德医学专门学校"，设医疗专业专科，学制5年。

② 《编辑室：本刊自下期起……》，《妇女生活》1935年第1卷第4期。

③ 《诊察室：美玉医师：听说你担任了妇女生活诊察室的医师……》，《妇女生活》1939年第7卷第1期。

④ 《同人消息：新聘昆虫技师忻去邪农业化学技师沈学源两君，均于日前到院工作……》，《江西农讯》1935年第1卷第16期。

⑤ 《沈学源研究成功军用新粮食》，《新青年》1939年第1卷第12期。

疗队医师、国立贵阳医学院讲师、重庆市民医院医师及四川卫生处保育事务所所长等职"①。她十分关注妇婴卫生工作，认为妇婴卫生工作"从积极方面看，是保障儿童健康，树立强国之本。从消极方面看，是减低婴儿与产母死亡率以遏止超过度的死亡"②，而妇女作为"一个完整的人，须有健康的身体，发达的理智，与伟大的精神，而后可以赤身雄立万仞高山，俯仰天地而无愧色"③，而在抗战时期，叶式钦呼吁"我们应积极培养健全的国民以增强抗战力量，消灭敌人，建设新中国"④，她还主张助产是妇女的理想职业，动员妇女加入到这一工作中来。

高士其，男，福建福州人，生于1905年，细菌学家。1918年考入北平清华留美预备学校，1925年毕业后考入美国威斯康星大学，1927年毕业，后进入芝加哥大学医学研究院研究细菌学。在一次研究脑炎病毒的过程中，不幸被病毒感染了，导致了终生的残疾。1931年，高士其回国，1934年开始发表作品，1988年12月去世，是一位优秀的人民科学家和通俗的科学小品文作家⑤，有作者赞扬道，他要"在人民的支援下，为人民研究细菌学！用诗歌为人民的事业歌唱！"⑥ 在致残后，高士其仍旧坚持科学研究。他最大的志愿就是"毕生把细菌学用通俗的文字，著成书籍，灌注到国内一向对细菌毫不注意的人民方面"⑦。正因此，在《妇女生活》中，高士其也发表了多篇针对该刊读者的科普作品，包括人类和细菌的争食、清洁的标准、蚊子的习性（宣传国防宣传卫生方面）、衣服中的科学知识、大热天的科学观、乳的起源等，这些内容或是对人们日常生活中身边的现象进行科普，或是介绍与女性、婴孩等相关的普及知识。

---

① 李：《教育与文化：叶式钦代理国立北平高级助产职校校长》，《教育通讯（汉口）》1948年复刊6第6期。
② 叶式钦：《妇婴卫生》，《妇女生活》1939年第7卷第8期。
③ 叶式钦：《人生问题》，《助产学报》1948年第1卷第2期。
④ 叶式钦：《梅毒与胎儿》，《妇女生活》1940年第8卷第11期。
⑤ 白桦：《介绍高士其同志》，《科学技术通讯》1949年第1卷第3期。
⑥ 青心：《病磨十六年的科学家高士其》，《人物杂志》1948年第3卷第1期。
⑦ 徐还：《中国细菌学专家高士其在港研究竟成残废》，《海风（上海1945）》1946年第35期。

《妇女生活》刊物中这些介绍科学技术既给战时人们生活提供了重要帮助,又在战争期间通过对女性进行知识普及让更多的妇女参与社会工作,科学家、科普知识、妇产科医生、护士等职业都是女性能够获得的。而对于女性需不需要、能不能够学习自然科学,《妇女生活》曾刊文指出妇女们是需要自然科学知识的,陈晓时在《我们需要自然科学的知识》开篇便提出"有许多人,特别是妇女们,一提到自然科学就要头痛,好像自然科学对于她们有一种不可入性似的。在中学校里,女学生最怕的是数学、物理、化学等等的功课;在大学校里,专门学理科的女生,也是寥寥无几。至于那些家庭妇女职业妇女,大都认为自然科学是想要成为专门的技术人才或发明家的人们所须要的东西,与我们妇女没有什么关系"[1]。然而,作者在指出当时社会妇女们对自然科学存在的种种现象之后,明确指出妇女所需要的自然科学和那些预备做发明家,做自然科学专家的人们[2]所需要的不同,她们所需要掌握的是自然界自身(包含人类)的发展史、自然运动的法则、自然科学与社会科学的联系。当然,作者最后也明确指出:"在中国目前的情势之下,我并不希望我们妇女们把全部精神都用在自然科学方面,我只希望大家注意一下那些与了解社会确定自己的宇宙观人生观有密切关系的,自然科学的常识"[3]。在全面抗战时期,《妇女生活》将关注点放在了介绍军事时事(比如东北抗日联军中的女儿们)、战时妇女生活、儿童保育、难民、妇女战地服务经验、国际上的抗战(如苏联的女英雄)等情况,用大量的事实揭露日军对中国妇女儿童的残害,倡导在战争中妇女界的团结,为妇女如何参与救亡工作提出建议。可以说,这样的论述是与《妇女生活》的主要方针[4]相契合的。

---

[1] 陈晓时:《我们需要自然科学的知识》,《妇女生活》1935 年第 1 卷第 3 期。
[2] 当然,这里作者并不反对妇女们也努力于更精深的专门的自然科学的研究。
[3] 陈晓时:《我们需要自然科学的知识》,《妇女生活》1935 年第 1 卷第 3 期。
[4] 《妇女生活》的主要方针是:"少讲空话,多载国内外妇女的实生活,事实胜于雄辩,好让大家明白,今日妇女的运命与前途。并介绍现代妇运知识,借以扩大我们姊妹们的眼界,了解妇运的归趋,此外我们姊妹们的常识的缺乏,认识的不是,亦是事实,因此特辟各种讲座讲话等,为姊妹们填充内在的不足,开拓正确的思路"(引自《妇女生活》1935 年第 1 卷第 1 期)。

其实，在抗日战争背景下，中国共产党在1939年至1941年的延安还创办了一份女性期刊——《中国妇女》。该刊物由中央妇委会创办，半月刊，得到了老一辈无产阶级革命家以及党和国家领导人的高度重视。毛泽东专门为创刊号题词并赋贺诗："妇女解放，突起异军，两万万众，奋发为雄。男女并驾，如日方东，以此制敌，何敌不倾。到之之法，艰苦斗争，世无难事，有志竟成。有妇人焉，如旱望云，此编之作，伫看风行。"①《中国妇女》自创刊以来始终追随党的领导、站在时代前沿，记录着一代代中国妇女事业的奋斗足迹。

《中国妇女》的第一任主编为中共中央妇委会秘书长吴平，继任者先后有张亚苏、沙平、方紫、周俊等。该刊共出两卷22期。第一卷从1939年6月1日到1940年5月，共12期；第二卷从1940年6月到1941年3月，共10期。《中国妇女》的作者主要包括中共中央领导人及中共中央妇女工作委员会的领导人，如毛泽东、朱德、邓颖超和蔡畅等；参加抗战的工作人员，如康克清、朱仲丽、沙平和吴玉等；部分知识分子，如丁玲和张琴秋等。其读者群主要是党内的妇女干部、党外的妇女工作者、进步的女工人、女教师、学生和农村家庭妇女。

《中国妇女》在第一期的"征稿条例"中专门说明了该刊所需稿件的主题，主要包括"指导妇女运动工作、研究妇女问题之论文；各地妇女运动、妇女生活等之通讯；外国妇女运动、妇女生活之介绍；模范妇女之记述与介绍；妇女医药卫生，日常切身工作之常识；文艺；木刻漫画等"②。结合《中国妇女》具体刊载的文章来看，其内容非常丰富，可以概括为以下几个方面：介绍和宣传中共中央、中央妇委会有关的方针、政策、决定和指示等③；介绍宣传和解读妇女理论④；指导妇女

---

① 毛泽东：《毛泽东诗词墨迹选》，档案出版社1984年版，第21页。
② 《中国妇女》，人民出版社1983年影印本，第1卷第1期。
③ 如《中共中央为"三八"节工作给各级党部的指示》《中国共产党中央委员会为抗战三周年纪念对时局的宣言》《当前时局的最大危险》《团结到底》《动员广大妇女到生产运动中来》《抗日民族统一战线中的妇女运动》《持久战中的中国女工》等。
④ 如《论妇女解放问题》《妇女被压迫的社会根源》等。

干部工作，推动妇女干部的理论学习①；总结和交流各地妇女工作和运动的经验②；介绍和宣传国际妇女解放运动③；宣传和普及妇幼卫生保健知识④。

因此，通过对《妇女生活》和《中国妇女》中科技知识和科学家形象的分析，可以看出，中国共产党在战时创办的女性期刊既有马克思主义中国化的妇女观和科技观的理论指导，又结合抗日战争的实际需要，积极介绍与妇婴健康卫生以及与生产生活相关的自然科学知识，通过动员女性参与战场救护、学习妇科知识，鼓励她们加入到抗日救亡的斗争中去。

三　《现代妇女》中的科学家及其形象分析

《现代妇女》于1943年1月在重庆创刊，第5卷3/4期标沪版第1期，第7卷5/6期后迁往上海出版，1949年3月被国民政府查封。曹孟君任主编，编委先后有寄洪、朱艾江、林琼、杜君慧、彭子冈、陆慧年、黄静汶等。月刊，属于综合性妇女刊物。该刊物是抗日救亡后期由中国共产党领导，在国统区出版时间最长、影响最大的综合性妇女刊物，认为政治民主是妇女解放的先决条件，妇女争取民主的运动不应限于上层的知识妇女，要深入到劳动妇女中去，引导现代妇女把个人的出路与国家的命运联系起来，在抗日战争后期和解放战争中发挥了非常重要的宣传作用。

---

① 如《女大概况》《在游击区怎样举办乡村妇女干部训练班》《对于妇女干部的几点希望》《对妇女干部的几点要求》等。

② 如《持久抗战中的中国女工》《三年来的华北妇女运动》《晋东南通讯》《走向解放的冀西妇女》《晋察冀边区一九四〇年区村政权改选运动中的妇女》《晋南女工斗争的故事》《赣江东西的妇女工作》等。

③ 如《列宁与劳动妇女》《哈桑湖战斗中的苏联妇女》《十月革命和妇女》《西班牙妇女》《大战中各国妇女运动鸟瞰》《在奴隶与贫困的国家》等。

④ 如《金茂岳医师访问记（关于早产小产问题）》《谈谈女子的月经》《维他命》《受孕与分娩的经过》《医药问答》《卫生常识——关于妇女的白带》《羊奶哺婴的经验谈》《婴儿软骨症之由来及其办法》《缺奶婴儿之营养问题》《周岁前后婴儿食物的制法》《关于婴儿之清洁卫生问题》等。

《现代妇女》"征稿条例"中有说道:"本刊征求下列各项作品:1. 妇女运动之理论;2. 妇女修养与学习之指导;3. 各少数民族各阶层各地妇女生活报道及动态;4. 妇女工作经验之介绍;5. 妇女生活常识;6. 妇女参加抗战之英勇故事,及小说,诗歌戏剧等文艺作品;7. 世界各国妇女动态"①。所以,基本上,《现代妇女》中呈现的女性人物职业有政治家②、战士③、记者④、学生⑤、科学家⑥、工人⑦、文艺工作者⑧、空军服务人员⑨等。这些职业中既有国内女性,又有国际女性,而其中涉及科学家职业人物如表9所示:

---

① 《征稿条例》,《现代妇女》1943年第1卷第2期。

② 3卷1期《尼赫鲁夫人》;3卷2/3期《何香凝先生生平》《史大林夫人》;4卷3/4期《列宁夫人克鲁普斯卡雅》;4卷5/6期《女参政员谈民主》;5卷2/3期《积极参与民主政治活动的美国妇女》《法国妇女以血汗争得了民主解放》;6卷1/2期《旧金山会议中的美国女代表》;6卷5期《记法国妇女第一次全代会》;7卷1期《邓颖超女士谈解放区妇女工作经验》《从群众中成长的李德全女士》《法国的女制宪议员》;7卷2/3期《一个政治女性:女性群像(一)》;9卷6期《介绍印度新任驻苏大使潘狄特夫人的生平》;10卷1期《世界第一个女大使是谁?》;10卷2期《一个女政治幕后人物——阿根廷总统夫人伊娃贝隆》;11卷1期《欧洲最有势力的女人——特拉戈契娃》等。

③ 2卷1期《记女英雄李林》《奥莱昂女郎变成了游击队员》;5卷2/3期《苏联女战士》;5卷5期《怀念"五四"时代的女战友们》;8卷1期《追忆革命先烈(秋瑾女士)》;9卷3期《向秋瑾先生学习》;11卷2期《世界女革命家二巨头》《波兰女革命家的身世》;11卷3期《蔡特金女士的一生》;12卷3期《大义灭亲的女游击队英雄——瑞敏的故事》等。

④ 1卷2期《自愧与自勉——一个女记者的自述》;4卷2期《新闻记者的生活》等。

⑤ 2卷1期《生活在金陵女大》;2卷3期《中学女生生活之一斑》;3卷6期《大学女生的出路问题》;4卷1期《我所接触的战区女学生生活》《我的学生生活》;6卷1/2期《谈女同学的暑期工作》;8卷5期《接收前后吉林女同学的生活》等。

⑥ 具体篇目如表9所示。

⑦ 1卷5期《一个女工的自述:我的希望就这样完了吗?》《彷徨"人市"的重庆女佣》;3卷2/3期《衣的制造者——纺织女工的生活》;3卷5期《一个女工日记抄》;8卷1期《我所看见的苏联女工生活》;8卷6期《女工林宝珍》;10卷3期《前"妈声工艺社"的创办人丁慧涵女士访问记》;11卷3期《一个女工的控诉》;11卷5期《女工的一日》;13卷2期《潮汕的抽纱工业与女工生活》等。

⑧ 2卷6期《献给女文艺工作者》;5卷6期《女人和女作家》《我和文艺》《几位美国女作家(汤姆孙、史特朗、赛珍珠、史沫特莱)》《女作家近讯拾零(丁玲、沈兹九、白朗等)》《苏联的一个女作家——沙金孃》;6卷3/4期《中国戏剧中的新旧女性》;10卷3期《由萧红的身世谈到妇女的婚姻问题》;11卷3期《女演员之史的发展》;12卷2期《读萧红小传》《班昭是〈女诫〉的作者吗?》《吴茵女士访问记》;12卷4期《美国民歌歌者阿来尔女士》;13卷2期《张瑞芳女士访问记》;13卷3期《史沫特莱是怎样的一个人?》等。

⑨ 2卷5期《美国空军中的妇女》(职业有:冶金工人、物理学家、航空工程师、化学家、统计学家、经济学家、空军地面服务人员等)。

表9 《现代妇女》中介绍的科学家情况简表

时间	卷期	作者	题目	记述的科学家及其国籍、专业
1943	2卷1期	先	她是千万人中最杰出的一个：记蒋鉴女士	蒋鉴，中国，医护
	2卷3期	谭湘凤	我怎样做一个工程师	谭湘凤，中国，酒精厂工程师
1944	3卷2/3期	文	短评：悼陈品芝女士	陈品芝，中国，寄生虫专家
	3卷5期	刘一方	居里夫人	居里夫人，法国，物理化学家
	4卷2期	Alfred Toombs著，王仰舒译	使人们忘记痛苦的飞行看护	奥桑（Mae Olson），美国，飞行看护
1946	7卷1期	戈列尼夫斯卡雅著，孟昌译	前线的女外科医生	戈列尼夫斯卡雅、玛尔科夫娜、莎波斯尼哥佳、波里仙女、秘克拉斯、娜杰斯达、法拉狄密洛夫娜、齐特林、科芝卡列娃、古列维奇、舍列凡诺娃、契多娃、格曼、狄尼科娃、阿拉罗维支、奥格宾娜、乌索普车娃、波列沙杜尔支，苏联，外科医生
1947	8卷4期	诺维阿娃著，草婴译	一九四五年度史大林奖金的女性得奖者	玛利亚·彼得洛娃，苏联，生理学家
	8卷5期	黄为之	他（她）是怎样成名的：访周穆英医师	周穆英，中国，产科医生
1948	11卷1期	张志渊	丁懋英大夫访问记——她是一个舍己为人舍家为国的典型人物；丁懋英	丁懋英，中国，妇产科医生
	11卷5期	徐晦明	介绍倪斐君女士	倪斐君，中国，医学生
	11卷6期	蕙瑛	纪念一个产科医生的死	周穆英，中国，产科医生
	11卷6期	胡绣枫	悼周穆英医师	周穆英，中国，产科医生
		扬庶威	为民主与和平而斗争的女科学家小居礼夫人	居里夫人，小居礼夫人，法国，物理化学家
	12卷3期	麟趾	女子真的是不能任工程事业吗？	麟趾，中国，土木工程
	12卷4期	辛父	她们在真诚地为平民服务：记助产士苏元悟、蒋鉴琴两女士（奔牛通讯）	苏元悟，蒋鉴琴，中国，助产士

第五章　科学家形象的宣传：以中国共产党创办的女性期刊为例

结合文献，《现代妇女》对科学家形象的描述主要有以下几个方面：

外貌与性格特征：朴实、耐心、勇敢、有信仰

对于外貌特征，《现代妇女》对科学家形象的表述可以说与第三、四章所描述的科学家形象具有一致性，大多以朴实、不着华服为特征。比如在访问周穆英医师的时候，作者描述了对她的印象是"穿一身褐色西服，头发反卷，不施脂粉，严肃而朴实，高个子，四十多岁的妇人，正用快步走进来""一口不纯粹的普通话""喜欢管闲事，喜欢帮别人的忙"①。而在谈到丁懋英医师时，作者描述道："微胖的和蔼的脸上，挂着一丝乡下人的厚重的笑容，一边脱下她藏青色的绒线大衣，一边爽朗地对记者说。六十左右的年纪，中等身材，发向后梳，挽着一饼辫子发髻，不抹脂粉的圆脸上，堆着辛勤的皱纹，也流露着矜持和刚毅。"②

而对于性格特征，《现代妇女》则呈现出各具专业特点的科学家形象。比如做工程师"最要紧的是有耐心和勤劳、勇气和毅力"③，从事战场救护的女外科医生应该具备"英勇和献身""温柔和谨慎""谦逊""无畏和冷静""沉着和能力""忍耐"等④性格特点，女医护人员要有"不知道名，不知道利，不怕……环境的困难，不怕枪林弹雨的危险，不许休息，不许灰心，只是为了祖国，为了伤兵，为了医道的神圣而工作，工作，工作；战斗，战斗，战斗。"⑤ 产科医生要带着一丝悲悯和信仰而从医，在谈到女子学医的条件时，周穆英医师提出"一个医生正和艺术家一样，唯有站在为人民为大众服务的立场，才能得到大众爱护，才能显出伟大不朽的人格，也才能使这和天才结合而成的神技妙术发挥光大"⑥。

因此，在抗战这样一个大环境背景下，中国共产党创办的女性期刊

---

① 黄为之：《他是怎样成名的：访周穆英医师》，《现代妇女》1947年第8卷第5期。
② 张志渊：《丁懋英大夫访问记》，《现代妇女》1948年第11卷第1期。
③ 谭湘凤：《我怎样做一个工程师》，《现代妇女》1943年第2卷第3期。
④ ［苏联］戈列尼夫斯卡雅：《前线的女外科医生》，孟昌译，《现代妇女》1946年第7卷第1期。
⑤ 于菱洲：《〈蜕变〉中的于大夫》，《现代妇女》1943年第1卷第2期。
⑥ 黄为之：《他是怎样成名的：访周穆英医师》，《现代妇女》1947年第8卷第5期。

对科学家形象的描述在外貌上可以说与其他女性期刊并无二致，但在性格特征上却有着非常大的差别，更加强调为了祖国，为了人民而英勇献身的精神品格。

社会形象与社会责任：追求好的社会制度、倡导和平民主自由

二战后，世界对于女性是否需要回归家庭的问题引起了《现代妇女》的关注，该刊物给出了明确的态度，在战争期间中国共产党更是将中国妇女的解放置于全世界妇女解放的浪潮中，战后更是提出"正如她们致力于将世界从战神的手中救出一般，她们也能够同样优异的从事于和平建设工作"①。而对于国内，战后当局的诸多问题日益显露，科学家的社会形象和社会责任则受到了重视。

首先，需要指出的是《现代妇女》在描写科学家生平的时候，将科学家对好的社会制度的追求呈现了出来，认为"创造一个好的社会制度是这代男女最迫切重要的任务"②。第一个问题，为什么要追求一个好的社会制度？以医院为例，一位既是六个孩子的母亲，又是东南医学院五年级的学生倪斐君女士回答道："今天的医院制度着重点是在于营业，一切的规定和设施都围绕着这个目标，而不着重于训练人才，更不需替妇女设想。因为许多医院经费都得受限制，用人便不得不非常经济，假使有一个结婚的女医生因生产而工作中断，整个医院的工作便要脱节。所以在将来社会中这个问题是很容易获得解决的。"③第二个问题，什么样的社会制度是好的社会制度呢？对于这一个问题，有文章专门指出苏维埃政府的社会制度就有利于科学家做研究。戈列尼夫斯卡雅的文章被《现代妇女》翻译成中文发表，文章指出"在苏维埃政府的岁月中，我国妇女精通了从前被认为只有男子才能获得的最多样的专业和职业。在我国出现了女的科学研究员、伟大学者、教授、工程师、化学家"④。

---

① Cavoline Harlett：《战后英国妇女与职业》，赵炳林译，《现代妇女》1945年第6卷第6期。
② 黄为之：《他是怎样成名的：访周穆英医师》，《现代妇女》1947年第8卷第5期。
③ 徐晦明：《介绍倪斐君女士》，《现代妇女》1948年第11卷第5期。
④ [苏联] 戈列尼夫斯卡雅：《前线的女外科医生》，孟昌译，《现代妇女》1946年第7卷第1期。

其次，倡导和平民主自由，反对帝国主义是科学家的社会责任，强调科学研究要为人类的和平美好生活而做。比如对居里夫妇的介绍，认为他们能够"逃脱大众的赞赏，无视荣誉，是居礼夫妇共有的本性，这就正是事业成功的紧要因素，只有克服因荣誉而生的虚荣心，才能正确地完成一个伟大的任务。……全没有想到个人的私利，舍弃了可能有的享受，这种牺牲个人为科学服务，为人类服务的精神何其伟大！"[1] 并且，能够完美继承父母精神的小居里夫人同样被关注，有文章说道"为了她最近不断地在科学界活动，号召科学家一致反对利用原子能以作杀人武器，号召原子能研究者只限于将原子能应用于和平文明事业的研究"[2]。而对于普通的从事科学事业的女性来说，她们也对所处的时局非常关心，"像千千万万其他的中国人民一样，她们希望着一个真正和平，民主、富强、康乐的新中国的出现"，并且认为"'二十世纪是平民的世纪！'只有替平民服务的人才是最伟大；也只有为平民服务的人，才有更光明的前程！"[3] 更甚者认为"二十世纪世界是科学世界，尤其在……今天，和建立和平美好世界于战后，均须巨量科学家献身人类"[4]。这些论述已经将科学家的社会责任明确地提出来了。

第四节 倡导科学大众化和科学家要有社会责任的理念

中国共产党创办的女性期刊对科学家形象的宣传既有科学的先进的理论指导，同时又与20世纪上半叶中国的妇女解放和科学技术发展进程

---

[1] 刘一方：《居礼夫人》，《现代妇女》1944年第3卷第5期。
[2] 扬庶威：《为民主与和平而斗争的女科学家小居礼夫人》，《现代妇女》1948年第11卷第6期。
[3] 辛父：《她们在真诚地为平民服务：记助产士苏元悟、蒋鉴琴两女士（奔牛通讯）》，《现代妇女》1948年第12卷第4期。
[4] 文：《短评：悼陈品芝女士》，《现代妇女》1944年第3卷第2/3期。

进行了结合,在刊载内容方面并不像商业类的期刊那样仅仅抓热点,它们重点通过职业妇女的发展来阐述妇女解放,并且将中国的妇女解放放置在世界的妇女解放进程中去认识①。在科学家形象的阐述上除女性特有的耐心、勤劳等特征外则更加强调勇敢、坚强、有信仰,能够做到科学为人民、为大众服务,同时,科学家要勇于担负起社会责任,在社会形象上有确立科学研究用于人类的和平事业,反思科研的伦理道德问题的特点。

那么,以下这几个问题则需要进一步地讨论分析:第三、四、五章中所阐述的这些具体的形象特征为什么会以这种方式呈现,它们与不同学科不同性别的科学家又有什么关系,战争、社会发展、妇女解放运动等因素对这些形象的塑造产生了怎样的影响,女性期刊本身的演变特征、发行地的差异以及编者、作者及期刊定位又对所展现出的科学家形象起到了怎样的作用,为什么居里夫人和南丁格尔的事迹会一直存在这三个阶段,马可尼的无线电为何也在这三个阶段内被提及。这些问题既是本章在综述和分析近代中国女性期刊中科学家形象是什么之后的延伸性问题,又是本书下一章所着重回答的内容。

---

① 相关文献论述表明该观点,比如"妇女的经济独立,是获得解放的基础,同时职业妇女在妇女全人类中占有的多寡也就是测验妇女社会地位的尺度"(引自昆源《重庆市的职业妇女》,《现代妇女》1943 年第 1 卷第 3 期);"中国妇女,也像英国和苏联的妇女,清楚的认识了自己在这大时代中当取的态度,不是只求自己的平等,自由解放,种种利益,而是争取为国牺牲,服务人群的义务与机会,不是只求自己的平等,自由解放,而是谋求全民族的自由,平等解放,这是一件任重道远的艰巨工作"(引自诚冠怡《中国妇女在抗建时期的任务》,《现代妇女》1943 年第 2 卷第 1 期)。

第六章 科学家形象塑造的成因分析

一个群体形象的塑造是由多种因素共同作用的结果，它既离不开这一形象所处的时代背景、思想文化潮流等外在因素，也与写作并选择向公众宣传该形象的编作者们等内在因素有关，近代中国女性期刊中科学家形象形成的原因也是如此。

第一节 社会环境对女性期刊中科学家形象塑造的影响

本节主要讨论形成上文中所描述的科学家形象的社会环境因素，涉及包括战争、科学文化发展、女性思潮等方面，这三个方面从外在的形式上左右了这些形象的传播者，使他（她）们的社会意识、思想等有了改变，从而导致了他们对科学技术及其从业者的不同的认知。

一 战争与和平的时代主题

战争与和平是20世纪上半叶的时代主题，1898—1949年在中国出现了两次世界大战和一场解放战争，相对稳定时间不超过20年，因此战争与和平的因素对近代中国女性期刊的发展有很大的影响，对这类刊物中的科学家的描述则涉及女性、战争与科学、科学家的问题，这一情况在第二次世界大战期间尤其突出。因此本小节将重点分析以下三点问题：（1）20世纪上半叶，在战争环境下纸质媒体对科学家形象的宣传有什么侧重，战争与女子职业的关系又是怎样的①；（2）在相对和平的1915—1931年，近代中国的女性期刊以商办刊物的大发展为主要特点，出现在女性期刊中的科技工作者们研究领域各异，呈现"百花齐放"之势，这与稳定发展的国内环境有着怎样的关系；（3）战争、科学研究与科学家的关系具体来讲是怎样体现在对科技工作者传记、简讯等的宣传上的，这里可以居里夫人的科学研究是如何在二战期间被重新解读为例进行分析。

战争催生新的女性职业

女子职业中的"看护妇"的兴起与战争有着密切关系的，从事这一职业的女性传记也于19世纪末20世纪初出现在近代中国女性期刊上，并随着女子教育的兴起与发展，看护妇的训练逐渐进入教育之中②。秋瑾就曾译文指出："欲深明其学，施之实际，而能收良好之效果者，非于医学之全部，皆得其要领者不能，且即使学识全备，技艺娴矣，然非慈惠仁爱、周密肃静、善慰患者之痛苦而守医士之命令，亦不适看护之任，而男子性质，常粗率疏忽，远不若女子之绵密周致，此所以看护之职，常以女子为多也"③，看护职业也是女性成为职业妇女的一个重要选

---

① 有文献就抗战对女性职业的影响进行了说明，认为"抗战初期的救国工作，像暴风雨般狂奔，没有谁能阻挡得住，全国都沸腾起来了。抗战的狂风吹破了妇女们的迷梦，也吹开了她们狭的痛苦的牢门。抗战改变了一切，一切在抗战中进步着，产生了令人不可想象的奇异的现象。你会想得到数千年传统被目为'天生弱质'的女子，竟能骑着马，带着武器、领着队伍冲锋陷阵，硬是比男人还英勇些吗？说起来不很相信，然而偏偏是千真万确的事实。至于从事前方战地服务、后方伤兵服务、保育难童……抛开自己个人的享乐，负起最艰辛劳苦的救国工作的，那又是成千成万数不清的了"（引自先：《她是千万人中最杰出的一个：记蒋鉴女士》，《现代妇女》1943年第2卷第1期。）

② 1907年，秋瑾在《中国女报》中发表《看护学教程》译文，1909年志群仍旧继续在《女报》发表《看护学教程（续）》，1910年王立才在"教育谈"中对《看护学教程》进行了具体课程内容的描述，即第一课：绪论，第二课：承前，第三课：卫生法大意，第四课：居住（清洁），第五课：食物（营养易消化），第六课：饮料（卫生），第七课：衣服（干净、松紧得当），第八课：洁身（去病），第九课：视察病状，第十课：以病状报告医生。

③ 鉴湖女侠秋瑾：《看护学教程（未完）》，《中国女报》1907年第1期。

第六章 科学家形象塑造的成因分析

择。第二次世界大战的爆发,作为东方主战场的中国急需医护人员救治伤兵,从事由看护延伸而来的护理职业的女性逐渐成为了女性参与战争的主要形式。①

《女学报》第 4 期(1902 年)《英国女杰涅几柯儿传》讲述的就是创办红十字会的鼻祖涅几柯儿(即南丁格尔 Florence Nightingale)的生平事迹。文章指出在她的原生家庭中,母亲品性纯良,受过教育,通晓欧洲古学和高等数学,精通意大利语、法兰西语、德意志语,多次赴欧洲大陆旅行,常怀博爱慈悲之心;父亲为一名牧师,旁通医术,善治疗百兽病症,涅几柯儿便向父亲学习医术,也继承了母亲的博爱品格,所以作者对她的个人爱好的描述便为游历与行医,这与中国传统的行医风格颇为相似。涅几柯儿曾游埃及贫民部屋并施医药以治愈其病,到德国莱茵河研求病理与看护学,至荷兰等地募集资金以回英国筹建贫民学校施医、癫狂病院、养老院、看护妇学校。1853 年,克里米亚战争兴起,瘟疫肆虐,涅几柯儿便率看护妇 34 人于 1854 年 11 月 5 日亲临战地救治伤员②。在讲到涅几柯儿对后世的贡献时,主要为其在开辟红十字会专门救治战争中负伤军士的事迹,并称日内瓦条约入会国家,无分大小,均可使用红十字徽章③。

---

① 战争为女性带来了新的就业机会,看护被认为是其中的职业之一。 (参见:Jill S. Tietjen, "War Brings Opportunities", In: Scientific Women. *Women in Engineering and Science*, Springer, 2020, pp. 63 – 91.)

② 文中有这样的描述:"女杰鞠躬尽瘁,日夜不得休,每困倦时,则身倚墙壁,以手合眼,一刹那顷,即复治事,盖女杰督理之职,不特医药而已,凡一切食品、厨役、洗涤场,事事皆亲临经理也。……先是女杰未到战地时,伤病之人,每百人中死者六十余人,女杰既临战地,则百人中死者不及五十人,英国太(泰)晤士报称颂其功,呼女杰为播庆之天使,英国国民之称赞者洋洋盈耳,或称之曰烈女,或称之曰女丈夫,其兵士寄家书者,则称女杰为克力米亚之天使。"(乾慧译、述智度笔受:《稗瀛一粟:英国女杰涅几柯儿传》,《女学报》1902 年第 4 期)时人对她的称呼为烈女、女丈夫、克里米亚之天使、女杰,她的个人生活的叙述则重点强调她为了博爱的事业而不嫁人,专著《病院纪要》与《看护妇要论》二书,作者或者读者大环境所造就的即是女性应该为了事业的成功而放弃家庭的羁绊,组建家庭对女子看护妇职业是有负面影响的。

③ 该文章结尾还用小字对中国人擅自使用红十字徽章做出披露:"案庚子救济善会用红十字标识为西人所限制,由当事者不明此理由也。"

由于西方的克里米亚战争而渐成规模的看护妇团体——红十字会在战争期间作了重大的贡献。因此，在亚洲，赤十字社也逐渐因其在平时与战时的显著作用而受到日本、中国女界的重视。早在日俄战争爆发的1904年之前，国内就有关于赤十字社与看护妇的介绍，除前文的在世界上创办该社的涅几柯儿传记之外，还有一些新闻的报道，言及日俄战争、赤十字社与看护妇的相互关系[1]。如此，女性在民族国家处于战争状态下又多了一份"天职"——作看护妇为伤兵服务。

由于受发生在中国土地上的日俄战争的刺激，中国红十字会的创办也被一些有志女士纳入了议程[2]。中国红十字会的成立也与当时留日女学生胡彬夏倡导组织的共爱会有关。胡彬夏（1888—1931）[3] 于1902年被选派为首批赴日留学的四位女学生之一，与数十位女留学生在日本成立了中国妇女最早的组织"共爱会"，该会全称为"日本留学女学生共爱会"。1904年3月，中国红十字会诞生于上海，该月17日，正式定名为"上海万国红十字会"，该会的宗旨为"有事施于军事，无事施于贫民"[4]，即保障战时的救死扶伤和平时的扶助下层人民；共爱会也将战时

---

[1] 即"记事—外国"的新闻指出："自日俄之战势既迫，日本各处妇人，愿任赤十字会看护妇者甚多，西京有二十五岁妇人名石山者，曾在某学校卒业，一月十三日，向西京府厅呈请，愿为日俄战争之从军看护妇，以全妇人对于国家之天职，当蒙许可"（《记事—外国》，《女子世界（上海1904）》1904年第2期）。另外，美国妇人也对日有所援助，"美国赤十字会之妇女，热心助日，谓一旦日俄开战，拟借赴战地，救护日本战兵云"（《记事—外国》，《女子世界（上海1904）》1904年第2期）。

[2] 有文献指出："自东省之祸变，大起沪渎，一般热心爱国之女士，于女界中多所运动，近日有福建郑素伊女士等，组织对俄同志女会于宗孟女校，入会者甚多，现已举定议长议员，公拟议案，先创中国赤十字会，预备一切应办之事云"（《记事—内国》，《女子世界（上海1904）》1904年第2期。）

[3] 胡彬夏为共爱会的实际负责人，作为14岁（1902—1903）便留学日本的女青年，她在这一时期的活动是充满理想和激进的，共爱会的女留学生们以爱国救亡为宗旨，参加1903年5月的拒俄运动，与林宗素等十二名女学生加入"拒俄义勇队"（张朋：《从兴女权到改良家庭——清末民初女报人胡彬夏办报活动与身份认同》，《阜阳师范学院学报（社会科学版）》2012年第2期），胡彬夏还在课下学习战时救护的知识，以自身行动表明女子应作为民族国家的一分子积极参与战争的主张。

[4] 迟子华、樊翠花：《中国红十字会何以首先诞生于上海》，《历史教学（高校版）》2016年第10期。

看护作为女性贡献于国家的主要任务，而二者均是在近代中国对外战争的大背景下先后产生的，也是中国女界积极参与战争的明证，而在此中间起重要作用的看护妇就成为一个女性可以在战时和平时都从事的职业，各大报纸、杂志对此也多有报道①。

看护一科产生于战时环境，当战争结束之后，看护便成为一种平时的对病人照料的职业。因这一科在战时和平时都具备实际的用处，看护妇得以继续被纸媒宣传。在美国纽约的玛格莱忒·珊格尔的自述传记中，她讲述了她的学习、工作和生活的经历，由于她希望执医生的行业，于是考入康奈尔大学医学院研究科学三年，专攻内科及看护，婚后她与丈夫约定半年在乡间过闲散生活、半年与其在一处做事，因此她能够继续研究性的卫生学和从事14年的看护事业，更由于看到家庭多子的累和女性因堕胎而死亡而积极提倡"产儿限制"（Birth Control），倡导科学避妊。中国的林修亭也是以自述的方式叙述其职业生活，她本想学美术，但在父亲的要求下学习医学，心情由抗拒到接受再到热爱看护事业，之后由于父亲患痨病去世，她便立志做一名女医生而非女看护，但由于自己在协和做预科生时患病而作罢，因此女看护仍旧是她谋生的职业，她在平民医院里的工作主要为病人敷药包扎、接种牛痘、外出探访病人等。

战争、科学研究与科学家

第二次世界大战的东方主战场在中国，这就迫使作为文化宣传媒介的女性期刊以新的形式出现在历史之中。居里夫人发现镭元素的事迹一

---

① 在《女子世界（上海1904）》在1904年第1期中就继续刊有转译自日本人所翻译的美国妇人生活的文章。作者慕庐列举了美国妇人的几种职业，如图书馆之事务员、杂物铺商、速记者与活字记者、卖花、摄影师、旅馆主人、行仪舞蹈之师匠、簿记法者、新闻记者、看护妇、保险会社之周旋人、政府之役人、小学校之女先生、裁缝师等十四种女子自求经济独立的职业。对于看护妇的认知，作者说道："三十五岁以下，身体强壮，无家族之倚累者，愿为看护妇，则先经试验，始入病院，其初为学生，居于病院之寄宿舍，费用每月约需七弗，每日服八时间之实习外，不可不笔记二时间之讲义，三学年之后，有卒业试验，试验及格者，立派为看护妇，受雇于各地之病院与病家，一礼拜当得二十五弗之俸给"。（慕庐：《译林：美国妇人之自活》，《女子世界（1904）》1904年第1期）。该刊第4期更是以《军阵看护妇南的辫尔传》再次介绍看护妇生平事迹。

直是一战和二战期间女性期刊叙述的重要内容，在医学、放射学等方面的影响多次被提及，加之1914—1918年第一次世界大战的爆发，居里夫人作为科学家积极参与战争医疗救助，以保卫法兰西的"战士"形象出现在近代中国期刊上。因此，在战争期间，居里夫人的镭的研究及其作为是分析战争、科学研究与科学家的典型案例，为三者关系的分析提供了良好的研究视角。

镭较早关于实际功效的应用是在医学上。1921年程小青在《妇女杂志（上海）》上就已经讲到铍①的灼痛作用，并由此联想到烧灸性药物治疗毒瘤；1934年，王常在《科学画报》②上也以通俗的语言说道"镭在医药上的用途很大，可以治理细胞组织。健全的细胞组织，对于抵抗镭之作用的能力，比不健全的大四倍到七倍。这样不健全的细胞组织，在镭的作用之下，就被毁灭了。嫩的植物，若受到镭的辐射，或其产物之一，也会长得快些，茂盛些。但使用时有一点要注意，就是用镭太多，反足以置植物于死。就是人们受镭的作用长久时，皮肤也会受伤和灼伤一般。"③关于镭的发明对物理学界的影响，以普及科学知识为职志的《科学画报》首先给出了说明，即"其一，构成原子者另有电子。原子和原子之间人力尚可以左右，而放射性为原子之内部变化，人力尚未得左右也。其二，原子破坏时能量甚大，倘能设法而利用之，是造物者之无尽藏也。其三，镭既能分解为氦，而本身经变化亦可为铅，元素不变之说破除，曩昔炼金之迷梦非不能见诸事实矣。是为发明之影响于科学者。镭能治癌症，又能杀微菌细胞是为发明之能造福于医界者"④，这一说法被1934年的《京沪沪杭甬铁路日刊》第1015—1039期中《居利夫人和镭锭》一文复制沿用。

陈文祥译自日本太阳杂志日本工科大学的文章《说镭》讲道："（镭）

---

① 镭的旧称。
② 《科学画报》，发行于1933—1949年，主要由科学家主编、撰稿，旨在科学普及。
③ 王常：《镭的发明和放射的神奇》，《科学画报》1934年第1卷第24期。
④ 竿：《悼居利夫人》，《科学画报》1934年第1卷第24期。

于理学界极有关系，打破'元素恒永不变'之说，为学者辟一新纪元，其他种种不可解之难问题，强半由此可说明之。且能治百疾，于中风、神经痛、关节炎等症，尤著灵效。于农业上亦至有关系，其价格之昂，宇宙间无与比伦，重一钱之价，恒在七十万元以上"①，这篇文章全面介绍了镭的发热、镭的生理作用、镭在医疗上的效果、镭温泉等知识。

直至1943年，由于国防科学的发展需要，镭的功效仍旧被不断提及。亚伊著文开篇便提出"居里夫人是'镭'的发明者，也是近代一个第一等的科学家，她所发明的镭，对于人类和科学界有很大的贡献——在医学上用来救治难症，减少许多病人的痛苦；而且它的新功用，一直到现在，还不断的为科学家们所研究着，发现着。关于居里夫人在科学上的地位和价值，国内的科学杂志上，早已有过专门的介绍，在提倡国防科学的今日，我们一般的女读者，也都有向居里夫认识和学习的必要。"②

然而，随着美国向日本投掷两颗原子弹导致二战的结束，居里夫人镭的发明与原子弹的关系成为期刊介绍镭的功效新的关注点。最早对此二者关系的描述属1947年《科学名人小传：世界第一女科学家居里夫人》，文章中说道："镭锭的出现，不但极拯了世界上千百万的病人，而且替物理科学界打开了新领域，对于日后原子能的探究大有帮助。我们知道，原子弹的原料就是铀的一种——铀二三五，倘能把它应用到工业上，居里夫人的功绩还要比现在更大呢"③。然而，早在1946年第11期的《时代（重庆）》上，作者们虽没有明确表明镭与原子弹的关系，但编者却同时刊登了重熙的《居里夫人》和《原子弹常识十二点》的文章④，且前后只有一页之隔。1947年，有作者更指出："现在，我们所处

---

① 佚名：《说镭（附照片）》，陈文祥译，《东方杂志》1914年第10卷第10期。
② 亚伊：《世界妇女名人传：镭的发明者：居里夫人（附木刻）》，《广西妇女》1943年第3卷第2—3期。
③ 林：《科学名人小传：世界第一女科学家居里夫人》，《轮机月刊》1947年第6期。
④ 重熙：《居里夫人》，《时代（重庆）》1946年第11期；佚名：《原子弹常识十二点》，良（摘译），《时代（重庆）》1946年第11期。

的时代,和她的时代不同。科学的进步,使我们的时代到了原子时代,我们应该学习居里夫人的作风与精神,作更精深的研究。我们钦佩居里夫人,应该学习她的毅力和有恒,才会有伟大的成就"①。由此,战争影响了女性期刊在科学家科研活动上的叙述,从而从另一个层面也影响科学家在女性期刊读者心中的形象,它是女性期刊科技工作者形象塑造的一个重要的外部因素。

相对稳定的和平时期科学家形象的"百花齐放"

我们都知道在1898—1949年,近代中国并非都处于战争时期,而且由于中国疆域幅员辽阔,同一时期不同地区之间会有处于战时或平时的差别,由此可知,地域性特征是近代中国历史研究者都需要考虑的因素,这一特征也是本书在分析时所特别需要注意的。笔者在本小节主要以1915—1931年的东南沿海(以上海为例)地区②的女性期刊中科学家形象进行研究,探讨在相对和平的环境状态下一个时期科技知识、科学家及其形象在期刊中所集中呈现背后的相关因素问题。

1915—1931年的政局就相对稳定,这导致了各种思想潮流出现在女性期刊上,期刊出版行业管制也相对宽松,不同形象、不同性别的科学家及相关的科学技术知识以多种多样的形式呈现在女性期刊之上。这一时期的女性刊物上刊登了英、美、法、德、意、奥以及古代中国(《畴人传》)中的科学家、发明家、医护人员等职业群体,男性与女性均有,涉及的研究领域有医学、数学、物理、化学、生物学(包括遗传学)、天文学、土木工程、无线电,此时的科技工作者形象在写作方法上思想开放、女性期刊兼容并收,呈现一种"百花齐放"的状态。

这种状态与上海地区的在这一时期和平稳定的政治局面有关,稳定的局势对以文化宣传为主的女性期刊有着积极的作用,它们可以有维持

---

① 吴贻芳、渌汐:《居里夫人的伟大》,《妇女月刊》1947年第6卷第3期。
② "相对稳定的和平时期"还包括1932—1945年西南大后方以及1945—1949年的东南沿海,由于这一时期的科技工作者形象与前面部分叙述主要以战争、救亡、科学救国等为主旋律,加之篇幅及内容所限,笔者在此以1915—1931年为例进行分析。

刊物发行的持续的资金、有稳定的读者对象和作者群体,还能够对各种思想潮流进行文化宣传层面的积极引进,以丰富读者在这一时期的文化需求。和平稳定时期有利于塑造多种多样的科学家形象还可以从其相反的战争状态下女性期刊的"命运"来进行对比说明,战争期间,有的女性期刊由于战争而停刊,如《妇女杂志(上海)》由于上海的淞沪会战而停刊,有的因战争而创刊以专门探讨战时女性问题或者妇女政策,有的则迁至西南大后方继续以或新或旧的面目存在着,在1931年九一八事变之后,女性期刊中逐渐增加了关于战争、救亡、女性参与救国的内容。

二 现代科学技术文化的发展进程

现代科学文化的发展是女性期刊中科学家形象不断以新的状态存在的前提,也是读者和作者获得科学技术知识的基础,更是一段时期人们对科学技术认识的主要来源。本小节主要介绍现代科学技术的发展对女性期刊中科学家形象认识的影响。

对以上这一种科学家形象的外在因素具有典型案例价值是居里夫人在近代中国女性期刊中的叙述方式。具体来讲,从法国的物理学与化学的发展,居里夫妇研制出镭,并最终在1903年因放射性研究获得了诺贝尔奖,根据前面的论述,我们知道近代中国女性期刊于1898年创刊,虽然短暂,但在进入20世纪,女性期刊有了大的发展,加之居里夫人是西方女性在科学技术上世界闻名的人物,女性期刊在创刊之初便以"传记"(即中国传统的人物介绍)作为这类刊物的一个重要栏目介绍给读者,居里夫人在放射性方面的贡献更成为20世纪初期女性期刊竞相报道的一个契机,她的传记也陆续地出现在女性期刊之上。

而在20世纪30—40年代,对居里夫人形象的介绍转到她在战时的贡献,包括科学研究和组建战时简易医疗车以及女儿参与战时救护等内容,此时中国本土的科学家已经由国外学成回国,国内的物理学与化学比之前有了一定的发展,对居里夫人的介绍也更趋向于理性、客观,作者们更由于居里夫人小女儿的《居里夫人传》的出版极力地发掘居里夫人的真实形象，由科学家甚至是物理学家与化学家也从各种形式的资料中去挖掘这位女科学家的伟大贡献到底在何处，她在该领域的研究如何推动放射性学科的发展。

同时，科学技术文化的发展还体现在其他类型的刊物对女性期刊科学家形象的影响方面。由于女性期刊中的一些作者尤其是男性作者，他们不仅仅在女性期刊上撰文发表自己对女性问题的见解，也是其他类刊物（包括普通类刊物、科技期刊等）的撰稿人。如社会活动家、生物学家周建人就曾在近代中国发表多篇关于植物学、动物学、遗传学等相关内容的文章，据全国报刊索引所查，周建人共发表相关类型文章274篇，他在《东方杂志》上发文34篇、《民主（上海）》29篇、《自然界》20篇、《妇女杂志（上海）》20篇、《新文化》17篇等等，他在女性期刊和其他类刊物上均有与生物学相关的内容发表，而这在一定程度上影响了《妇女杂志（上海）》中关于遗传学和种族优生等相关领域科学家的介绍多寡，其中就遗传学发展史的内容来讲，涉及多数的遗传学家。由此，科学技术文化的逐步发展会影响社会的历史进程，对从事这项研究的科学家的叙述也会随着科学技术的发展而有所变化。

三 女性思潮的影响

由于女性期刊本身的研究女性问题导向，笔者在分析时也有必要将科学家形象放置在女性性别这一范畴进行考虑，其中，女性思潮是影响科学家形象的主要性别问题，它在一定程度上左右了有关科学家形象描述的侧重点，是分析这些形象成因的思想性因素。

19世纪末20世纪初期，"兴女学"思潮是普遍存在于这一时期的女性期刊之中，倡导女子求学、创办女子学校、女校简章及招生信息等内容频繁出现，由此，对于女性科技工作者的介绍，编作者们更多的是从她们能够接受教育并成为与男性有着同等智力的女性的角度来具体说明，这里女性科学家的生平、简介等内容已经成为女性期刊发表它们在女子教育问题上的活样板。当然，读者们受到"女性也可以学习科技知识并有所成就"的思想后即将此付诸实际，以产生女性逐渐进入学堂、社会各界人士积极兴办女学堂的实际效果。

贤妻良母思潮是20世纪20年代至40年代的女性思潮，它是倡导女性以辅助丈夫、教育子女为主要职责的一种认识，是在艾伦凯等人的推动下在近代中国发展的。20世纪20年代，有人认为这种思潮是妇女解放运动的绊脚石，应该予以祛除，但贤妻良母思潮确实是当时一部分人所极力推崇的，他们也创办女性期刊，如《妇女时报》等，这类的刊物也与具有进步意义的刊物一样，以新的形式旧的思想出现在历史中，他们宣传贤妻良母思潮，对女性科技工作者的介绍方面，则一面强调她们能在科学研究事业上协助其夫取得进展，另一方面描述她们作为母亲也有生养、照顾、教育孩子的重任。这样的表述一定程度上是掩盖了女性作为知识分子在事业和家庭上的作用。20世纪30年代随着社会与时代的发展，新贤妻良母主义逐渐成为主流，它的中心原则为："在分工合作的原则之下，在地位平等的范围之内，于本位救国的努力之中，不求个人私欲的放纵，不为封建观念的牺牲，只求对于民族对于社会有所贡献，既为集团主义而奋斗，同时即为自求解放的出路"[①]，这种在男女两性平等的原则和战争的历史背景下，女性以作为与男性同等的社会地位对民族、对社会有所贡献为新贤妻良母主义的要求，作者们在叙述女性科学家生平时需要考虑的则是在更加理性和在两性平等的基础之上分析女性科学家在科学研究中的地位以及她们为民族为社会所做的贡献如何。

新女性形象也是在20世纪20—40年代与贤妻良母主义所并行出现的一种思潮，20世纪20年代（1920—1929）是该思潮出现及大量传播的时期，约有1060项关于新女性的叙述，占总数2741项的38.6%，20世纪30年代（1930—1939）为965项，占比35.2%，20世纪40年代（1940—1949）692项，占比25.2%，更甚者有多种以"新女性"命名

[①] 何景元：《再论新贤妻良母主义：新贤妻良母主义的历史的意义》，《社会半月刊（上海）》1934年第1卷第7期。

的女性期刊出现在上海、广州等地，这些以此命名的女性期刊出现在平时与战时，分别讨论着属于不同时期的女性应该具备的"新"的条件问题。以上海1926年1月创办的《新女性》为例，该刊物认为新女性应该具备以下几个方面的知识储备：妇女卫生知识、婴儿营养、家庭药物常识、家庭卫生等，周建人更是将优生与遗传的内容在此刊物上进行介绍，新女性在这一时期代表的是具备基本的家庭卫生健康常识及家庭烹饪技巧，这时的"新女性"的特点影响了女性读者对科学技术知识的基本认识，且侧重点在实用性上，对具有理论性科学研究方向的科学家等群体较少介绍，即便有科学家传记、生平等相关内容出现，他们也是以表现当时社会对女性的一些新的要求作为侧重点的。

当然，女性思潮对不同时代、不同地区的人们的影响程度是不一样的，在对新思潮的认识上有一定的差异，更由于社会意识的相对独立性，一些旧的或新的观念往往会以不同于主流社会意识的形式偶尔出现，但这些并不影响女性思潮是科技工作者形象塑造成因的分析。

第二节 女性期刊在近代中国的发展变化

1868年至1898年，纸质媒体便在近代中国成为一种倡导或输出个人、团体、政党等的思想的媒介，拥有了长达30年的期刊报纸发行，且多以上海、北京、广州为主要发行地。国人自办报刊的形式也逐渐由于民族危机的加深而登上历史舞台，这种报刊与古代中国的邸报不同，此时的报刊借鉴了西方期刊的出刊类型，具有现代期刊报纸的性质。康有为、梁启超等维新派人士在思想上受到了林乐知的影响，他们提出了以创办报刊、女学和女报的形式向地方传达维新变法思想。由于康梁深受西方男女平等思想的影响，他们的女眷也积极参与变法维新，这些女性们前期主要在维新派主办的男性刊物中发表个人见解，之后由于创办了属于女性的专门性期刊——《女学报》，她们便在此类刊物中开辟了讨论女性问题的"主战场"[1]。女性期刊本身在中国的发展变化与在其中刊登的科学家形象的演变有着密切的关系，除媒介内容外，媒介本身及其赖以运转的文化母体也是媒介研究的重要方法[2]。因此，本小节将女性期刊本身的演变特点、这类刊物创刊地的差异与变迁对其中科学家形象的影响问题进行分析。

一 女性期刊的演变特点：类型、种类、内容方面的分析

总体而言，近代中国女性期刊以文字叙述为主，图片展现为辅，它的读者对象是识字的女性群体，因此，女性期刊的发展演变历程始终与女子教育的发展史密切相关，女子教育又包含科学教育，这为女性期刊中出现科学家传记提供的基础。19世纪末20世纪初，中国女学不兴的状况早已有相关人士[3]指出，西方人以兴女学的方法来完成释放女子、提携女性的重要任务。随后，兴女学也逐渐成为了士大夫等阶层改变近代中国落后局面的重要举措，这在客观上为女性期刊培养了潜在的女性读者和作者，使得女学与女性期刊走上了一条相辅相成的道路。因此，女性期刊以女学校刊的形式最先出现在近代中国历史中。

1898年至1949年的女性期刊在其内部也有不同的种类，从早期的以《女学报》为开端以女学校校刊的形式出现，到20世纪初期的《女子世界（上海1904）》以既报道女性内容又倡导兴女学与女性解放的综合性刊物，需要说明的是，此时的女学校刊仍旧与这类综合性期刊并行，

---

[1] 如康有为之女康同薇就于1897年与1898年在《知新报》的第32期、第52期发表《论中国之衰由于士气不振》《女学利弊说》，从这两篇的内容中可以看出康同薇既有男子的气概又有对女性同胞的"感同身受"之情，之后她便担任《女学报》的"主笔"，负责编辑、写作该刊物上的内容。

[2] ［加］Marshall McLuhan：《理解媒介：论人的延伸》，何道宽译，译林出版社2019年版。

[3] 两个发现较早的报纸《申报》《万国公报》在1878年都报道了中国女学的落后，它们先后指出："泰西诸邦此事较前尤盛，在英伦，女学生可进学宫读书，所得益者甚大，在美国，女学生约三百万余，德国女孩八岁必入学，所读之书，一切全备。中国人数多于他国，女子亦尽有才，惟不读书不习学，故末由增长其才。"（引用自《政事：中国女学》，《万国公报》1878年第500期）作者对比了国外女子入学堂读书的情况，指出了中国女性并不在智力上比国外女性差，只是后天没有接受到正规教育而已。

再到1930—1940年的战时，各地主办的以某某地妇女（地方性）为命名的女性刊物广泛地出现在中国大地上，在个人办刊方面，专门性的女性期刊逐渐出现，如《妇婴卫生》等以掌握专门知识的职业群体宣传女性某一方面的内容的刊物与政府主办的、解放区主办的女性刊物并存。由于近代中国历史的复杂性，作为文化宣传工具的女性期刊也不可避免地带有历史时代的痕迹。因此，在分析这一时期女性期刊中的科学家形象问题时也必须考虑到女性期刊内部不同种类的实际情况。

虽然近代中国女性期刊在不同时代有不同的种类，编作者们有不同的立场和主张，但在一定的社会历史条件和时代主题下，人们的意识往往会呈现出一种相似性，并成为一定社会历史的反映。具体到本书的研究主题，女性期刊内容方面的分析往往呈现出时人对科学技术知识的相同的认知水平和态度，这些刊物多数有涉及与女性相关的科学技术方面的知识（包括科学家、医生、发明家等科技工作者），没有相关知识的刊物占比不大，笔者也在表1《近代中国主要女性期刊简况及其中有关科技知识简表》中对这类刊物做了注释。因此，本书对于女性期刊中含有科学技术知识的分析就显得有价值和意义。再者，由于女性期刊本身的定位问题，这些科学技术知识也有侧重点，它们多与女性生产生活有关，而知识本身也呈现出通俗、易懂、应用性强的特点。女性健康常识、育婴知识、数学计算（用于家庭账簿书写）、食物储存与营养（如烹饪中的化学知识）等与女性身体相关且有助于居家生活的内容是近代中国女性期刊所出现的科技知识的普遍性内容，这一特点即便是在战时也没有随之改变，战争状态下，虽然加入了战时妇女所应关注的内容，但母婴健康、食物储备知识仍旧出现在多数女性期刊中。此外，值得注意的是，随着女性期刊内部发展的演变，这些内容在具体的刊物中有不同的呈现形式，它们在这类期刊中往往是零星且分散地出现，除专门性的涉及女性身体知识的女性期刊（比如科学普及性刊物《妇婴卫生》）外，科学技术知识往往以彰显期刊科学性、装饰性的功能存在，它们并不是女性期刊本身十分重要的内容，女性解放、女性问题、女性运动仍旧是该类刊物的主流导向。

对近代中国女性期刊及其中的科学技术知识方面的梳理、归纳和分析，有助于了解1898年至1949年这一类型的刊物中对科技的态度和具体的特点，明晰这半个世纪以来中国女性对科学技术的基本认知，从而可以以此作为分析女性期刊中研究或从事科学技术事业的群体——科学家形象的背景知识和重要前提。

二 刊物创刊地的差异与变迁

近代中国女性期刊在诞生之初主要集中于上海、广州、杭州等东南沿海地区，20世纪初还有由留学日本的中国学生在东京创办女性期刊的情况。民国成立初期，上海地区女性期刊持续发行的同时，南方的成都、苏州、镇江、云南及北方的北京、天津、开封、安徽等相继创办女性期刊。1931—1945年的战争期间，随着日寇占领上海、北平、南京、武汉等地区，原本在这些地区发行的女性期刊被迫停刊，辗转至汉口、重庆、昆明等西南地区继续维持着发行，这一时期，延安、西安、甘肃等西北地区的女性期刊也逐渐兴起，成为舆论的宣传工具。抗战胜利之后，迁往西南地区的女性期刊或回迁至上海等东南沿海地区，或在当地创办新的女性期刊。由此，在解放战争时期女性期刊在创刊地便呈现出了内地与沿海地区均有发展的特点。

笔者对发行地为两个及以上地区的期刊对其首次发行地、某年迁往某地进行单独统计，汇总出1898—1949年的女性期刊在创刊时间、地点及其创刊数量（指在对应年份的创刊期刊数量）详细信息，具体见表10：

表10　1898—1949年女性期刊创刊时间、创刊地及其创刊数量汇总表

创刊时间	创刊地	创刊数量
1898	上海	1
1902	上海	1

续表

创刊时间	创刊地	创刊数量
1903	广州	1
1904	上海	1
1907	东京	1
1908	杭州	1
1909	上海	1
1911	上海	1
1912	上海	1
1913	上海	1
1914	成都	1
1914	上海	1
1915	上海	2
1915	苏州	1
1917	上海	1
1917	镇江	1
1917	杭州	1
1920	上海	2
1921	上海	1
1922	上海	2
1923	云南	1
1923	上海	1
1924	北京	1
1925	杭州	1
1926	上海	1
1927	天津	1
1927	上海	1
1928	开封	1
1928	上海	1
1928	安徽	1

续表

创刊时间	创刊地	创刊数量
1929	上海	1
	苏州	1
	天津	1
1930	上海	1
	武昌	1
	南京	1
	浙江	1
1931	上海	1
1932	上海	2
	汉口	1
	天津	1
1933	上海	2
1934	北平	1
	苏州	1
	上海	1
1935	上海	4
1936	昆明	1
	上海	1
	南京	2
1937	上海	3
	江苏	1
	汉口	2
1938	南昌	1
	上海	3
	重庆	3

续表

创刊时间	创刊地	创刊数量
1939	西安	1
	延安	1
	重庆	1
	北京	1
	金华	1
	曲江	1
	上海	2
1940	桂林	1
	重庆	1
	广州	1
	北京	2
	上海	3
	长沙	1
	安徽	1
	汉口	1
1941	安徽	1
	重庆	1
	上海	1
	桂林	1
1942	甘肃	1
	福建	1
1943	重庆	2
1944	上海	1
	重庆	1
1945	南京	1
	广州	1
	北平	1
	上海	1
194？	南昌	1

续表

创刊时间	创刊地	创刊数量
1946	重庆	2
	上海	4
	西安	1
	新加坡	1
	北平	1
	香港	1
	济南	1
1947	吉林	1
	南京	1
	不详	1
	成都	1

某一地区整体期刊发行市场是否繁荣直接影响着该地区女性作者对科学技术知识及其从业者的认知，如科技期刊发行地区的女性期刊往往比未经科学教育及普及地区的在是否介绍科学家及其所研究的科学领域及其如何介绍上有所区别。另外，近代中国饱受战争侵袭，稳定与否的社会环境对期刊文化的发展也有着直接的影响，某一地区是否有战事则直接决定了该地刊物是否能正常存在，而对于相对稳定的地区而言，地方对报纸、杂志等出版物的政策则直接规定了哪些内容可以刊登、哪些内容禁止刊登，更甚者对报馆经理人、编辑人、责任人、发行人、印刷人有着明确的要求[①]，加之1898—1949年中国内地既有租界，又有国统区、解放区、日占区的地域划分，各个地区颁布的印刷出版政策仅对该

---

① 中国第二历史档案馆：《中华民国史档案资料汇编 第3辑 文化》，江苏古籍出版社1991年版。

地区发行的刊物有着影响①。因此,对刊物发行地的探究是刊物本身及其内容的发展历程的重要组成部分。

由于不同地区的女性期刊在不同的历史阶段的发展是不同步的,因此,地域差异产生的另一个重要的影响即是女性期刊内容在同一时期内有着或前沿或滞后的特点。如1928年的开封创办了《放足丛刊》,倡导女性从身体上解放自己,而从思想或教育上解放尚未提上日程,同年,安徽省也出现了省立第一女子中学的校刊《女钟》,"兴女学"已然成为这一时期安徽省在女子教育方面的重要关注点,而对比于1928年的上海,由于1898年即有号召女学的影响,经过了30年的提倡,女子进入学堂学习知识已经成为上海地区女性的共识,女性期刊也从倡导女子教育转向关注女性职业等其他方面的内容。另外,笔者通过广泛阅读1898—1949年的女性期刊中的内容,发现出现在东南沿海20世纪20年代关于女性的思想与20世纪30年代甚至是20世纪40年代的内陆地区的思潮有着相似之处,女性期刊所刊载的内容也会随着地域的变化而有所变化,这就导致出现在这类刊物中的科学家及其所从事的科学研究的讲述内容出现阶段性的变化。

对于本书对科学家形象的研究而言,刊物创刊地的差异和变迁一方面会影响典型期刊选择哪些科学家或者怎样去描述这些科学家,另一方面也会对典型科学家个体形象的建构起到不同的作用。本书意以典型期刊中的科学家群体形象、典型科学家的个体形象和中国共产党创办的女性期刊中的科学家形象为案例分析,对呈现在这些变化中的科学家群体

---

① 如1915年7月10日北洋政府公布的《报刊条例》由于其效力只能限于内地我国报纸,对于外国在我国内地开设的报馆以及我国在租界开设的报馆都不能加以取缔,有"厚彼薄此,宁为事理之平,同罪异罚,实启轻侮之渐,甚至逼之过当,且有悬挂他人国旗,以为抵制者",因此,北洋政府内务部在1916年7月21日即颁布了关于废止报纸条例致各省长、督军等的咨文(中国第二历史档案馆编,1991年6月第1版第315页)。20世纪30年代至40年代则出台了更多与出版、印刷等相关的法律条文,用以规范和限制新闻纸、杂志、书籍及其他出版品的言论,包括1930年的《出版法》、1936年的《出版法实施细则》、1937年的《修正出版法及实施细则》、1941年修正的《出版法》、1943年重庆的《战时图书杂志原稿审查办法释义》等(引自吴永贵《民国时期出版史料续编 第一册》,国家图书馆出版社2016年版)。

和个体形象进行解读，它们代表了这些个案中科学家形象的一些问题，而对于全国性、普适性的科学家形象问题则更需要进一步进行研究。

第三节　女性期刊编著者的科学素养及对科学家形象的认知

女性期刊中科学家形象的形成除了战争与和平、科学技术文化发展及女性思潮的社会因素，以及女性期刊的演变特点、刊物创刊地的差异与变迁等的影响之外，女性期刊的主编及期刊定位、作者对科学技术知识及其从业的认知等的内在因素也与科学家形象的塑造有着重要的决定性的影响。

一　主编与期刊定位角度的分析

我们都知道一个期刊的主要内容及发展方向是与主编的作用密切相关的，甚至该期刊以什么内容为宣传重点在一定程度上可以由主编决定，然后制定出该刊物的期刊定位，即刊物是面向什么群体、传播什么知识及以什么样的策略达到最大的传播效力等。女性期刊的发展也一样，主编及该刊物的期刊定位是影响女性期刊刊登什么、重点宣传什么的决定性因素，这也就在一定程度上对科技知识及从事该职业的科学家的叙述是否处于什么地位起到了决定性的影响。本小节将以《女子世界（上海1904）》为主要案例分析，从主编与期刊定位的角度对影响科学家形象的内在因素进行具体的分析。

《女子世界（上海1904）》的主编之一丁初我（1871—1930）（图10）原名为丁祖荫，初我为他的别号，江苏常熟人。1904年，他与好友徐念慈（1875—1908）（图11）在上海创办《女子世界（上海1904）》，该刊物是辛亥革命期间发行时间最长的刊物。丁初我主张并宣传妇女解放，徐念慈则热衷于介绍西方先进的科学文化，曾朴、陈以益、秋瑾等在之后也曾担任过该期刊的主编。主编们所设置的栏目主要有：论说、时评、教育、科学、实业、史传、文艺、谈薮、社会、杂说、译论、专件、文丛、女学文丛、记事、国内记事、外国记事、特别记事、短篇实事、特别警告、附录、短篇小说等。因此，《女子世界（上海1904）》从多方面、多角度刊发有助于女性解放的言论，以实现其在发刊词中的初衷，即"女子者，国民之母也。欲新中国，必新女子；欲强中国，必强女子；欲文明中国，必先文明我女子；欲普救中国，必先普救我女子；无可疑也"①。由此，该刊物的期刊定位在于向知识女性提供各方面的技能以寻求女性的自主解放。该刊物的出现也标志着男性作为主编和作者参与女性期刊的编作群体中来的趋势，这与之前纯粹由女性担任有截然的不同，在近代中国女性期刊倡导女性解放的道路上，男性从幕后直接走向前台。

图10 丁初我　　　　　　　　图11 徐念慈

---

① 金一：《社说：女子世界发刊词》，《女子世界（上海1904）》1904年第1期。

丁初我不仅在该刊物上担任主编，还担任作者的身份，他直接将他的思想以文字的形式向外界进行传播。根据文献检索分析后得知，丁初我在《女子世界（上海1904）》中共发表其署名文章51篇，涉及实业（料理新法）、女子教育（为母心得、女学宗旨）、海外珍闻（女权）、女性传记（俄女恰勒吞事、女文豪）、文艺（女界诗歌）、社会风俗（纠俗篇之乞巧）及时事评论（女子家庭评论、英国妇女选举）等方面的内容，从中也可以看到他所关注的女性问题的重点，并进一步地决定该刊物的宗旨为振兴女学、提倡女权，反对压制与残害妇女的封建礼教、道德和宗法制度，呼吁妇女起来革命，为该刊物的编辑方向定了基调。徐念慈与丁初我为好友，他积极倡导要向女性读者提供科技知识，因此《女子世界（上海1904）》上出现了大量的科技知识，进而奠定了科学家传记书写的基础。

对于主编和期刊定位对该刊物刊登内容的影响的分析，近代中国的其他女性期刊也同样适用，这些因素对科技知识和科学家形象的描述也有着多少甚至有无的决定性作用，在分析科学家形象时需要加以重点考虑。

二 作者对科学技术知识及其从业者的认知

作者对科技知识及其从业的认知是具体到每篇介绍科学家传记、简介等内容的个案分析，由于每个人的科技知识储备不同，他们所体现在介绍这些科学家、发明家、医护人员的内容就会有所差异，尽管是对同一件事迹的记载也会因为个人因素的经历而有不同的感悟。因此，对科学家形象成因的分析也离不开具体写作这些特殊从业者的科技知识储备及对科学家的认知。本小节以近代中国女性期刊中出现次数较多的居里夫人与南丁格尔传记、简介等的作者们为分析对象，对作者在呈现科学家形象上的作用问题进行分析。

呈现居里夫人形象的作者们

写作居里夫人传记的主要作者有高劳、许婵、陈衡哲、玛丽·居里著黄人杰（图12）译、香冰、Jaffe B. 著黄嘉德译、孙淑铨等人，他（她）们中既有作家（如陈衡哲）又有科学家（玛丽·居里）的译文，后者虽是译文，但一定程度上也能反映出较为真实的居里夫人的生活。因此，由于作者们的不同思想认知和知识结构，居里夫人传记的呈现就有着巨大的差别。本部分根据现有资料以许婵、陈衡哲、居里夫人著黄人杰译等人物的知识结构和对科学家的认知情况进行分析。

20世纪初期的代表人物以许婵所撰写的居里夫人形象为案例分析对象，许婵是在1912年和1914年主要在《妇女时报》上发文，文章共计5篇，1篇为婴儿乳齿的卫生，主要是基于常识性婴幼儿健康知识的总结，其他4篇均为国外人物的传记，包括欧美各国妇人、拿破仑的母亲、圣彼得皇后及贤妻居里夫人。从许婵的发文数量和内容可以对她的主要知识面和关注点进行简单分析，首先，她关注世界上著名的女性，她们有名人政要的母亲、妻子，还有西方国家在妇女解放方面产生突出影响的女性们；其次，她对居里夫人的关注，并不是因为居里夫人在科学上的贡献，而是她的成就证明了世界上女性可以从事科学研究，并能够取得成就的同时做一个新时期的"贤妻良母"，这种认识也属于这个时期人们对女性科学家描述的主要观点，它并没有超脱时代的局限性。

20世纪30年代，在前期对居里夫人"贤妻良母""科学巨人"的富有夸张性的传记描写之后，居里夫人的形象在这时是新女性学习的典范，但进入30年代，居里夫人及她的小女儿的居里夫人传记开始出现，并被译成中文，一些内容和观点也得到了修正，居里夫人的形象被重新塑造。陈衡哲在1934年2月16日给居里夫人所著、黄人杰转译自凯洛格的英译本的《居礼传》所写的序言中也明确说明"这本居礼夫人写的居礼先生传和她自己的自述，是我在两年前读过的。那时居礼夫人还不曾死，故我读完这本佳作后的第一个感想，是希望将来有机会去瞻拜瞻拜这位女界的伟人；第二个感想，便是想把这本精美的小书译成中文。隔了一年，居礼夫人死了，我的第一个希望便从此成为梦幻泡影。而因为人事的牵掣，及文债的堆积，第二个希望也就至今未能实现"①。这本书中所言她的父亲的职业就是一名华沙城一大学预科学校的物理及数学教授，这与之前所述她的父亲为物理或化学教授有所差异。由此可知，陈衡哲在1932年已经接触了居里夫人这本自传的外文版，并确定其父亲职业和家庭状况，后续撰写居里夫人传记者也照此书写。

图12　黄人杰②

居里夫人他传和自传的形式均已出现，时间上，他人撰写的居里夫人生平要比居里夫人自传要早，由于他传作者们包括作家等缺乏相关核物理知识的储备，他（她）们所撰写的文章以夸张、夸大的意味描述居里夫人生平，即使居里夫人的小女儿写的居里夫人传记在某些方面也不能摆脱这样的局限

---

① ［法］居里夫人（Marie Curie）：《居礼传》，黄人杰译，商务印书馆1937年版，第1页。
② 图片选自《国立北平大学工学院二十九周年纪念刊》1932年12月第18页。

性。而玛丽·居里的《居礼传》后所附的居里夫人自传往往可以弥补人物个人际遇的一些不足，以物理学家与化学家的身份更加贴近人物自身的状态去呈现她自己的形象，译者黄人杰是"国立"北平大学工学院应用化学系教授，他的身份也有助于传达真实的居里夫人形象，虽然仍旧加入了翻译者的一些语句理解，但不影响向读者介绍居里夫人自传的内容。

呈现南丁格尔形象的作者们

写作南丁格尔传记的主要作者们有李冠芳[①]、留英看护专科李张绍南[②]、Florence Nightingale 著叶新华译[③]等人，南丁格尔传记的撰写作者与居里夫人的传记撰写作者有着相似之处，即既有他传又有自传，不同点在于南丁格尔传记还有专业同领域人员撰写的他传。本部分将重点介绍李冠芳、李张邵南及南丁格尔本人撰写叶新华翻译等人的知识结构和对科学从业者的认知情况。

李冠芳（图13），四川泸州人，南京汇文中学毕业，编辑《女铎》月刊三年后，进入金陵女子大学读书。1925年获得文学学士学位，再留学美国波士顿大学，1926年获得文学硕士学位，同时，1927年获得宗教教育硕士学位，1928年回国担任《女铎》主编、中西女塾教师。自1928年起，历任女青年会全国协会委员、编辑部城市部委员、全国协会执行委员会书记等职务[④]。可见，李冠芳是一个标准的知识女性，曾翻译过很多国外的人物传记和小说，虽然她没有接受过系统的科学训练，但也曾翻译育婴常识、科学家传记等与科学技术相关的内容。南丁格尔的译文就是其翻译的人物传记之一。回顾李冠芳所撰写的南丁格尔传记，她以新的语言重新组织1918年之前的南丁格尔的主要事迹，包括优渥的家境、参加克里米亚战争以救护伤兵、创办护士培训学校等。李冠芳以

---

① 佚名：《传记：佛兰尔斯女士小传（浅文）》，李冠芳译，《女铎》1918年第7卷第3期。
② 李张绍南：《赖丁格 Florence Nightingale》，《中华妇女界》1916年第2卷第5期。
③ [英] Florence Nightingale：《一位不朽的看护妇弗洛棱萨奈丁格尔》，叶新华译，《女子月刊》1937年第5卷第3期。
④ 佚名：《林静徽女士（余声金夫人），刘兰华女士（余心清夫人），李冠芳女士：三幅照片》，《女青年月刊》1934年第13卷第8期。

文学家的特点，即在翻译完人物生平事迹之后，往往会在文末加上自己想要表达的内容，就是所谓的"文以载道"的写作手法，如她在对南丁格尔的事迹有所介绍之后便指出"当今中国对于善举，贫者固以力不从心为推诿之词，富者暖衣饱食，安享尊荣，更无暇念及此事，男子且然，而况女子乎？女士以席丰履厚之身，行济困扶危之志，巾帼须眉，世罕其匹，所愿诸女同胞共步佛兰尔斯后尘，勉为中国之佛兰尔斯，留名万世，是则私心所晨夕祈祷者也"[1]，这段文字足以表露作者选择翻译南丁格尔传记的意图，表达了她想倡导女子学习南丁格尔以救苍生的思想。

图13　李冠芳[2]　　　　　图14　李张邵南[3]

李张邵南（图14），为李寅恭的夫人，1914年二人曾经赴英国勤工

---

[1] 佚名：《传记：佛兰尔斯女士小传（浅文）》，李冠芳译，《女铎》1918年第7卷第3期。
[2] 图片选自佚名：《林静徽女士（余声金夫人），刘兰华女士（余心清夫人），李冠芳女士：三幅照片》，《女青年月刊》1934年第13卷第8期，插图第6页。
[3] 图片选自李张绍南：《余之病院中经验（附照片）》，《新青年》1917年第3卷第4期，第36页。

俭学，旅居苏格兰阿伯丁（Aberdeen），就读高等女校，学习看护学。关于女性问题的讨论，李张绍南在1917年第2卷第6期的《新青年》杂志上发表关于女性问题的文章，1919年还在《妇女杂志（上海）》第5卷第9期上讨论妇女嗜烟赌的大罪恶问题。关于科学技术方面的问题，她于1916年《中华妇女界》第2卷第5期介绍南丁格尔的事迹，1918年在《科学》杂志第4卷第4期上分析关于鼠的种类、特性及产生病患的问题。在这些文章中，李张绍南发表的既是女性问题，又与科学技术相关的即是南丁格尔传记。

与南丁格尔自己撰写的传记翻译稿相比，同样是看护科出身、有着系统的看护知识的女性的李张绍南和南丁格尔在南丁格尔传记书写方面有着相同点，因为她们的知识背景相同，对看护士的理解也有很大程度的相似，二人在描述时都将南丁格尔在看护上的贡献介绍得比较详细。当然，自传与他传相比，还有些许差异，李张绍南撰写的南丁格尔为"纪实小说"，虽然作者深谙护理科学常识，但其出发点和体例均是以小说的形式介绍南丁格尔；而南丁格尔自传的翻译稿则是用相当大的篇幅详细介绍南丁格尔从幼时、青年、壮年到老年的事迹，以及她在护理事业上的贡献做了具体记述。

由以上分析可以看到，上文所呈现出的科学家情况之所以有很大的不同，写作者的知识背景、科学知识结构及其对科学家的认知在其形象的成因方面占据着决定性的作用，正是由于此种差异，才会使得不同专业领域的科学家呈现不同的特征。

第四节　内外因交织影响下被塑造的科学家形象

科学家形象成因的分析是进一步了解该形象为何呈现此种特点的一个必要考量，对原因的考察也有助于知晓这些形象塑造背后是如何运作的。

由以上内容的分析，科学家形象之所以会产生第二、三章中所述的特征，是由内外因素的交织影响导致的，科学家形象是如何在战争、科学技术本土化历程、女性思潮、编作者们的知识储备等因素的影响下被塑造的。

由此，在对科学家形象研究的过程中，一个延伸性的问题便凸显出来了，即综观女性期刊中的所有内容，科技知识占了很小的一部分，而掌握这些内容的科学家或者科学研究者则更加稀少，从中也可以揭示出一个事实，科学家、医生护士、发明家等科技工作者群体只是一小部分知识女性所热衷从事的职业，虽然看护妇或护士在近代被社会极力提倡，这一职业也有很多中国女性在被倡导后积极从事，但它还远没有像教师、店员等女子职业受欢迎，后者这些职业不需要严格的科学训练，是具备了基本知识的普通女性就可以胜任的。由于近代中国女子教育在20世纪初才利用女子学校的创办而有所发展，这些普通女性占中国总体女性人数的绝大部分，因此教师、店员等职业不仅是女性期刊所极力宣传的职业，也是在现实生活中占绝大多数的群体。

研究者要对自己的研究对象有一个清晰、准确的定位，找准自己研究主题在整个研究范畴中的具体位置。对于女性期刊中的科学家形象研究而言，我们不能只站在"科学家"是女性期刊中所重点宣传的女子职业的角度，还需要跳出自己研究的主题，从全体女子职业的角度去考察，我们可以看到虽然科学家在女性期刊中出现，但他（她）们并非该类期刊编著者们所极力倡导的女子职业。从女性期刊中科学家这一类职业内部的角度来看，它相对于其他女性职业有由稀缺到逐渐增多、由医护领域扩展至天文、数学、物理学、化学等领域的趋势，但应该注意的是，这一类专业技术人员仍旧不占1898—1949年女性职业的主流。由此，可以映照出在现代科学扎根中国的历程中女性科学家虽然存在但仍旧数量很小的事实，这也是导致女性科学家在现代占比较低的历史原因。同样，从女性期刊各方面内容的多寡情况来看，女性解放、女性运动、女子教育等等关乎女子地位的问题始终占据着女性期刊的主流叙事，科技知识也只是作为这类刊物中的一个点缀或表现该刊物先进性的一个工具而已。

结　语

1898—1949年，中国内地出现了大量的女性期刊，它们或是综合性地介绍各类知识，或是专门性地讨论女性一个方面的问题，呈现了一种由综合性到专业性发展的特点。本书所讨论的近代中国女性期刊中的科学家、发明家、医护人员等，他（她）们往往以女性读者所喜闻乐见的形式，如个人传记、简介、图片等出现，有些则在介绍科学技术知识的过程中被提及。本章将对这半个世纪以来女性期刊中科学家形象的分析进行总结性概括，以审阅这一群体在女性期刊中的历史变迁，并提出可供继续深入研究的其他相关问题。

一　国别、性别、专业角度的演变特点

19世纪中后期，科学家已经在西人主办的刊物中出现，由于这类刊物的性质，其中所涉及的多为外国男性天文学家[①]。到1898年女性期刊诞生之时，中国女性医学家出现，如石美玉和康爱德，是当时中国为数不多的女医生[②]。本小节将从国别、性别、专业领域角度来总结1898—1949年女性期刊中科学家形象的演变特点（表11），并以此来综述这近半个世纪以来女性期刊中所呈现出的科学家概况。

[①] 如《万国公报》中116篇人物传记中有15篇有关科技工作者的传记，占比约为13%，这些科学家多熟知天文学、格致学知识。

[②] 南东求、张学梅：《鄂东留美女医学家石美玉传略》，《中国中医药咨讯》2011年第11期。

表11　1898—1949年女性期刊中科学家在国别、性别、专业方面统计表

时间段	国别、性别、专业人数		时代特点
1898—1914	中国（10位）	9位女医生	国籍方面，以国内人员为最多，涉及国外的有法、美、英、意四国；性别方面，女性15位，男性3位；专业领域以医护领域为最，其他为植物学、物理学化学、汽车发明与电报发明
		1位女护士	
	法国（2位）	1位女植物学家	
		1位女物理学与化学家	
	英国（2位）	1位女看护士	
		1位男性汽车发明家	
	美国（3位）	1位女化学教育家	
		1位女天文学家	
		1位男电报发明家	
	意大利（1位）	1位男无线电发明家	
1915—1931	中国（27位）	3位女算学家	国籍方面，人数以国内为最，其次分别是英、美、德、法、意、俄、亚历山大利亚、瑞典、瑞士、奥地利；性别方面，女性36人，男性44人，共80人；专业领域有医护、数学、天文学、物理学、化学、遗传学、昆虫学、心理学、无线电、蒸汽机
		2位女看护	
		11位女医生	
		6位男医生	
		1位女化学教师	
		4位男物理学家	
	俄国（1位）	1位女数学家	
	亚历山大里亚（1位）	1位女数学哲学家	
	意大利（5位）	1位女医学教育家	
		1位男物理学家	
		1位男无线电发明家	
		2位男医学家	
	美国（8位）	1位女教育家（化学）	
		1位男土木工程学家	
		2位女天文学家	
		1位女化学家	
		1位女实业家	
		2位女看护士	
	英国（7位）	1位女看护	
		2位女数学和天文家	
		1位男天文学家	
		3位男发明家	

续表

时间段	国别、性别、专业人数		时代特点
1915—1931	英国（12位）	3位男生理学、遗传学家	
		3位女医生	
		1位男物理学家	
		2位男数学家	
		3位男医学家	
	德国（7位）	1位男无线电发明家	
		1位男物理学家	
		5位男医学家	
	法国（8位）	1位男实验心理学家	
		1位男无线电发明家	
		1位男心算天才	
		1位女物理学家与化学家	
		1位男昆虫学家	
		3位男医学家	
	瑞典（1位）	1位女心理学和教育学家	
	瑞士（2位）	1位男医学家	
		1位女医生	
	奥地利（1位）	1位男遗传学家	
1932—1949	中国（48位）	12位女医学家、女医生	国籍方面，人数以中国为最，其次为美、苏、英、德、法、意、日、荷兰、瑞典等；性别方面，女性113位，男性64位，共177人
		2位女工程师	
		3位男医生	
		22位女护士	
		1位男铁路工程师	
		2位女生物学家、化学家	
		3位女物理学家	
		1位男核物理学家	
		1位男气象学家	
		1位男化学家	

结　语

续表

时间段	国别、性别、专业人数		时代特点
1932—1949	美国（37位）	2位男物理学家	专业领域有医学家、医生、护士、生物学、铁路工程、核物理、气象学、化学、地理、天体物理、生理学、数学、天文学、光学、毒物学、营养学、心理学家
		3位男医学家	
		2位男公共卫生学家	
		1位男营养学家	
		2位男物理医学家	
		3位女天文学家	
		5位女化学家	
		6位女医学家	
		1位女地理学家	
		1位女天体物理学家	
		1位女气象学家	
		1位男化学家	
		5位男无线电发明家	
		1位女美容术发明家	
		1位女飞行看护	
		2位男飞机发明家	
	荷兰（1位）	1位男医学家	
	日本（2位）	1位男医学家	
		1位男生理学家	
	法国（7位）	3位女物理学家与化学家	
		2位女数学家	
		1位男化学家	
		1位男航空飞行家	
	英国（7位）	1位男遗传学家	
		1位男生理学家	
		1位男外科医生	
		3位女天文学家	
		1位女看护	

续表

时间段	国别、性别、专业人数		时代特点
1932—1949	英国（3位）	1位女医生	
		1位女医学家	
		1位女原理学家	
	意大利（4位）	1位女医学教育家	
		1位女数学家	
		1位男天文学家	
		1位男电报发明家	
	德国（9位）	5位女天文学家	
		1位女化学家	
		1位女数学家	
		2位男物理学家	
	苏联（俄）（20位）	1位女医学家	
		16位女外科医生	
		2位女生理学家	
		1位男生理学家	
	瑞典（1位）	1位男化学家	
	奥地利（2位）	2位男物理医学家	
	加拿大（1位）	1位男心理学家	
	瑞士（1位）	1位男物理医学家	
	未划分国籍者34位	13位国外女性	
		21位国外男性	

综上，1898—1949年，女性期刊中刊登的科学家们以国内人数为最，这与本国女性期刊介绍本国内容的期刊要求相关；国外方面1898—1914年只有英、法、美、意四国，1915—1931年在前一阶段基础上增加了俄国、亚历山大里亚、德国、瑞典、瑞士、奥地利，1932—1949年则在1915—1931年的基础上增加了日本、荷兰、加拿大，从科技工作者的国籍来看，英法美始终是科学家、医学家等人数较多的国家，中国的科

学家多集中于医护领域，直到20世纪40年代，中国的基础科学研究者如核物理、化学、气象学等才出现在女性期刊之上，值得一提的是，国外方面有由欧美国家占绝对地位到增加了亚洲国家的科学家的趋势，这在一定程度上也反映了二战前后国际关系问题。

从科学家的性别角度来看，1898—1914年男女比例为1∶5，1915—1931年男女比例为11∶9，1932—1949年男女比例为32∶47，这样的数据呈现出以下几点结论：（1）清末民初和战争期间，女性期刊中女性科学家数量都多于男性科学家，究其原因，有以下几点：一是由于清末民初人们对女性期刊的认知在于女性期刊只能刊登女性人物，它是专属于女性本身的刊物，民国成立后，女性期刊逐渐有了少量的男性科学家传记的出现，二是因为战争期间，现代科学本土化进程经过了20世纪20—30年代的发展，1900—1910年出国学习自然科学的人已经陆续回国，其他介绍男性科学家的专门刊物逐渐出现，女性期刊又回归到主要介绍女性科学家的轨道上来。（2）1915—1931年是男性科学家超过女性科学家的时期，对这一结论影响较大的刊物是《妇女杂志（上海）》，它在其发行期间介绍了大量的男性科学家，在一定程度上增加了1915—1931年男性科学家的比例。这一时期男性之所以多于女性，与稳定的社会文化环境、各种国外思潮不拘一格地引入、男性主编和作者群体占据女性期刊编作者主要阵容等因素密切相关。

再者，从科学家的专业领域来看，主要有以下几个演变特点：（1）医护始终是近代中国女性期刊所重点关注的领域，建立现代卫生医疗体系是近代中国医学家所奋斗的目标，也是文化层面宣传医护工作者的深层次原因。另外，战争的爆发更需要医护人员，他（她）们以"战士"的形象出现在1932—1949年的女性期刊上。（2）物理学、化学、技术发明是贯穿在1898—1949年的科学领域，物理学与化学主要是得益于居里夫人在全球的知名度，这与期刊刊登内容的时效性密切相关；技术发明则是与女性日常生活娱乐有关而被介绍给女性读者的。（3）科学家的专业领域具备由综合到细化、由相互独立到交叉发展的趋势，这体现了现代科学的发展逐渐分化出更多更细的研究领域的事实，比如物理学在1898—1949年逐渐分化为物理学、化学、核物理、天体物理、光学；生物学则分化为植物学、动物学、遗传学、生理学、毒物学等，交叉学科在这个阶段也出现，如物理医学的发展。

二 科学技术的实用性功能问题

在表述这些科学家生平事迹方面，1898—1949年，由于女子教育尤其是女性的科学教育的快速推进、西方科学技术本土化进程的加快，女性读者对科技知识的认识逐渐有了更深入的了解，女性期刊中科学家形象的内容描述经历了由浅显到深刻变化。具体来讲，1898—1914年，作者们对科学家的描述将重点放在他们的外貌、性格、家庭生活等方面，由于这一时期女性科学家占绝对优势，所以着装、不善交际、教育子女等特点是常常出现在她们的传记描写中的内容，这一时期人们从外在的形象去理解科学家、去了解他（她）们所从事的专业、去知晓从事这些科学技术职业所需要的基本素养等等，这些内容是在女子教育尚未全面普及时期，女性读者所能够接触到的关于科学家的直接信息。1915—1931年，出现在女性期刊中的科学家的男女性别人数相当，在传记等内容的书写上逐渐走向了一种理性的态度。这一时期与前一阶段不同的是，在描写国外的科学家时，作者往往会翻译该科学家或医护人员或发明家用本国文字写的个人传记，而不是简单地去想象一位科学家是什么样子，加之新女性思潮的影响，女性科学家被拉下神坛，以更加接近于其真实的形象出现在读者面前，这一阶段的作者们对科学家形象的认知逐渐摆脱了以外貌、家庭等的认识，这也从侧面反映了时人对科学及科学家认识的一个更加理性、准确的过程。1932—1949年，科学家无论是群体还是个体层面都与战争、救亡图存等社会现实相关，在一定程度上对科学家的介绍没有了前一阶段细致、生动的描述。

1898—1949年，科学家传记的描述在内容上或者学科专业上另外一个重要的特点就是由实用性到基础性转变的趋势。从上文的分析可知，医生、护士群体是出现次数最多和人数最多的职业，尤其是妇产科医生和女护士，妇产科知识与女性身体健康密切相关的医学技术正是在现代科学技术引进中国之时女性所迫切需要的，而对看护妇或女护士的介绍，一方面是由于护理科学适合于女性的性格特质，女性在寻求社会职业时也需要"占领"这一领域。另一方面，它是女性参与战争或者女性进行战时医疗救助的主要渠道，这是与历史发展相关联的一个原因。无论是医生还是护士，他（她）们的职业属性都带有非常强的实用性，即都是社会所急需的、热门的职业，这一点与女性期刊中所宣传的科技知识有高度的相似性，如在1915—1931年，女性期刊所关注的与科学技术相关内容有几何、算术、家庭医学、妇婴卫生、家庭常识、妇婴保健、食物储存与烹饪等与生活密切相关的内容，这些实用性知识的普及为女性从事医生、护士等技术性较强的职业提供了知识储备。1932—1949年，随着现代科学发展逐渐细化，女性期刊中出现了更多的研究基础性科学的科学家，如研究毒物学、光学、天体物理等的科学家，虽然实用性科学仍旧占据主导地位，但在这一阶段基础性科学研究者有逐渐增多的趋势，且这些基础性科学在具体与现实结合时往往也有很大的实用性，是"有用"的基础研究。

当然，由于社会意识的相对独立性及期刊本身的时效性，基础性科学研究者在20世纪早期也零星地出现，如研究物理学与化学的居里夫人的传记此时已出现，基础性研究与实际相结合后会产生巨大的社会价值，镭元素在医学上的应用、居里夫人在战时伤兵医疗救助中的贡献等事迹都是科学家利用自身科学研究成果贡献社会的典型。另外，欧美国家的科学家们多为基础科学的研究者，他（她）们的专业有物理、化学、生物、天文等，中国则将医生和护士等技术人员作为重点介绍对象。西方虽也有南丁格尔等护理人员的介绍，但对她的宣传旨在号召更多的中国女性从事护理事业，这一点从像张竹君、张湘纹等众多的中国女医护人员参加战时医疗救护的描述中反映出来。

值得一提的是，中国共产党创办的女性期刊在介绍科学家生平时，在马克思主义妇女观、科技观,以及中国共产党关于妇女运动和科技发展的科学的先进的理论指导下,从最初的开创介绍科学技术知识、大量出现科学普及性内容到科学家形象的广泛介绍,都始终与中国具体实际相结合的妇女运动、科技发展理论有着密切的关系,所以此类刊物在宣传科学家形象时既强调科学技术要为人民服务、为大众生产生活生命健康等服务、为和平自由民主服务,又强调科学家要更多地承担起社会责任,要做有信仰的科技工作者,将科学研究事业融入国家的发展建设。这样的有理论指导、有实践力量、有广大妇女干部参与的科学家形象宣传和同时代女性期刊相比,是成熟、先进的女性期刊,同时也是强调科学技术要有实用性的一个体现。

由此,无论是从实用性强的科学家还是基础科学的研究者都与科学的"有用性"分不开,科学技术的实用性功能也成为了女性期刊在选择科学家传记的一个考量,近代中国女性期刊中所宣扬的价值观是要做对社会、对国家有用的科学研究,这与整个近代中国国人对科学技术的功能认知相一致,而个人对科学技术的兴趣在1915—1931年有所重视但最终由于抗日战争的影响几乎被忽略,中国人对科技救国的信念和深深的家国情怀都体现在科学家们个人传记的介绍之中。

三 其他有待解决的问题

对本选题的研究内容而言,女性期刊编者、作(译)者与读者等群体方面是需要进行整体性的微观考察和分析。本书仅对传播者做了局部分析,由于近代中国女性期刊的庞杂性,对传播者整体性的、相对的分析需要留待后续进行。而对于读者群体来说,女性期刊将受众定位为女性,她们可能大部分是女学生、上层社会的女性或者是基本上受过基础教育的女性,这些女性读者们到底有哪些、什么身份,她们对于这些传播者试图塑造或者宣传的科学家形象又是如何看待的,以上这些问题也很有分析的价值。

再者,文献的阅读与分析则是另一个需要笔者在未来进行深入研究的方面。这主要有两个方向,一是具体考究近代中国女性期刊中具有科学家描述的相关文献的来源,二是继续深入挖掘国内外除中文外的其他语种对于科学家形象研究的最新进展。对于第一个方向,本著作中的某些图像、一部分论文和材料是取自于前面的一些其他刊物或者书籍,有些图像、引用的文献包括典型科学家形象在更早的文献中也出现过,女性期刊中的资料来源是非常复杂的,而描述这些科学家的文本出现在女性期刊之上,对于它可能是来自于哪种刊物等这一类问题的甄别可以更好地找到女性期刊的独特性。而对于第二个方向,无论是本项研究还是其他主题的研究,研究者都需要将自己的研究放在国内国际学者平等对话、共同交流的平台上,然后再进一步完善和把握一些关键史料和最近以来出现一些新议题,同时,研究者们还要去掌握英文的,以及其他一些语种的文献,具备对比的视角和比较的视野,以便更容易理解中国的问题以及与中国相关研究的意义。

因此,由于近代中国女性期刊中科学家形象本身的复杂性,对它的研究是一个非常值得探索和继续挖掘的主题,本书对此做了一些原始性资料的统计和分析,并对典型期刊中的科学家群体形象、典型科学家个体形象、中国共产党创办的女性期刊中的科学家形象以及呈现这些科学家形象的原因进行了分析,笔者对一些更具有深度和挑战性的研究问题将留待以后再进行解决,也期待科技史研究的同行对这一主题进行深入探索。

参考文献

原始报刊

《女学报（上海 1898）》
《女学报（上海 1902）》
《岭南女学新报》
《女子世界（上海 1904）》
《中国新女界杂志》
《惠兴女学报》
《女报》
《妇女时报》
《女铎》
《神州女报》
《妇女鉴》
《香艳杂志》
《妇女杂志（上海）》
《中华妇女界》
《江苏省立第二女子师范学校校友会汇刊》
《江苏省立第一女子师范学校校友会杂志》
《妇女旬刊》

《新妇女（上海1920）》
《启明女学校校友会杂志》
《民国日报·妇女评论》
《现代妇女》
《女青年月刊》
《女学界》
《民国日报·妇女周报》
《妇女周刊》
《妇女旬刊汇编》
《新女性（上海1926）》
《妇女（天津）》
《革命的妇女》
《放足丛刊》
《今代妇女》
《女钟》
《妇女共鸣》
《苏州振华女学校刊》
《天津妇协旬刊》
《女光》
《湖北妇女季刊》
《浙江省妇女协会工作汇刊》
《玲珑》
《妇女生活（上海1932）》
《女声（上海1932）》
《女师学院季刊》
《女子月刊》
《妇人画报》
《公教妇女》

《振华季刊》

《晨报：妇女生活画报（画报专刊）》

《妇女月报》

《新女性（上海1935）》

《妇女生活（上海1935）》

《妇女大众》

《云南妇女》

《女性特写》

《妇女文化（一）》

《妇女新生活月刊》

《女星》

《江西妇女》

《妇女周报》

《战时妇女》

《汉口市立第一女子中学季刊》

《妇声》

《上海妇女（上海1938）》

《职妇》

《妇女与家庭（天津）》

《妇女新运》

《战时妇女（西安）》

《中国妇女（延安1939）》

《妇女新运通讯》

《新妇女（北京1939）》

《浙江妇女》

《广东妇女（曲江）》

《家庭与妇女》

《中国妇女（上海1939）》

《广西妇女》
《中国女青年》
《妇女世界》
《新光杂志（北京）》
《新女性（上海1940）》
《湖南妇女》
《妇女界》
《妇女教育》
《妇女杂志（北京）》
《新女性半月刊》
《新妇女月刊》
《安徽妇女》
《妇女月刊》
《妇婴卫生》
《妇工通讯》
《甘肃妇女》
《福建妇女》
《现代妇女》
《妇女合作运动》
《新女性（上海1944）》
《职业妇女》
《女青年（南京）》
《新女性（广州1945）》
《新妇女（北平1945）》
《妇女（上海1945）》
《女青年》
《妇女文化（二）》
《家》

《新妇女月刊（西安1946）》

《新妇女月刊（新加坡1946）》

《今日妇女》

《妇女与家庭（上海）》

《伉俪月刊》

《妇声半月刊》

《香港女声》

《山东妇女（济南）》

《吉林妇女》

《新妇女（南京1947）》

《职妇选务旬刊》

《女会通讯》

注：另有57种短刊断刊，年代自1907—1947年，主要为综合性女性期刊35种，如中国女报、女权、女子杂志、新芬、劳动与妇女、妇女之光、女青年、女群、时代妇女、青年与妇女、妇运月刊、进步等；女子学校校刊22种，如四川嘉陵女子师范学校校刊、云南第一女中校刊、女师大旬刊、皖二女中校刊、涪陵女中校刊、河南省立第二女子师范学校校刊、四川省立第一女子师范学校校刊、河北省立女子师范学院图书馆月报、桂女中期刊、河南省立开封女师校刊、弘道女中丁丑级纪念刊、四川省立成都女子师范学校四十周年纪念刊、南开女中、梅州女师校刊等。

专著

北京大学、中国第一历史档案馆编：《京师大学堂档案选编》，北京大学出版社2001年版。

中国第一历史档案馆编：《光绪宣统两朝上谕档》，广西师范大学出版社1996年版。

方汉奇主编：《民国时期新闻史料汇编》，国家图书馆出版社2011年版。

方汉奇、王润泽主编：《中国人民大学新闻学院藏稀见新闻史料汇编》，国家图书馆出版社2012年版。

国家档案局明清档案馆编：《戊戌变法档案史料》，中华书局1958年版。

李仲明：《报刊史话》，社会科学文献出版社2011年版。

刘宗灵：《媒介与学生：思想、文化与社会变迁中的〈学生杂志〉（1914—1931）》，四川大学出版社2017年版。

王长林、唐莹编：《中国近现代女性期刊汇编》，线装书局2008年版。

吴永贵编：《民国时期出版史料汇编》，国家图书馆出版社2013年版。

姚远、王睿、姚树峰等编著：《中国近代科技期刊源流1792—1949》，山东教育出版社2008年版。

中华全国妇女联合会编：《中国妇女运动百年大事记1901—2000》，中国妇女出版社2003年版。

［美］林郁沁：《施剑翘复仇案：民国时期公众同情的兴起与影响》，陈湘静译，江苏人民出版社2011年版。

论文

白天鹏：《知识参与下的观念变革——晚清科学教材出版引发的社会效应》，《科学技术哲学研究》2018年第35卷第1期。

邓耀荣：《中国第一位女报人康同薇》，《中国记者》2013年第3期。

董智颖：《中国近代史上的两种〈女子世界〉》，《华东师范大学学报》（哲学社会科学版）2006年第3期。

杜芳芳：《晚清期刊〈女子世界〉中的新女性形象及其现实意义》，《山东女子学院学报》2018年第5期。

郭晓勇、马培：《从倡导到批评——清末〈女子世界〉对女权态度的演变》，《社科纵横》2013年第28卷第10期。

胡勤：《试析〈妇女杂志〉（1915—1931）的传播实践》，《湖南大学学报》（社会科学版）2012年第26卷第6期。

金润秀：《〈妇女杂志〉（1920—1925）的"新女性"形象研究》，博士学位论文，复旦大学，2012年。

李强、刘晓焕：《姚名达和〈女子月刊〉的命运》，《文史春秋》2011年第8期。

李晓红：《民国时期上海的知识女性与大众传媒——以女性刊物为中心的研究》，博士学位论文，厦门大学，2007年。

刘方：《〈妇女杂志〉女性观研究》，博士学位论文，吉林大学，2012年。

刘慧英：《"妇女主义"：五四时代的产物——五四时期章锡琛主持的〈妇女杂志〉》，《南开学报》（哲学社会科学版）2007年第6期。

刘人峰：《中国妇女报刊史研究》，博士学位论文，四川大学，2007年。

刘钊：《清末小说女性形象的社会性别意识与乌托邦想象——以〈女子世界〉小说创作为例》，《南开学报》（哲学社会科学版）2012年第6期。

宋素红：《中国妇女报刊与女新闻工作者研究》，博士学位论文，中国人民大学，2002年。

陶贤都、艾焱龙：《〈妇女杂志〉与中国近代的科技传播》，《中国科技期刊研究》2013年第24卷第6期。

汪澎澜：《1931年妇女争取国民会议代表选举权运动述论——以〈妇女共鸣〉杂志为中心》，《民国档案》2013年第2期。

许徐：《解放的革命性想象："工农新女性"宣传画的发生学考察——以〈红色中华〉与〈妇女杂志〉的比较为中心》，《学习与探索》2017年第8期。

余福媛：《戊戌年间的〈女学报〉旬刊》，《图书馆杂志》1984年第1期。

章梅芳、李倩：《〈妇女杂志〉与民国女性的科学启蒙》，《妇女研究论丛》2016年第5期。

赵叶珠、韩银环：《外国思潮对"五四"前后妇女解放运动的影响——对〈妇女杂志〉（1915—1925年）的文献计量学分析》，《云南民族大学学报》（哲学社会科学版）2012年第29卷第4期。

周红、张彩霞：《国族视野下女性解放的言说策略与现实困境——以〈妇女共鸣〉为主体的探讨》，《厦门大学学报》（哲学社会科学版）2013年第2期。

外文文献

Bonnerjee Samraghni, *Nursing Politics and the Body in First World War Life-Writing*, The University of Sheffield, Doctor of Philosophy, 2018.

Crawford, T. H., "Glowing Dishes: Radium, Marie Curie, and Hollywood", *Biography*, Vol. 23, No. 1, 2000.

Dominiczak M. H., "Florence Nightingale: Nurse, Writer, and Consummate Politician", *Clinical Chemistry*, Vol. 60, No. 1, 2014.

Dominiczak M. H., "Representation, Metaphors, and Mutual Influences: A Reflection on 49 Pieces of Writing on Science and the Arts", *Clinical Chemistry*, Vol. 61, No. 2, 2015.

Edited by Deirdre Raftery and Marie Clarke, *Transnationalism, Gender and the History of Education*, Routledge, 2017.

Fung, Yvonne Y. H., "A Comparative Study of Primary and Secondary School Students' Images of Scientists", *Research in Science and Technological Education*, Vol. 20, No. 2, 2002.

Hu, Danian, *Einstein and His Relativity Theory in China: The Introduction, Assimilation, and Reaction*, 1917–1979, Yale University, Ph. D., 2001.

Jill S. Tietjen, "War Brings Opportunities", In: Scientific Women. *Women in Engineering and Science*, Springer, 2020, pp. 63–91.

Joshua Adam Hubbard, *Troubling the "New Woman": Femininity and Feminism in The Ladies' Journal (Funü zazhi)*《妇女杂志》, 1915–1931, The Ohio State University, Master of Arts, 2012.

Julie Des Jardins, "Madame Curie's American Tours: Women and Science in the 1920s", *The Madame Curie Complex*, 2010.

Julie Des Jardins, "The Cult of Masculinity in the Age of Heroic Science, 1941 – 1962", *The Madame Curie Complex*, 2010.

Lalumia Matthew Paul, *Realism And Anti-Aristocratic Sentiment In Victorian Depictions of The Crimean War*. Yale University, Ph. D., 1981.

Margaret Mead, Rhoda Metraux, "Image of the Scientist among High-School Students: A Pilot Study", *Science*, Vol. 126, No. 3270, 1957.

Murphey Carol Jean, *The Nurse's Liberation: An Evolutionary Epistemological Paradigm For Nursing*, The University of North Carolina at Greensboro, Educat. D., 1987.

Nahmias Noa Rachel, *Making Science Popular: Readers, Nation, and the Universe in Chinese Popular Science Periodicals, 1933 – 1952*, University of York, Doctor of Philosophy, 2022.

Nick Arnott, Penny Paliadelis, Mary Cruickshank, "The History and Evolving Image of Nursing", *The Road to Nursing*, 2021.

Nicole Hudgins, *The Gender of Photography: How Masculine and Feminine Values Shaped the History of Nineteenth-Century Photography*, Routledge, 2020.

Peter Weingart, Bernd Huppauf, *Science Images and Popular Images of the Sciences*, Routledge, 2007.

Ruth Lewin Sime, "A Heroine in Her Times", *Science*, Vol. 267, No. 5205, 1995.

Sim, Hye-Kyong, "Embracing Hollywood Biographical films in Liberated Korea", *Contemporary Film Studies*, Vol. 11, No. 3, 2015.

Smith, Bonnie G., *The Gender of History: Men, Women, and Historical Practice*, Harvard University Press, 2000.

Smith Julianne Nelson., *Notorious Bodies of Faith: Holy Women In Victorian Art And Literature*. Texas Christian University, Ph. D., 1999.

Sonia Regina Tonetto, *Vida de cientista: um estudo sobre a construção da biografia de Mme Curie (1867 – 1934)*, Pontifícia Universidade Católica de São Paulo, 2014.

Sonya O. Rose, *What is Gender History*? Polity Press, 2010.

V. L. Telegdi, "Madame Curie as an image", *Physics Today*, Vol. 25, No. 2, 1972.

Yang, Qiong, *Mr. Science Goes Popular: Science as Imagined in Twentieth-Century Chinese Literature and Culture*, The Ohio State University, Doctor of Philosophy, 2016.

Zhang, Mengya; Zhang, Gupeng; Liu, Yun; Zhai, Xiaorong; Han, Xinying, "Scientists' genders and international academic collaboration: An empirical study of Chinese universities and research institutes", *Journal of Informetrics*, Vol. 14, No. 4, 2020.

附录 1

近代中国英文报刊中有关科学家报道概况（1868—1953）[①]

Number	Title	Publisher	Publication Place	Pub Type	Pub Language	Subjects	No. of "scientist"
1	The North-China Herald and Market Report (1867—1869)	The North China Herald	Shanghai	Historical Newspapers	English	General Interest Periodicals—China	1
2	The Chinese Recorder and Missionary Journal (1868—1912)	The Chinese Recorder	Shanghai	Historical Newspapers	English	General Interest Periodicals—China ｜ Religions and Theology	70
3	The North-China Herald and Supreme Court & Consular Gazette (1870—1941)	The North China Herald	Shanghai	Historical Newspapers	English	General Interest Periodicals—China	2038

① 此表根据 ProQuest Historical Newspapers: Chinese Newspapers Collection 数据库, 以"scientist"为关键词检索相关文献 7875 个结果, 并对每个英文刊物进行逐个分析制作而成。

附录1 近代中国英文报刊中有关科学家报道概况（1868—1953） 239

续表

Number	Title	Publisher	Publication Place	Pub Type	Pub Language	Subjects	No. of "scientist"
4	The Chinese Recorder (1912—1938)	The Chinese Recorder	Shanghai	Historical Newspapers	English	General Interest Periodicals—China	194
5	Peking Daily News (1914—1917)	Peking Daily News	Beijing	Historical Newspapers	English	General Interest Periodicals—China	125
6	The Shanghai Times (1914—1921)	The Shanghai Times	Shanghai	Historical Newspapers	English	General Interest Periodicals—China	300
7	Peking Gazette (1915—1917)	Peking Gazette	Beijing	Historical Newspapers	Chinese | English	General Interest Periodicals—China	154
8	Millard's Review of the Far East (1917—1919)	The China Weekly Review	Shanghai	Historical Newspapers	English	General Interest Periodicals—China	19
9	The Peking Leader (1918—1919)	The Peking Leader	Beijing	Historical Newspapers	Chinese | English	General Interest Periodicals—China	15
10	The Canton Times (1919—1920)	The Canton Times	Guangzhou, China	Historical Newspapers	Chinese | English	General Interest Periodicals—China	30
11	The Shanghai Gazette (1919—1921)	The Shanghai Gazette	Shanghai	Historical Newspapers	Chinese | English | Russian	General Interest Periodicals—China	30
12	Millard's Review of the Far East (1919—1921)	The China Weekly Review	Shanghai	Historical Newspapers	English	General Interest Periodicals—China	29
13	The Weekly Review of the Far East (1921—1922)	The China Weekly Review	Shanghai	Historical Newspapers	English	General Interest Periodicals—China	9

续表

Number	Title	Publisher	Publication Place	Pub Type	Pub Language	Subjects	No. of "scientist"
14	The Weekly Review (1922—1923)	The China Weekly Review	Shanghai	Historical Newspapers	English	General Interest Periodicals—China	12
15	The China Weekly Review (1923—1950)	The China Weekly Review	Shanghai	Historical Newspapers	English	General Interest Periodicals—China	460
16	The China Press (1925—1938)	The China Press	Shanghai	Historical Newspapers	English	General Interest Periodicals—China	4342
17	The Chinese Recorder and Educational Review (1939—1941)	The Chinese Recorder	Shanghai	Historical Newspapers	English	General Interest Periodicals—China	15
18	The China Critic (1939—1946)	The China Critic	Shanghai	Historical Newspapers	English	General Interest Periodicals—China	8
19	China Monthly Review (1950—1953)	The China Weekly Review	Shanghai	Historical Newspapers	English	General Interest Periodicals—China	22

附录 2

1898—1949 年居里夫人在近代中国期刊中的形象图鉴（部分）

世界最著名女科学家
堪利夫人（居里夫人）①

居里夫人于 1932 年的照片②

---

① 佚名:《世界最著名女科学家堪利夫人（照片）》,《妇女时报》1914 年第 12 期。
② 佚名:《居礼夫人发现镭锭的经过》,《导光周刊》1934 年第 2 卷第 23 期。

居里夫妇试验镭锭情形①　　巴黎大学讲台上的居里夫人②

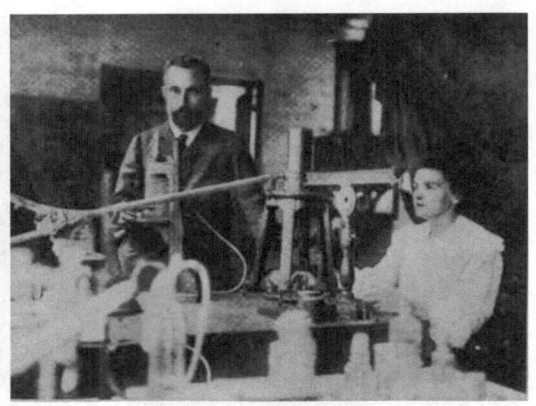

发现镭锭的居里夫人③　　居里及其夫人在理化
专门学校化验室中（1898）④

---

① 佚名：《居礼夫人发现镭锭的经过》，《导光周刊》1934年第2卷第23期。
② 佚名：《居礼夫人发现镭锭的经过》，《导光周刊》1934年第2卷第23期。
③ 许超：《发现镭锭的居礼夫人（附照片、图）》，《浙江青年（杭州）》1936年第2卷第9期。
④ 徐仲年：《镭锭的发明者居礼夫人（附照片）》，《美术生活》1934年第5期。

附录2　1898—1949年居里夫人在近代中国期刊中的形象图鉴（部分）　243

实验室中的居里夫人①

居里夫人及其女公子在纽约的摄影②

居里夫人③

居里夫人④

居里夫人⑤

① 高劳：《镭锭发明者居里夫人小传》，《东方杂志》1912年第8卷第11期。
② 佚名：《美国欢迎居里夫人的盛况》，《妇女杂志（上海）》1921年第7卷第10期。
③ 中勉：《镭锭的发明人——不屈不挠的居里夫人（附图）》，《家庭与妇女》1940年第3卷第2期。
④ Jaffe B.：《不屈不挠的居里夫人（附照片）》，黄嘉德译，《西风（上海）》1936年第1—6期。
⑤ 《科学》1922年第7卷第2期。

1921年居里夫人与其二女夏娃（左）爱任依（右）在美国接受美国妇女赠给的价值十一万美元之镭锭①

美国总统克定接见居里夫人并亲自赠给镭锭②

八年后美国总统胡佛接见居里夫人③

在波兰华沙城所建立的居里夫人铜像④

---

① 《女铎》1939年第27卷第8期。
② 《女铎》1939年第27卷第8期。
③ 《女铎》1939年第27卷第8期。
④ 《女铎》1939年第27卷第8期。

附录2 1898—1949年居里夫人在近代中国期刊中的形象图鉴（部分）

居里夫人遗影① 　　居里夫人与其女研究情形② 　　中年时之居里夫人③

居里夫妇结婚时，身无分文，骑自行车以度蜜月④

欧战时期居里夫人首创救护车，立车上者为其女爱琳⑤

---

① 佚名：《悼居里夫人：一朵颤巍巍的科学之花底摧折》，《东方杂志》1934年第31卷第16期。
② 佚名：《悼居里夫人：一朵颤巍巍的科学之花底摧折》，《东方杂志》1934年第31卷第16期。
③ 佚名：《悼居里夫人：一朵颤巍巍的科学之花底摧折》，《东方杂志》1934年第31卷第16期。
④ 佚名：《居里夫人画传（照片）》，《西风副刊》1939年第15期。
⑤ 佚名：《居里夫人画传（照片）》，《西风副刊》1939年第15期。

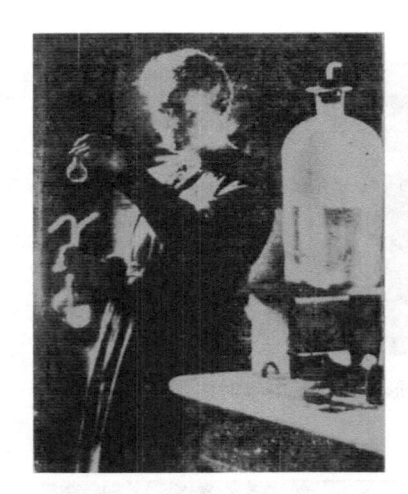

居里夫人在实验室里工作①　　　　镭之发现者居里夫人②

居里夫人遗像③　　　　　　居里夫人遗像④

---

① 派克（Parker, B. M.）：《名人故事——居里夫人怎样发明镭（附照片）》，陈鹤琴译，《儿童故事》1947年第5期。
② 程小青：《科学界的伟人居里夫人（附照片）》，《妇女杂志（上海）》1921年第7卷第9期。
③ 徐仲年：《镭锭的发明者居礼夫人（附照片）》，《美术生活》1934年第5期。
④ 竿：《悼居利夫人》，《科学画报》1934年第1卷第24期。

附录2　1898—1949年居里夫人在近代中国期刊中的形象图鉴（部分）　247

居里夫人①

居里夫人②　　　　　　　居里夫人像（易琼刻）③

---

① 佚名：《时人：居利夫人》，《时事旬报》1934年第4期。
② 为：《居里夫人的人格（附图）》，《人物杂志三年选集（1946年1月—1949年4月）》1949年。
③ 亚伊：《世界妇女名人传：镭的发明者：居里夫人（附木刻）》，《广西妇女》1943年第3卷第2—3期。

附录 3

女性期刊文献检索渠道信息汇总

英文资料：

名称	访问网址
Early Chinese Periodicals Online	https://kjc-sv034.kjc.uni-heidelberg.de/ecpo/（德国海德堡大学汉学学者建立的妇女研究资料库）
Chinese Women's Magazines in the Late Qing and Early Republican Periods	https://kjc-sv034.kjc.uni-heidelberg.de/frauenzeitschriften/（彩色版近代女性期刊）
Chinese Entertainment Newspapers	https://projects.zo.uni-heidelberg.de/xiaobao

中文资料：

名称	访问网址
晚清民国期刊库	http://www.cnbksy.com/
民国时期图书库	http://mg.nlcpress.com/library/publish/default/IndexBook.jsp
台湾"中央研究院"近代史数位资料库（MHDB，Modern History Databases）	http://mhdb.mh.sinica.edu.tw/（重点关注：妇女杂志资料库、近代妇女期刊资料库、妇女期刊作者研究平台、近代城市小报资料库、近代史料全文资料库）
香港旧报纸——多媒体资讯系统	https://mmis.hkpl.gov.hk/zh/old-hk-collection?from=timeline
抗战文献数据平台	http://www.modernhistory.org.cn/index.htm

后 记

在本书即将出版之际，我想向我求学、工作道路上支持我的老师们、同事们、朋友们致以发自内心的感谢。

求学道路是每一个学者世界观、人生观、价值观形成的重要阶段，我也不例外。从2009年9月步入河南师范大学以来，我用了十一年时间，完成了本硕博的学习和求索。大学期间，我的老师们给予了我基本的历史学素养和学习方法。2014年9月至2020年9月，我有幸进入中国科学院——一所距离科学最近的地方，攻读硕士、博士学位，我的硕导兼博导张藜教授始终以严谨求实的学风感染着我，让我能时刻对学术抱有敬畏之心，片刻不敢有所懈怠。我自读研究生以来，虽有沮丧、煎熬、苦闷，也有因找不到方向而灰心痛苦，但总能得到张老师在学术上的指导和生活上的帮助，遇此良师，是我之幸！

在本书撰写过程中，也有诸多老师给了我具体的指导和意见。王扬宗教授建议把握中国近现代科技史发展脉络，在宏观的科学发展历史潮流中研究科学与科学家关系，这给了我跳出狭窄研究视角去看待女性期刊中科学家形象问题的思路；定宜庄老师与章梅芳老师则从各自的研究角度对我的研究主题提出了针对性的具体建议，让我能够在后续的写作中解决具体问题。另外，台湾"中央研究院"近代史研究所的连玲玲老师通过了我有关《妇女杂志（上海）》中的科学家形象的研究计划，让我有幸能够和近史所的老师们近距离沟通，柯佳昕博士鼓励并一步步启发我，帮助我找到研究的核心观点，还有一起从各地而来的小伙伴们以及偶然相遇但热心帮助我查阅文献的庄吉发先生，谢谢这些给予我帮助的人们。

2020年10月至今，我作为一名教师，已经工作三年有余，这一路上，有在生活和工作中给予我帮助的老大姐，也有在教学和科研中为我指明前进方向的新乡医学院的领导和老师们。当然，还有我最亲爱的学生们，他们每一堂课的专心听讲都给予我教学、科研以无限的力量。同时，也非常感谢在本书出版过程中编辑们耐心、细致、不厌其烦地修改和编辑，他们认真、负责的工作态度也是我学习的榜样。

最后，特别感谢我的家人对我的支持和帮助，是他们增加了我对美好未来的信心，也是他们让我能够更加自信、勇敢地面对未来的挑战！

张会丽

2023年12月